SUDOKU

With over
900 puzzles!

T0016675

This edition published in 2022 by Arcturus Publishing Limited
26/27 Bickels Yard, 151–153 Bermondsey Street,
London SE1 3HA

AD008557NT

Printed in the UK

Contents

How to Solve Sudoku

There is no mystique about solving sudoku puzzles. All you need are logic, patience and a few tips to get you started. In this book the puzzles are graded at different levels, indicated by stars. The process for solving them is exactly the same, however.

Each puzzle has 81 squares formed into nine rows, nine columns, and nine 'boxes' each of nine squares which are shown heavily outlined:

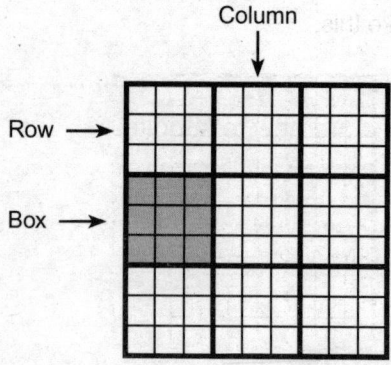

Each puzzle begins with a grid in which some of the numbers are already in place:

	9	6			8		3	
		1		4	2			
5						8	1	9
4		7	1	2				3
		8	7		6	5		
2				9	4	6		1
8	7	2						5
			3	5		1		
	3		2			4	6	

How to Solve Sudoku …

You need to study the grid in order to decide where other numbers might fit. The numbers used in a sudoku puzzle are 1, 2, 3, 4, 5, 6, 7, 8 and 9 (0 is never used).

For example, in the top left box the number cannot be 9, 6, 8 or 3 (these numbers are already in the top row); nor can it be 5, 4 or 2 (these numbers are already in the far left column); nor can it be 1 (this number is already in the top left box of nine squares), so the number in the top left square is 7, since that is the only possible remaining number.

The grid now looks like this:

7	9	6			8		3	
		1		4	2			
5						8	1	9
4		7	1	2				3
		8	7		6	5		
2				9	4	6		1
8	7	2						5
			3	5		1		
	3		2			4	6	

Alternatively, you could look to see where the 5 might be in the top right box. It cannot be in the seventh or ninth columns of the grid (there are 5s already in these columns), so it must be in the eighth column, in the only space available, as shown here:

7	9	6			8		3	
		1		4	2		5	
5						8	1	9
4		7	1	2				3
		8	7		6	5		
2				9	4	6		1
8	7	2						5
			3	5		1		
	3		2			4	6	

How to Solve Sudoku ...

A completed puzzle is one where every *row*, every *column* and every *box* contains nine different numbers, as shown below:

Column

Row

Box

7	9	6	5	1	8	2	3	4
3	8	1	9	4	2	7	5	6
5	2	4	6	7	3	8	1	9
4	6	7	1	2	5	9	8	3
9	1	8	7	3	6	5	4	2
2	5	3	8	9	4	6	7	1
8	7	2	4	6	1	3	9	5
6	4	9	3	5	7	1	2	8
1	3	5	2	8	9	4	6	7

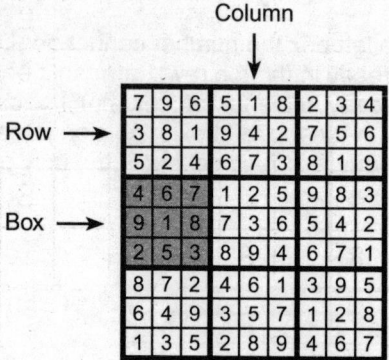

★

1

4			2		3			1
	9				5		3	2
	7	2	9	4				5
			7	9		6	5	
9		4	1		6	7		8
	6	3		8	2			
6				5	8	2	9	
8	3		4				1	
5			6		7			4

2

9			3		2			1
2	7	8		4		9	3	
	3			8	9		2	
	2	1	7		3	8	5	
8			1		4			3
	6	3	8		5	4	1	
	4		9	1			6	
	8	7		5		1	9	2
6			2		8			7

★

3

5			7			2	1	9
	9			6	2	4		5
3		4			9	8		
		1		9			6	7
		5	6	3	8	1		
2	3			7		9		
		2	3			7		4
6		9	1	8			2	
7	5	3			4			1

4

	6	8		4		2	5	
1					3		9	
	2		6	9			7	4
8		6	2			9	3	5
		4		6		7		
2	5	1			9	6		8
6	3			5	1		8	
	1		4					9
	8	9		7		5	1	

5

	8	7		1	5		2	9
9	2				7		8	
	4				2	3		6
	3				6	8		2
		5	4	8	9	6		
4		8	2				1	
1		4	5				6	
	7		9				5	4
6	5		7	3		1	9	

6

		6		7	9		4	3
8	7			4	1		5	
3		2	8			1		
				3	4	7	9	2
5			7		2			8
7	2	3	9	6				
		7			5	9		1
	6		1	2			8	7
4	8		6	9		3		

★

7

	8	9		5				7
	3	2			9		1	6
5		4	2	6			8	
	9		5			6		
3	5		1	2	8		9	4
		7			3		2	
	7			1	2	8		3
1	6		9			4	7	
4				8		9	5	

8

3		9	8	4			1	
6				1		7	8	9
5					7			
	8	6	7		4	1	3	
7	9			3			4	2
	3	5	2		1	9	6	
			6					1
9	6	2		5				8
	5			2	8	6		3

9

6	7	4				5	1	3
1			7	6				4
		9	5	4		2		
3			9			7		6
	6		1	7	2		3	
7		8			4			5
		7		8	6	3		
9				1	5			2
2	1	3				6	5	8

10

3		7		5		4	8	
2	5			8	1			
6		9		2			3	
4			9			6		8
	3	6	8		2	9	5	
8		1			5			7
	7			9		2		6
			1	4			9	3
	4	8		3		5		1

11

		2		4			6	3
5	4		3		2	1		
9			7		1	5		4
3			6			8	1	
4	8			7			5	2
	2	9			5			7
2		8	1		7			6
		6	4		8		7	5
7	5			9		3		

12

	3		1			5	4	7
		6		8	4	3	9	
	7	2		3				8
		4		2	8			5
2	9			5			8	6
5			3	9		4		
3				7		6	1	
	8	1	5	4		2		
9	4	7			6		5	

13

	4				3	2		8
	5	2	9	1			7	
6		9		8	7			1
				2	8	5	6	3
		1				9		
5	2	6	3	4				
4			7	5		6		9
	6			9	1	7	3	
9		8	4				2	

14

6		8		7			3	
3		4		9		5	2	
7	9			2	1			8
5			8			6		
	3	6	2		7	8	9	
		1			9			4
9			1	5			8	3
	5	2		3		9		1
	4			8		7		6

15

3	1	5		8			7	2
	4		5			8		6
			3	2	4			
7	8	9	1			5		
4			7	5	2			8
		1			8	7	6	3
			2	9	7			
8		6			5		1	
2	5			1		3	4	9

16

1		3	2	4		6		5
	7				5	1		9
			7		9		3	
6		9	5		3	2		7
	8			2			6	
5		2	1		6	9		4
	1		4		2			
3		5	8				4	
9		4		6	7	8		1

17

6			5		8			1
8		1		2		3		9
	2	7		9		8	6	
	8	9	6		4	5	2	
4			2		3			8
	3	2	8		9	1	4	
	7	4		3		6	8	
3		5		8		4		2
2			4		5			7

18

7			8	5			1	
			9		3		2	
5	9	3		6			8	
6		1	2		5	3		9
	7	9		1		4	5	
3		8	4		7	1		2
	3			2		8	9	7
	6		7		9			
	1			4	8			6

19

	5		1	2			6	8
9	6		5		8	3		
		8			4	7		1
8	2	3	7	5				
4				1				6
				3	9	8	7	2
3		2	6			1		
		5	2		7		9	3
6	8			9	1		4	

20

	6	1			2			7
			4	9	7			
3	9			1		5		2
6	4	3			1	2		
	1		3	5	9		7	
		5	2			8	3	1
7		4		2			9	5
			9	8	3			
2			7			6	1	

21

5		1		6				4
	2		5		8	7	6	
	7		1		9	5		2
8	9				4	3		5
	6			8			1	
1		2	7				8	9
2		4	3		6		7	
	1	3	8		5		4	
7				2		9		3

22

8		3		9	1		2	
5				3			1	6
	7		2		4		9	
9		2	4	8				5
		4	5		2	7		
7				1	3	6		2
	5		3		6		7	
6	3			4				8
	9		8	7		3		4

23

	6	9		3				1
	2			1	4	8	3	
1			7			4	5	9
	4			6	1			5
6		8		5		1		2
5			3	8			4	
8	9	4			2			3
	7	1	5	4			6	
3				9		7	2	

24

9		7			4	6	5	
5	1				6			
	3			9	7	4		1
		9	3	6			2	8
6			4		5			3
8	5			7	2	1		
7		8	6	1			4	
			2				3	9
	4	2	7			8		6

25

4	6	9	2			3	8	
		7		9		6		
8		1			4	2		7
	2			3	1		5	9
1				7				4
5	7		8	6			2	
3		5	7			9		2
		6		2		5		
	1	2			5	4	3	6

26

		7	1		4	8		5
9	1			2				7
	5	8	6		7	2	3	
3			9	7	1			2
	7	6		5		4	1	
1			2	4	6			3
	4	1	3		5	9	2	
5				1			7	8
8		9	7		2	1		

19

27

8	7		5		1		9	4
9			6		8		3	
		3		4				2
	2		9		6	5		8
	6			1			7	
4		7	8		3		1	
7				6		9		
	3		2		7			5
2	4		1		5		6	3

28

6			1			2	7	
	4	8	2	6		3		
1	3				4		8	
	1			9			2	3
9		3	4	2	8	1		7
2	6			1			5	
	8		9				4	1
		1		4	5	8	9	
	2	9			1			6

29

7		5	9			8		4
		8	1	4	2	6		
4	1		8					3
	3		6		4			2
8		4		2		3		1
5			3		1		9	
2					6		5	8
		1	2	3	5	7		
9		7			8	2		6

30

7		4		1		6		8
		5	8	2			4	1
1		6	4		7	2		
				3	4		7	9
	1		6		9		2	
5	9		1	8				
		2	9		1	5		4
8	4			5	3	9		
6		9		4		3		7

31

5		2				7	4	
9	1		5	4				2
8		6		1			3	
3				8	2	5		
	2	1	7		6	8	9	
		8	1	3				4
	9			6		1		8
1				7	5		2	6
	7	4				3		9

32

3	2			6				8
	9	1	8		5	6	4	
		6	9		2	1		3
9			6	2	1			5
	6	4		8		7	2	
5			7	4	9			6
8		3	4		6	2		
	5	9	2		7	3	8	
2				9			6	1

33

1	3	6	7			5	9	
		5		3		8		
9		4			5	3		1
			2	8			5	7
	4		5		3		1	
5	6			9	1			
2		9	3			6		8
		8		6		7		
	7	3			4	1	2	9

34

6		3	5		7	4		
		7	9	3			6	8
	2	9			4		1	
				6	5		3	7
4	3		7		1		8	5
2	7		8	9				
	6		3			8	2	
8	5			4	6	3		
		4	2		8	1		6

35

6		4	8		2		7	
	9	2	6			4		1
			5	9		3	6	
9				3	6			5
3		6		4		2		8
1			2	5				3
	7	3		6	1			
4		5			7	9	2	
	6		4		5	1		7

36

6			9		7			8
	2	3			4			7
		7	1	5		4	6	
	3	9	5		6	8	7	
4				9				5
	5	8	2		3	9	1	
	6	2		7	9	5		
1			3			6	8	
3			8		1			2

37

	4			2	7		8	9
8		5		1	6	4		
			8			6	1	5
	1	3		5			6	4
		7	2		9	1		
5	9			3		7	2	
3	7	4			5			
		2	3	7		8		6
1	6		4	9			3	

38

2	4	9	7	3				6
		5		4		8	2	7
1			2		6			3
			4	7		6	8	
	2		6		5		1	
	6	3		9	2			
5			8		4			1
4	1	8		2		9		
3				1	9	2	4	8

39

8				9	3	1	6	
	3	4	7	2			8	
9					8			4
	5	7	1		6	2	9	
2				5				3
	9	8	2		4	6	5	
1			9					6
	2			8	5	4	1	
	4	9	6	1				7

40

7		9	5	8			6	
	4	1	9			8		2
6					7		5	3
2	6	8	3	9				
	7			5			1	
				2	4	3	8	6
8	2		1					5
9		7			3	4	2	
	1			4	5	7		8

41

	8		4		2			7
9	5		6	1			4	
7			5				1	2
	1	9	2	6		3		
2		4		7		9		5
		6		9	5	1		
1	2				8		3	6
	6			5	3		8	9
3			7		6		5	

42

5	1			9			6	8
4		7			2		3	
	8		1	3		9	4	
7	6	8			3			1
9				1				4
1			8			6	2	3
	2	1		6	7		5	
	7		9			3		2
3	5			4			7	6

43

9	4			7			6	
	5	2	3	9		4	7	
6	3				1		9	2
7		8		5	9			
1								9
			2	4		6		8
3	7		6				8	5
	1	5		2	8	9	3	
	8			3			4	7

44

	5			9	1		7	
9		6			3	4		
2	7	4				9	1	3
		7	6		9		5	
1			2	5	4			7
	9		1		8	3		
5	8	1				7	3	2
		2	5			8		9
	6		3	8			4	

45

		1		3		6	4	8
6	8	7	4	9				
		5			8			
5	7		2		3		1	6
	6	8		7		2	9	
1	4		8		9		7	3
			1			3		
				2	4	7	6	1
2	1	6		5		4		

46

8			7	4		3		2
6	7	2		5		9		
					6	8		
2	9		1		5		3	8
	4	1		3		6	2	
5	3		6		4		7	9
		5	9					
		7		8		2	9	1
9		3		1	7			6

47

		4		7	3	8		6
1	5	3				7	9	2
7				2	9			5
3			7			6		
	1		4	9	5		2	
		9			8			1
4			3	5				8
6	3	2				1	5	4
5		1	2	6		9		

48

8	2		4			7	6	
9				1		3	4	
		6	7	8		5		1
	7				6	9		
5	3		2	7	4		1	6
		8	1				3	
6		4		2	7	1		
	1	3		4				5
	9	5			1		8	2

49

	4					1		6
3	2			4		8	7	
			5	9	8			2
5	6	3	1		9			4
		1	8	7	5	2		
7			3		4	5	1	9
9			2	8	3			
	5	8		1			4	7
1		6					2	

50

8	5		6		3		4	7
4		9	8			5		2
6				4				8
	6		9	5		8	7	
	9		4		8		2	
	8	3		6	1		5	
3				7				6
7		6			4	1		5
9	1		2		6		3	4

51

		5	2	3			4	
1	3	8			5			2
9			7			8	3	
8	1	6		9	7			4
		4		2		5		
5			3	8		1	7	6
	5	3			9			8
6			4			2	9	7
	9			1	2	6		

52

4		3			8	5		7
6	1			5				4
5	9		4				3	1
	5		9	3		7	4	
		9		8		1		
	8	4		6	2		5	
7	6				5		2	3
8				7			1	6
9		2	1			8		5

★

53

1		8	4			3		2
4	3	5			2		7	
			1	6				5
2	5		6	3			1	
7			2		9			4
	8			1	5		6	9
5				7	8			
	7		5			9	4	1
6		2			1	8		7

54

	1		2		6	9	3	
9		8		5			6	4
	4		7		9	1		
	6		9		4	5		3
	3			6			7	
2		9	1		7		8	
		2	8		3		4	
1	8			7		3		2
	7	4	6		2		5	

55

7	2		6		9			
	9	8	1	5	3			
	5			7		6	9	1
3			4		8	7		
2	6			1			4	8
		9	2		7			3
1	3	4		2			5	
			9	8	1	2	3	
			5		4		7	6

56

	6		4	1			8	3
2		5	9		3			1
	3				8	2		7
7				2		4	3	
		2	5	3	7	9		
	5	8		9				6
5		1	7				6	
4			2		1	8		9
8	9			4	5		7	

57

	7		8	2		5		
5		8	9			2		4
4			7	1	5			6
		5			8		1	
1	8	6		5		9	4	3
	2		6			7		
8			5	3	6			9
9		3			2	4		7
		1		7	9		6	

58

8	6			3		2		1
	3	5	1	4			8	
7	2					4		9
1			5				7	
6		2	3	1	4	5		8
	9				8			6
4		9					1	5
	5			9	1	8	2	
2		7		8			6	3

★

59

2	6	1				8	4	5
5			2	1	8			7
		8	6			3		
7		2			3	5		
	5		8	7	4		2	
		6	9			7		1
		9			7	4		
8			4	9	6			3
6	4	5				2	7	9

60

	3	5			1			4
			4	8	2		3	
6		8		3			1	7
5	6	2	3				7	
		3	8	1	6	4		
	1				7	6	9	3
4	2			7		8		1
	5		6	9	8			
7			1			3	5	

★

61

7	3				9	1	8	
		4	8		2		3	9
	5	9		1	6			
6			9	5				1
2	8			3			9	5
5				6	8			7
			7	9		4	5	
4	7		6		3	9		
	1	8	4				6	3

62

1		7	3				9	2
	5		1				3	
		6		2	4	5		7
9		4	5		3	1		6
	6			4			8	
2		1	6		7	4		3
7		8	9	6		2		
	1				2		7	
4	2				8	3		5

63

	5	6			7	4	8	
7		9		2		5	6	
8		1	6			2		9
3	2			1	4			
	7			5			4	
			8	9			3	5
1		7			3	6		4
	8	3		6		9		7
	6	2	5			3	1	

64

9	4		1		2	6	3	
	5		6		9	4		
		7		8				5
2		6	9		4		7	
	3			1			9	
	1		5		6	8		3
4				9		3		
		2	3		7		5	
	9	5	2		1		8	4

★

65

2	8				5		9	4
3		4	1			8		5
5				4	8			7
			6	7		5	1	
	7	2		1		9	3	
	5	3		8	9			
7			8	3				1
4		1			2	6		9
8	6		4				7	3

66

6		4		3		5		2
7	8			5	2			6
			1				4	
5	9	2			4	8		1
		1	6	8	5	3		
3		8	9			4	5	7
	2				7			
9			8	4			1	3
8		6		1		9		5

67

	5				3	8		7
3		8			1	2	9	
6			7	8		3		1
		2		9			7	3
	9		5		2		4	
5	1			4		6		
4		1		7	5			2
	8	5	2			7		6
2		7	9				1	

68

5		7	3			4		6
8			5		4	7	2	
		3		2	6		9	
7	5	1	4	8				9
		9				3		
3				7	2	5	4	1
	8		6	5		1		
	3	2	8		1			7
1		5			9	6		4

69

8	7		2		5		1	
1		5		6				3
	6	4	9		1	8	7	
6			3	1	2			4
	5	2		8		1	9	
4			6	5	9			2
	3	6	4		8	5	2	
7				2		9		8
	2		1		6		3	7

70

6		5	2		1		9	
			5	9		3	6	
	7	8	6			2		
3				2	7			5
4		7		1		9		3
2			9	3				8
		1			9	7	8	
	9	3		8	2			
	6		7		4	1		9

41

71

8		2			7		5	1
	9		1		6			8
3	7			5	4		6	
		4	7	3		5		
1		6		8		3		7
		3		4	1	2		
	4		2	7			9	3
2			4		8		7	
5	1		9			8		4

72

	6	2			3	8	5	
7					2	6		1
	5		6	9	7		4	
8			9		4	7		
	9	4				3	1	
		6	2		1			9
	2		4	1	6		3	
6		9	3					4
	3	1	8			5	7	

73

9				2	7			1
		2				5	3	8
6	4			5	8		7	
4		9	6	1		8		
2			4		3			5
		7		8	9	6		3
	7		5	9			1	4
5	9	1				2		
3			8	6				9

74

6	2		1		3		4	7
		5		4		3		8
4	3		9		8		2	
		9	4	8	1	7		
3	1						8	9
		7	5	3	9	4		
	5		3		4		9	6
1		6		9		2		
8	9		7		6		5	4

75

		6			7		9	
1	9	5			4	7		6
3			6	8	9			1
		9	8		3		5	
2		4		6		3		8
	8		7		2	6		
4			3	2	6			7
9		1	5			2	3	4
	3		4			8		

76

1	3			9		8		7
		8	1		7	4		
7	4			2			9	3
8	2		6		9		7	5
		7	2	5	8	9		
6	9		7		3		8	1
4	8			6			3	9
		3	9		1	5		
5		9		8			1	2

77

4		5	3		8	6		9
9	1		2		6			4
	8			4			1	
	4		6	5	7		3	
7		2		8		4		5
	3		9	2	4		6	
	9			6			2	
2			4		5		8	1
1		8	7		2	3		6

78

6		8		9		1		4
	4		5		1		3	
2		3		6		7		5
1		9	4		2	5		6
	2		6	3	7		1	
7		6	1		9	3		2
4		5		1		2		3
	6		2		5		8	
8		2		7		4		1

79

8			5	6			1	3
5		4		1		8		7
	2				9			
7	8	2	3		6	5		
		1		5		3		
		5	8		1	6	7	9
			1				6	
4		6		3		7		2
9	5			7	2			4

80

1			4		9			5
			8	6	3		1	4
4	9	3		7				6
	7		1		2	8		
2		1		3		5		9
		8	7		5		4	
6				5		3	2	8
8	5		3	1	4			
7			2		6			1

81

1	9		6			3	7	2
4	5				2		9	
		2		8	7			1
	3			2		8		6
	1		8	4	9		3	
7		4		6			2	
8			3	9		7		
	7		4				6	5
6	4	1			5		8	3

82

2			8	3	1			5
		9			5		1	
5		3		2	4	7		6
		8	3		2		9	
9		1		8		5		3
	4		1		9	6		
8		2	5	1		4		7
	6		2			8		
7			6	9	8			1

47

83

2	6	4				5	9	3
	7		4		3		6	
		8		9	5	4		
	4		7			8		
5			2	8	6			4
		9			1		3	
		7	3	1		6		
	2		8		4		1	
8	5	1				3	4	2

84

4	3	1	2				9	
		9		8	7			5
	5		9		3	2	1	
	7			6		1		9
	4		8	3	9		7	
3		5		1			6	
	2	3	6		4		8	
6			5	9		4		
	8				1	6	5	7

85

9		7		8		6		4
	3	6	4			2	8	
5		8			6	9		3
4	6		1	7				
	5			4			9	
				3	5		2	6
7		2	8			3		1
	1	5			9	8	4	
6		4		2		7		9

86

6	5	9		1		2		7
			6			3		
			5	2		4		
2	6		7		8		3	4
9		7		4		5		8
4	1		5		3		9	6
		4	2	8				
		1			7			
5		6		3		9	7	2

87

4		1			5	6		3
	9			2	6	5		7
6			9		3	2		
	3			7	2		4	
1	8			9			7	2
	7		1	3			6	
		5	8		1			9
7		2	3	4			5	
9		8	2			4		1

88

8		6	7				1	
		4	5		8			3
	9	3		4	6		7	
3	6			9		1		
5		1	6		7	3		9
		7		5			2	4
	1		4	8		2	3	
6			9		2	8		
	2				3	7		5

89

7					6	4		8
3	2	6	1			5		7
		5		9	3		6	
6				1		3	4	
2			9		7			5
	9	1		6				2
	3		2	7		9		
9		2			8	1	5	4
1		8	4					3

90

		6		9			2	
9	7		8		4			5
	8		2		1	9		7
	3	8	9		6			1
2				4				9
4			7		3	2	5	
7		4	3		9		6	
6			4		8		3	2
	1			5		7		

91

1				4	7		6	9
	4	2				5		8
	8			9		1		3
5			2		6	7		
	6	1	4		9	3	8	
		3	1		8			2
3		9		1			5	
7		6				4	2	
8	1		7	2				6

92

1			7		3		4	9
7	5				8			1
			1	5	9		8	2
		6		9	7	2		
8		2		1		3		7
		5	8	2		9		
2	4		6	8	5			
9			4				7	5
5	8		9		1			6

93

		5			7	9		1
7	8	3	4			2	6	
				6	5			4
3	1			7	4		5	
8		4	9		3	1		6
	7		1	2			4	9
4			7	1				
	6	7			9	4	2	8
9		2	8			5		

94

	1	7		8	3			6
6		2			1	7		
				6	2		5	9
1		5			9		7	2
	3		4		6		9	
4	7		2			8		3
8	4		3	2				
		1	6			3		4
9			1	5		6	8	

95

	6		7	3		8		
	3	9	2				6	5
7					8	9		4
				5	2	1	4	9
5		8		7		6		3
1	2	4	3	9				
2		7	6					1
9	4				5	3	8	
		1		4	7		5	

96

	4			7		1		9
6			5	4	9	2		
2		7	3		6	8		
7		3			2		9	8
		9		3		7		
1	6		4			5		2
		4	6		3	9		1
		2	7	5	1			4
5		6		8			2	

97

	1		2	4	8		6	
		2	1					7
9	3		5		7		1	4
3				1	2	5		
1	4			8			7	2
		7	6	9				8
5	9		4		1		8	6
8					6	3		
	2		8	7	3		9	

98

	7			6			2	
5	1	6	7		4	9		8
		9	3		1	7		6
	5		4	3	6		1	
1		3				4		7
	6		1	7	2		5	
8		1	6		7	2		
6		2	8		5	1	7	3
	9			1			8	

99

1	8			5			3	2
		2			4	9		
6		5	2	7				8
	2		6		7	8	9	1
	6			2			5	
4	7	1	8		5		2	
3				1	9	2		4
		7	5			6		
9	1			6			7	3

100

4			1	2	5			6
	5	9		3		4		8
6	7					3		
3			7		2	6	8	1
	4		5		1		7	
2	1	7	8		3			9
		4					6	7
9		3		7		1	5	
7			4	5	8			2

101

8			3	9		6		1
6					1	5	2	
	7				6	9		
7	1			4		8		
	2		7		5		4	
		5		2			3	6
		3	2				1	
	9	7	5					8
4		1		3	7			5

102

	2				6		5	
3				5	9			7
5	1	6				2	8	9
4			5				9	
		1	7		2	8		
	8				3			6
8	7	2				9	4	1
6			1	4				8
	3		9				7	

57

★★

103

			8			6	2	7
	8	2			6	9		
9				3	5		1	
		4		2			9	6
		5	3		1	7		
1	2			4		5		
	7		9	1				4
		3	4			8	6	
5	4	9			2			

104

		7	8		2	5		
9				7				6
	2	5	1		6	7	4	
2			5	8	7			1
	7	4				3	8	
1			2	4	3			7
	1	2	3		8	9	6	
8				2				5
		9	7		4	8		

105

9				5	7	3		
	1	4			9		2	
			6			9	7	8
4		7		6			9	
	3		5		2		8	
	8			9		6		5
3	4	6			1			
	7		4			1	6	
		5	8	2				7

106

	4	7	9				1	
			4			6		5
9	1		8	3		7		
	5		6			4		1
8			7		2			6
1		2			4		3	
		6		5	9		7	3
2		3			8			
	9				7	2	8	

107

	3	2		6		9	8	
		9		3	2	1		4
8			7					
	4				8	3	2	5
	6						7	
3	8	1	5				4	
					1			2
7		6	4	8		5		
	5	3		7		4	9	

108

1	6					9		4
			5	6		8	7	
	9			8		2		3
		4	7					5
3	7		8		6		9	2
2					3	1		
8		2		3			4	
	3	9		1	5			
7		5					1	6

109

7	1	3	8					
	2	4		5	1	6		
5				4		9	7	
3				9	5			
6	5						2	9
			4	2				3
	8	6		7				4
		9	3	1		8	5	
					6	7	1	2

110

6	4		8				7	3
9				2				4
1		7			6	9		2
				9	7	4	5	
	8						3	
	2	5	3	1				
8		1	5			3		6
5				6				9
2	6				4		1	5

111

		7		9		3		
	1	4			7	9	2	
9		5	6			7		1
			8	3			6	7
4								2
5	7			1	2			
6		9			4	2		8
	8	1	9			5	3	
		3		5		6		

112

8		1		4	7	2		
7	5	6	9					
	4			1		3		5
	6			3	4			
4	2						3	8
			1	8			6	
9		2		5			1	
					2	5	8	7
		3	6	7		9		4

113

1	2		8				9	
			2			3		5
	9	8	4	7				1
	3		5			9		2
		4	1		6	5		
6		9			2		7	
5				3	8	7	1	
7		6			4			
	8				1		4	6

114

1				4				7
2		4			8	3		1
9	3		1				6	4
				7	5	1	8	
		9				6		
	1	2	6	3				
3	5				4		7	2
4		8	9			5		6
7				2				8

115

6	3	2				8		
				8	7		1	
7					3		5	9
	6	5		3	1	7		
	2		9		6		8	
		3	5	4		1	9	
4	9		2					7
	1		3	5				
		8				4	2	1

116

	1		3				2	
5			8	9				4
4	2	7				3	9	8
	4				1			5
		8	2		7	4		
9			6				3	
6	8	5				7	4	3
1				6	3			2
	7				5		6	

117

8		4		3		7	2	
			9	2	1			
		9					6	3
4			3			6	1	7
	9		2		7		3	
5	7	3			4			8
6	3					4		
			7	5	2			
	2	8		4		9		1

118

2		9	7			5		
		6			1		4	2
7				4	5		3	
				2	4	8	1	9
3								7
8	9	2	1	6				
	6		5	9				8
4	7		6			2		
		8			3	1		5

119

	6		4			5		
4	8		3				2	9
7			5	8	1			4
	1		7			6		
6	5						4	8
		3			5		9	
2			1	6	9			5
1	7				4		3	2
		9			7		1	

120

	7				4	5	6	
				1	7	2		
8	9	4						1
4			5	3		6		2
		8	6		9	1		
5		9		4	2			7
1						8	2	3
		2	4	5				
	3	6	8				7	

121

	2		7			1	5	
		9	2	6			7	3
1		3	5					
	6				9	4		8
5			1		7			9
8		1	4				3	
					4	9		6
2	8			3	5	7		
	4	7			2		8	

122

5			2				4	9
			5	8			6	
3	2	7				8		
		2		1	4	6	9	
	7		3		9		8	
	3	4	6	2		5		
		8				1	7	6
	6			4	2			
1	9				7			5

★★

123

	9				1			
1			3	6		9		8
5		4			8		1	
2		5			9	1		7
	8			2			6	
7		6	4			3		2
	3		5			7		9
4		9		1	2			6
			7				4	

124

1			2		8			4
		7		4		9		
4	3		5		7		8	1
		4	8	3	6	5		
6	2						4	3
		5	1	2	4	8		
9	7		6		2		5	8
		1		8		2		
2			4		3			9

125

		2		7	4	5		3
	3		2					
9		6	5				2	
7		1			9	8		4
	5			8			7	
6		8	3			1		2
	4				6	3		1
					1		9	
3		9	8	2		7		

126

		7	5					
2				4	6		9	7
9	5		8			3		
5	4				9		8	6
		2		6		1		
6	3		7				2	5
		4			1		7	8
1	9		3	2				4
					4	9		

127

5				6		4	8	
	3	6	7	5		2		
8	7	1			9			
				3	6			1
2	5						3	4
1			5	4				
			2			8	7	3
		4		7	1	9	5	
	9	2		8				6

128

1			2	3	8			4
4	6		7				9	8
	8		9			2		
		3			9		8	
5	7						1	3
	2		1			6		
		1			7		3	
2	4				6		5	7
7			8	5	1			9

129

	8	9		7		5	4	
1	3			5	4		8	
			2					9
6	5	4			9	1		
		2				7		
		1	6			9	3	5
4					3			
	6		1	9			7	2
	1	8		2		6	5	

130

					2			4
2					7	8	5	
	7	4	1	3			2	
	9	2			4	5	6	
3				6				7
	6	1	8			3	9	
	3			2	6	4	8	
	4	9	5					1
8			9					

★★

131

	5		7		3	8		
	8	6	5		2	9		
4				6			7	
		2	8				9	7
		7		2		6		
5	1				4	3		
	3			9				8
		4	2		5	7	1	
		8	1		6		4	

132

8	5	9				2		
				7	6			5
	1				8		9	3
3		5		9	7	6		
2			4		3			8
		1	5	6		7		4
7	3		6				1	
5			1	2				
		2				8	4	6

133

	9			7	3			8
4	2				9	6		
		8	5			1		3
			4	6		8	1	7
5								2
8	7	6		9	1			
6		7			2	3		
		9	1				4	6
2			3	4			5	

134

		4	8		2	7		
	8			1			2	
1	6			9			8	4
7	2		6		8		5	1
		1	7		9	8		
8	3		1		5		7	9
6	1			5			4	7
	9			7			3	
		3	2		1	6		

135

	3	8		4			2	1
4		9					6	
			7	8	6			
3	9	7			4			2
		4	3		8	6		
1			2			3	4	5
			8	5	3			
	2					4		9
7	6			2		8	1	

136

	6				9		2	
3				7	5			1
1	2	4				9	7	5
7					8		9	
		5	4		2	1		
	1		6					3
8	5	3				4	1	9
6			9	8				2
	4		3				8	

137

			8	4	2			
8	6			3		1	9	
5		7					3	
		3			5	2	7	1
9			2		8			5
2	5	4	3			6		
	9					5		7
	3	6		5			2	8
			1	8	9			

138

	3	7		4		8	6	
	2			8			3	
5			2		3			7
	9	8	3		6	5	2	
3			4		5			8
	5	4	9		8	3	1	
6			8		2			1
	1			5			4	
	7	5		9		6	8	

139

7	4			3	6	5		
		1	5		8	3		
2						6		9
				6	4		9	5
	8		2		5		1	
3	5		8	7				
9		4						7
		2	4		9	1		
		3	7	1			4	8

140

8			6		1		2	3
	5			4		9		
9			2		7		8	
	2	1			8			5
3				6				7
6			9			3	4	
	1		3		5			9
		8		7			3	
7	9		1		6			4

141

		7		2				9
	5		7		4	3		
	8		3		1	5	2	
	4				9	6		3
	2			1			7	
7		8	5				1	
	7	6	1		3		9	
		9	6		2		5	
5				8		4		

142

8	6	4		9		3		
			8			2		
				6	3	7		
3	8		1		5		2	7
4		1				6		5
7	9		6		2		4	8
		7	3	5				
		9			1			
		8		2		4	1	3

143

		6	3	4	1	5		
1					2		3	
	2	3			8	6	7	
	3		2					4
	5	4				9	8	
7					5		1	
	9	8	7			1	6	
	4		8					5
		2	5	9	3	8		

144

			6			4	9	2
6	2				9		7	
		7		8	3			1
	5			2		9		7
	3		8		1		4	
2		1		5			3	
4			7	1		5		
	8		5				6	9
5	7	3			2			

145

	4	7	6	8				
	3		7			9	1	
		8	3		5		6	
6				3	9			4
4	8						9	2
1			8	4				3
	5		9		2	7		
	9	1			8		5	
				1	3	8	4	

146

9		5	7		3			4
		3	1		2			5
	8			9		2		
	3	6	8					1
2				7				9
7					5	4	2	
		1		4			5	
5			9		6	8		
8			3		7	6		2

147

	7		5	6		8		
					1	7	2	5
9		4	7					3
	4	5		1				7
8			3		6			2
2				7		1	6	
5					4	9		1
4	8	1	9					
		6		3	2		5	

148

		8		3	2		1	
1					6	4		7
6	5	7	4					
2				9		7	8	
5			3		8			2
	6	1		7				9
					7	9	2	1
4		6	9					3
	9		1	8		5		

149

	5			9			2	
2			3		7			6
6		4	2		8	1		9
	1		7	2	5		9	
8		2				7		3
	7		8	3	9		1	
7		3	4		1	9		5
5			9		2			7
	4			7			6	

150

1	2		3				4	8
		6	2				1	
8			6	5	1			7
		4	7				6	
5	7						3	9
	1				2	5		
2			1	9	7			3
	5				3	7		
3	9				4		8	6

151

8	5			7	4			
1		3		8			6	
6		2				9	7	
9			3			1		
	6	1	7		8	3	5	
		4			5			2
	9	7				5		4
	2			3		8		1
			4	9			3	6

152

	7	9					2	3
	1	6		8				5
8		4		3	9			
	6				8	3		
7	8		1		2		6	4
		5	7				9	
			9	2		1		7
4				1		6	8	
2	3					4	5	

153

★★

	1		5		4			7
6	7		8		1			9
		2		6			4	
	3	1	2					5
4				8				6
8					7	4	9	
	5			9		7		
2			1		8		3	4
7			6		3		2	

154

5			1		3			2
	9	7		6		1	5	
		1		9		3		
	1	4	9		8	2	6	
9			2		6			1
	2	3	7		1	8	9	
		6		2		4		
	7	9		8		5	2	
4			3		9			7

155

3		5		1		7		6
			2				9	
4	1			8	6			5
2	3	8			5	6		
		4				1		
		6	8			9	5	3
7			9	3			6	2
	8				1			
9		3		4		8		7

156

		3	6	9			7	8
5		7						6
		1	7		5	9		
				2	7		5	4
	8		1		4		9	
3	4		8	6				
		9	4		8	3		
1						2		5
6	7			3	2	4		

157

3		6		2		7	9	
		2					5	4
			9	1	8			
8	3	4			5			2
	5		8		9		6	
7			2			5	8	1
			3	9	6			
5	4					6		
	9	8		5		2		7

158

2				9			3	
	7	8	4		5	6		
	6		1		7	2		
8	9				2	5		
		1		5		8		
		3	6				7	4
		2	3		8		4	
		9	5		4	1	2	
	8			1				6

85

159

4	9	6		3		7		
			4	7	2	6		
			9		6	5		
	3		1		8			2
8		1				9		5
2			5		3		6	
		3	7		1			
		2	6	8	4			
		7		5		2	1	4

160

9		7			4			3
3			9		1	8		
				7	6	4		2
	5			6	9		2	
4	2						1	9
	7		4	2			6	
2		8	5	4				
		4	6		3			5
6			8			9		7

161

	4			6	2			7
		7	5			3		2
9	1				4	8		
7	6	8		4	3			
5								1
			9	8		7	3	6
		4	3				9	8
8		6			1	2		
1			2	9			5	

162

	4	8		5			6	3
			1	7	3			
	5					2		9
8	2	1	9			5		
9			3		1			4
		6			5	7	9	1
2		9					4	
			4	3	8			
3	1			9		6	5	

163

	5		8		4			7
2	4		1				5	
			6	2			3	1
		2		3	1	6		
	1	3				8	4	
		9	4	6		3		
7	3			1	9			
	6				7		2	4
1			5		6		9	

164

	3	1			6		5	
5				9	8	4		
			1			3	6	2
	7			3		5		6
	8		9		4		2	
4		3		7			8	
8	5	7			3			
		2	5	4				7
	9		7			6	1	

165

8			4		6			9
	6			5			4	
	1	5		3		8	6	
	7	6	2		5	3	9	
5			3		9			6
	4	9	6		1	5	2	
	5	1		2		9	8	
	3			9			7	
7			5		4			1

166

2			5		8		6	1
	9			3		4		
4			6		7		2	
	6	8			2			9
1				5				7
5			4			1	3	
	8		1		9			4
		2		7			1	
7	4		8		5			3

89

167

	5	2			9	6	1	
		8		2		9		
1		9	4			3		2
				1	5		9	3
5								6
9	4		7	8				
7		5			6	2		4
		4		3		8		
	8	3	2			1	7	

168

3			4	1			8		
					9	7	6	1
	1		7	2				5
		6		1			2	9
		5	8		2	6		
7	3			9		1		
2				8	6		7	
9	5	3	4					
		7			3	9		4

169

6		4	3		2	5		
5			6		7	8		
	8			9				1
		1			5		2	6
		7		3		4		
9	4		8			3		
4				7			5	
		8	4		1			2
		9	2		3	7		8

170

6					2		5	8
	7		4		6			3
9	2			7	3			
		8		9	7	6		
7		9				1		5
		3	5	6		9		
			6	8			7	9
4			1		5		2	
5	8		7					4

★★

171

	3				4		6	9
4	5			9	7			
1			6		8		3	
		7	4	5		9		
	6	8				5	4	
		5		7	6	2		
	2		7		3			4
			2	4			5	1
6	9		1				7	

172

	9		6		7	4		
	6	1	2		5	9		
4				3			8	
1	3		4			2		
		7		2		1		
		8			9		6	5
	1			7				9
		3	5		2	7	4	
		4	1		8		5	

173

		6	5		4	2		
4		2	7		9	6		8
	1			6			9	
	7		4	8	3		6	
6		8				3		5
	4		2	5	6		7	
	5			4			2	
7		4	3		5	1		9
		1	6		8	5		

174

	6			3	9		7	
8					5			3
4	3	5				8	9	2
2					6		5	
		4	7		8	2		
	1		3					9
7	2	8				9	4	1
6			9					7
	5		4	1			2	

175

2			7		3			
5			4	6	8			
7				9		8	3	5
		5	9		2		4	
3		6				9		1
	2		3		6	5		
4	1	8		2				7
			8	7	5			4
			1		4			9

176

			5	2	9	6		
4	9	6		3		7		
			7		4	1		
5			3		1		6	
	3	8				4	2	
	6		4		2			1
		3	8		5			
		7		1		5	9	8
		5	9	7	6			

177

1					9	6	8	
		5		4	2		9	
7		2	3					5
5	7	4	6	1				
		8				3		
				9	7	5	4	1
2					8	1		4
	3		2	6		8		
	6	1	7					9

178

6				9	8	5		2
8	4			5			6	3
		7	1					
3	7	6	9				8	
	5						2	
	8				6	3	9	1
					5	9		
4	9			2			3	7
1		8	7	3				4

179

					7		5	6
5		2		9	3		8	
	6	7			2	3		
		5			4		6	1
8			2		6			7
1	4		8			9		
		1	3			4	2	
	2		7	5		1		3
9	8		4					

180

					3		1	
1		2	8	6				5
	4				9	3		2
3		5			1	4		8
	7			8			5	
8		9	2			6		3
9		1	7				6	
6				5	4	2		7
	2		6					

181

			6	3	2			
	1	8		7			4	3
	6					7		5
		1	7			4	5	2
6			3		4			7
4	7	9			1	8		
7		5					1	
3	8			1		2	6	
			4	9	3			

182

9	4	5	3					
		1		2	6		8	
8					9	3		5
6				7		5	1	
4			2		1			6
	9	8		5				7
3		9	7					2
	7		8	1		4		
					5	7	6	8

183

		3	5	6				
		5		9		7	8	6
		1			8			
1	3		4		2		5	8
	4	6				2	7	
7	8		1		6		3	9
			2			9		
2	5	7		1		8		
			4	5	3			

184

	4	9		8			2	6
7		3					8	
			9	5	1			
5	3	1	8					4
		2	1		9	3		
8					3	6	7	1
			6	9	2			
	2					7		3
4	8			3		9	1	

185

6		4	3				9	
3			7	5		8		
	8				2	7	1	
				9	4	5	8	1
		2				6		
5	9	8	1	3				
	5	9	6				7	
		6		4	7			2
	3				1	9		4

186

			9	2	3			
	3	5		4		7		8
6	1					4		
4			1			6	8	9
	7		3		9		1	
2	9	1			4			5
		7					6	1
5		4		1		9	3	
			7	3	8			

187

	6			9			7	
2			5		8			6
	4	9		1		2	5	
	1	5	3		2	9	8	
3			7		9			5
	9	7	1		5	3	6	
	3	4		7		5	2	
9			8		3			4
	8			5			3	

188

			7	4		2		
	3		8			6	5	
5	2	8						9
2		6	4	5				7
		9	6		1	8		
3				7	2	1		4
9						7	1	8
	6	4			7		3	
		2		9	3			

189

	1				7	5		9
7		2	4	3				1
					1		2	
6		4	5			3		8
	3			6			7	
8		1			2	9		6
	5		8					
3				1	6	2		5
2		8	9				4	

190

	5	8			4			
		1		3	9		8	7
9					7	5		4
	2	5			6			8
	4		7		5		1	
3			1			6	2	
6		7	9					2
2	9		4	8		7		
			6			1	3	

★★

191

		6	8		2			5
4		7	9			8		
			6	5		1		9
	8		5	1			7	
	3	4				5	1	
	1			8	4		6	
5		1		7	8			
		2			5	4		7
9			4		3	2		

192

		7			2	1	9	
3	1	2	9					
	4			6	5			7
		5		8			1	4
		3	6		4	5		
2	7			1		8		
8			7	4			3	
					1	7	8	5
	2	9	8			6		

193

6	8	1				9	5	7
7			1					2
	5		8	6			3	
	3				2			5
		5	7		9	8		
1			4				6	
	7			4	1		2	
4					3			9
5	1	9				3	4	8

194

	4	5					1	9
	7	2		3				8
3		6		9	5			
		8	4				5	
4	3		7		1		2	6
	2				3	9		
			5	1		7		4
6				7		2	3	
1	9					6	8	

195

	2			8			3	
		3	7		4	5		
5	4			6			9	8
8	7		5		1		6	4
		4	8		2	1		
1	3		4		6		8	2
4	5			2			1	9
		9	1		7	8		
	1			4			7	

196

1	5			6		2	9	
			8	7	2			
	6					3		4
8	4	1	3					6
		3	2		8	5		
9					6	8	3	7
3		4					5	
			5	2	1			
	8	2		3			6	9

197

		7	2	4			3	8
1		8	6					
	2		3			1	6	
	4				7	9		5
6			1		3			7
5		1	9				8	
	9	3			2		5	
					9	7		4
2	5			8	6	3		

198

7	6		5		3		8	4
4			8		2			7
		5		7		1		
		3	7	2	4	8		
9	2						7	6
		7	9	6	8	3		
		4		8		2		
2			6		7			1
1	5		2		9		3	8

199

5	7			4			1	9
1			5	3		4		2
		8			6			
9	8	1			3		5	
	4						2	
	5		1			9	3	6
			4			3		
6		5		9	8			7
7	3			2			9	8

200

		9	4	2			6	
					8	3	1	5
1	8		5					9
7				1		5	9	
4			6		2			3
	1	6		7				4
2					7		5	8
9	7	4	1					
	3			6	9	7		

201

					4	7		
		8			5		4	1
7	1		3	2				6
3	5		1				2	4
		9		3		6		
4	6				7		8	3
2				6	8		1	9
5	7		9			2		
		1	2					

202

	2		9		7			6
		4		3			9	
3	6		2		8			5
8			6			9	5	
9				8				3
	1	2			4			7
4			8		2		1	9
	7			5		6		
6			1		3		4	

203

			2			9	6	5
	1			4	5		8	3
9	7			8		4		
				7	4	6		
3		7				1		4
		6	8	3				
		8		9			1	2
4	2		6	5			7	
5	9	3			1			

204

		1	6		3	7		
7				8				4
	5	8	9		7	1	2	
5			8	3	9			6
	6	3				9	7	
8			4	7	6			5
	8	4	5		2	6	3	
1				6				2
		6	7		8	4		

205

			8		3		6	
			2	1	4		5	
2	5	8		7			3	
5			1		8	6		
7	9						8	1
		4	6		7			5
	3			6		9	4	2
	4		5	3	2			
	7		4		9			

206

2		9	6				3	
1			4			7		
7	5			1	2		6	
	2	7		5				3
		4	2		6	5		
6				4		1	8	
	3		1	9			7	8
		2			8			9
	8				7	4		6

207

9	2				8		5	3
		4			9			2
	5		2	1	4		6	
		3			6			4
6	1						7	8
2			9			1		
	9		6	7	2		8	
1			8			6		
7	8		3				4	5

208

		1	6		2	7		
3						6		2
9	6		3	1		4		
5	2			8	6			
	1		7		5		9	
			9	3			5	4
		5		4	8		6	3
2		8						7
		4	5		9	1		

209

		1	9		5	8		
7				1				6
	9	8	6		4	1	2	
4			3	2	9			1
	1	2				3	5	
9			1	5	8			4
	4	9	5		3	7	6	
5				9				8
		7	2		1	5		

210

8	4					5	6	
2	1			7		9		
3		7		5	8			
	2				7			5
	7	4	1		6	3	2	
9			4				8	
			8	6		4		1
		3		1			7	2
	5	6					9	3

211

7		5		8		2	9	
			6	7	4			
3	8					6		
	9				2	8	1	5
8			7		5			6
4	5	3	8				2	
		2					3	8
			5	1	7			
	4	6		2		9		7

212

	2	5	7		9	6	8	
3				6				9
		9	1		4	5		
1			6	4	7			8
	9	7				4	1	
8			3	9	1			6
		3	9		6	1		
2				1				5
	4	1	8			2	3	6

213

		5	4	8				
	9	1	6				7	
2						6	5	9
4			8	9		1		5
		6	1		3	2		
8		3		4	5			7
6	3	4						2
	7				4	8	1	
				2	7	5		

214

4			7			2	8	
	5		6	3		7		
9	6				1			5
5	3	9		4	8			
	2						1	
			9	7		3	5	4
6			2				4	3
		1		8	6		2	
	4	8			9			7

215

7			2		1		6	
4	5			9	8			
	6				4		2	9
		8	4	5		9		
	2	1				5	4	
		5		8	2	3		
2	9		7				8	
			3	4			5	7
	3		8		6			4

216

	4	3	8				5	
9	8		5	2		7		
			4			9		3
	9		6			3		1
7			3		8			4
1		6			7		2	
2		7			6			
		8		9	4		1	5
	1				5	8	6	

217

		5			9	6		7
6	8	9	7					
2				1	3		5	
		3		4			2	6
		8	1		2	3		
5	9			6		4		
	4		5	2				8
					6	5	3	4
9		7	4			1		

218

			1	9		6		3
4		2	6					5
1			5		8	9		
	5		9	3			4	
2	7						3	9
	3			5	2		1	
		6	2		7			8
8					9	4		2
3		9		4	5			

219

	2	1		4	3			7
8			7		9			4
	5						6	3
	4	7	9	2				
		9	5		7	8		
				3	1	6	7	
1	6						2	
5			1		6			8
4			2	8		1	9	

220

8			7		1		5	3
4			2		5		8	
	9			6		4		
1					4	3	6	
3				1				2
	5	7	8					9
		8		2			3	
	7		9		3			4
2	4		1		7			6

221

	3	7		9		5	4	
1			2		3			7
	2			5			3	
	6	5	3		4	1	2	
3			9		1			5
	1	9	6		5	3	8	
	8			1			9	
4			5		2			8
	7	1		6		4	5	

222

6		1	9				7	
	8				5	1	4	
2			8	6		5		
9	3	4	6	1				
		5				2		
				7	9	3	1	4
		3		4	8			7
	9	8	2				3	
	1				7	6		5

117

223

	9				8	3		
5					4	7	2	
4			7	3		9		6
		5		6			9	7
	6		4		7		8	
1	3			8		4		
9		1		2	3			5
	8	4	9					1
		2	1				7	

224

		9	6		8	1		
7				9				3
	6	1	3		2	9	4	
2			5	4	6			9
	9	4				5	8	
6			9	8	1			2
	2	6	8		5	7	3	
8				6				1
		7	4		9	8		

225

			3	4	6		7	
			1		7		8	
1	7	3		9			4	
9			2		5	6		
	2	5				8	1	
		6	8		9			7
	4			8		3	6	2
	9		4		2			
	6		7	5	3			

226

		3	7		2	6	9	
		9	5		1		2	
	1			6				8
		5	8				4	2
		6		7		1		
1	3				9	7		
9				3			5	
	8		6		4	9		
	4	1	2		7	8		

227

9	3	4	7					
2					4	5		6
		8		1	9		4	
	1	7		4				3
3			1		2			8
4				7		9	5	
	9		3	2		1		
7		6	5					9
					6	7	8	5

228

	5			6	2			3
7	6				8	4		
		2	3			1		7
			8	4		7	1	9
3								5
1	8	9		7	6			
2		8			5	9		
		7	4				3	6
9			2	1			4	

229

	6	1		5	3			
7	9			1		8		
4	3					5		2
	8		4					3
1		4	7		2	6		9
9					1		5	
5		2					6	8
		6		7			9	1
			3	2		4	7	

230

			6		9	8		
7	6	9		4		2		
			7	2	5	9		
5			8		4		9	
1		3				6		8
	4		3		1			5
		5	9	1	7			
		2		8		5	3	7
		4	2		3			

231

9			4					
		2		5	3	8		7
	5	3		1		2	9	
	7				9	5	3	6
	1						4	
5	9	8	6				7	
	6	5		4		7	2	
4		1	7	9		6		
					8			3

232

		7	2					
1	2		8			4		
9				6	3		1	7
2	6				1		8	3
		9		3		5		
3	4		7				9	2
5	1		4	9				6
		6			5		7	8
					6	1		

233

5			1					8
	9		6	7			3	
7	6	1				2	9	5
	3				8			9
		9	5		2	6		
1			4				7	
9	1	2				3	4	6
	5			4	1		8	
4					3			2

234

6	3	9		1			2	
			6	2	4		3	
			9		3		8	
		1	5		7			4
7	5						9	8
4			8		1	3		
	1		2		5			
	4		3	7	6			
	2			8		5	4	6

235

	2			4	1	9		3
6	5				7			
		9			3	7	2	
9	7				5	6		
5			8		2			1
		4	7				8	9
	8	1	2			3		
			1				4	8
4		2	3	6			5	

236

		5	4		2	1		
1	2			3			8	7
	9			7			5	
6	5		2		3		7	9
		2	7		9	6		
7	4		1		6		3	2
	6			2			4	
2	1			9			6	8
		8	6		4	7		

237

			2	3	9	4		
9	6	4		7		3		
			4		6	1		
	7		8		5			2
8		5				6		1
2			7		1		4	
		7	5		3			
		3		1		2	5	9
		2	9	8	4			

238

2		5		8		1		4
	9				6			
1			2	3			8	7
		2	1			3	4	6
		8				7		
4	1	9			3	2		
6	2			4	9			5
			8				3	
5		3		7		4		9

239

	9					2		6
			9	8	1			
	7	5		2			4	8
		7	2			4	6	1
9			8		4			2
4	2	3			7	5		
8	5			7		1	9	
			4	3	8			
2		6					7	

240

	7			8		6	4	2
	4		9	7	6			
	3		4		2			
		9	5		1			8
	2	3				5	1	
4			8		3	9		
			1		7		8	
			6	5	4		9	
1	9	6		3			7	

241

7	3	6				2	4	5
9					4			7
		8		5	2	6		
6			9			8		
	2		3		7		6	
		5			1			4
		9	4	1		7		
3			8					1
2	8	1				4	3	6

242

8	9		2		1		6	5
		2		9		4		
	6		5		7		9	
		9	3	8	5	1		
7	3						8	9
		1	9	7	6	5		
	7		8		9		4	
		6		5		7		
2	4		7		3		5	1

243

		8		2	3		5	1
7		5						3
		4	7		5	2		
			5	6			7	9
	1		9		4		2	
8	9			3	1			
		2	1		9	8		
4						6		7
3	5		6	8		9		

244

	8	2			7	5	3	
	3			2			4	
5	6		3				2	1
3		8	1	5				
		6				1		
				4	9	3		7
9	5				2		8	4
	4			8			7	
	2	7	6			9	1	

245

3		4			2	6		
		7	5				1	9
6			3	8			5	
			4	5		7	8	6
1								2
8	4	6		7	9			
	2			9	3			1
7	9				4	5		
		3	1			8		7

246

9		7		6	3			
		4			9	1		6
8			1		2	4		
	3		9	7			6	
	2	1				9	7	
	7			3	1		5	
		5	3		4			9
1		6	8			3		
			5	9		7		8

247

5		6	2		3	9		4
4			8		7			2
	2			5			1	
	6		3	8	5		7	
8		7				2		3
	5		7	2	1		6	
	4			7			9	
7			5		2			1
1		5	9		6	8		7

248

	7	1				2		6
	9			8		4		3
			6	7			8	5
7			8			3		
	5	3	1		4	8	2	
		6			2			9
4	2			1	6			
3		8		4			5	
5		9				7	1	

★★

249

2	6	3				4	1	7
	1			2	6		8	
7					3			9
	8		9					1
		1	4		7	6		
3					5		2	
5			8					4
	7		3	5			9	
1	3	4				8	5	6

250

	1			4	2			6
9	6	2	5					
		3			6	8	7	
		6		5			2	7
		9	4		3	1		
4	5			6		9		
	8	5	7			2		
					8	7	5	1
2			9	3			4	

251

	9		2		7			6
7				5		4		
	3		8		6		5	9
	2		4			6		1
	5			8			7	
3		7			9		8	
1	7		6		8		4	
		9		3				2
4			5		1		9	

252

4	2		5			6		
6		5			7	1	8	
7			6				3	
	1	6		2				4
	9		4		3		2	
8				9		3	5	
	5				2			1
		4	3	1		9		5
		8			4		7	3

253

	8		7					
	2			6	5			
	5			9		7	4	6
8		2	1		3	5		7
	6	3				4	1	
4		7	6		8	2		9
1	4	5		8			7	
			5	3			2	
					1		9	

254

		8	5	6			4	2
		3	2		7	6		
	7	2					5	
				1	2		9	7
4			3		9			6
9	8		4	5				
	3					1	7	
		6	9		4	8		
2	5			8	1	9		

255

	9			8		6		4
8		5	3	9				7
1	6	3			2			
	1		9	4				
	7	9				5	4	
				5	8		1	
			7			3	5	6
4				3	1	9		2
7		2		6			8	

256

5		4	7		8			2
	9			5		6		
		8	1		6			4
	8	3	9					1
6				7				5
7					4	2	6	
4			5		3	9		
		1		2			4	
9			8		7	3		6

★★

257

	6	8		4	1	3		
9	5		8			6		
	4		6					7
	3			2		7		8
2			5		7			9
1		6		9			5	
8					9		1	
		3			5		7	4
		5	7	1		2	8	

258

			1		9		6	
			2	8	3		1	
3	1	9		4			8	
2			4		6	1		
7	5						9	6
		4	7		5			2
	8			6		5	2	3
	2		3	7	1			
	4		5		8			

★★

259

9		8	2		1	5		3
3			6		5			9
	1			9			7	
	2		3	6	9		5	
4		6				9		8
	9		5	8	4		2	
	3			5			6	
6			9		8			7
7		1	4		6	2		5

260

	1				2		7	9
8			3		1		6	
2	5			8	6			
		6	9	1		5		
	8	5				4	9	
		7		5	8	1		
			1	7			5	8
	3		4		9			2
7	9		8				3	

261

6		9					1	7
			1	9		2	3	
		8		2			5	4
1					7		8	
5		3	6		4	7		2
	9		2					5
2	5			4		3		
	4	7		6	1			
8	3					6		9

262

		7			9		4	
2	3				5		1	9
9			6	1	7			8
	2		7			5		
1	9						7	4
		4			8		6	
7			2	4	6			3
3	5		9				8	6
	6		8			2		

263

	7	1			2	8		
	5			3	4			
9						5	2	1
3	6		5	4				8
	2		6		7		9	
4				1	3		7	5
2	4	6						9
			8	9			5	
		8	4			7	3	

264

5		8			1	7		3
		3		6		2		
	2	6	7			9	5	
4	3		5	2				
8								1
				9	8		4	6
	8	7			4	1	9	
		2		7		4		
9		4	3			6		7

265

	4	7	5			1	6	
2		5			8	9		4
		6		1		2		
			4	6			2	3
8								9
1	3			7	9			
		3		5		6		
5		1	2			3		7
	7	8			3	5	9	

266

		1		4		8		
4	7		2		1		3	6
6			5		3			4
		4	3	7	9	2		
9	5						4	7
		2	6	5	4	3		
5			4		7			8
8	1		9		5		2	3
		6		3		5		

267

7		6		3	2			
	1	4		6				9
	5	9					8	3
	2				7	5		
9	4		3		6		1	7
		8	1				4	
8	3					2	7	
5				1		4	6	
			2	8		9		1

268

			9	7	8			
8						3	1	
4	5			1		7		6
	4				1	9	6	3
		8	6		7	1		
1	2	6	4				5	
5		7		4			9	8
	3	1						4
			7	2	6			

269

2	4	9				3	8	5
	7			8	4		1	
		8			5	2		
	5				1	9		
9			7		2			3
		4	8				6	
		7	4			1		
	9		3	6			5	
4	3	6				7	9	2

270

7	6	2						5
		9	6			7	8	
			3	1			2	
2	8		1	7				3
	5		8		4		6	
9				3	2		4	1
	2			5	9			
	1	8			3	9		
5						4	3	6

141

271

4	6			9	7		2	
		8		3			1	6
9	3	5	1					
			4	2		7		
5		2				1		4
		7		5	8			
					6	3	7	9
3	2			8		4		
	1		9	4			8	5

272

2					3			1
4	6	3				7	8	2
	8			4	6		5	
	5		1					8
		8	7		2	6		
3					9		4	
	2		3	9			1	
8	3	7				5	9	6
9			5					7

273

6	4	8						7
			1	5		4		
	2		8			9	6	
2				1	4	3		5
		7	9		3	8		
4		9	5	6				1
	9	5			1		2	
		4		7	2			
7						1	3	8

274

1	3	9				4	2	5
	4		5				1	
		8	9	4		6		
	9				4	7		
3			1		8			2
		5	6				3	
		3		7	2	5		
	8				9		6	
9	7	2				3	8	1

275

1	8			2			7	9
	3			1			4	
		9	7		6	3		
7	2		5		9		6	1
		5	4		1	7		
4	1		2		7		3	5
		1	6		5	8		
	6			7			5	
8	5			4			9	7

276

3					5	2	8	
5			8	1			4	7
		4			6		1	
9		1		6			5	
		7	5		8	6		
	3			7		4		8
	2		9			8		
4	9			2	1			3
	5	6	4					9

277

9			5					
	7	6	1					5
	5			8	3	9	1	
	2	8			6	3	4	
1				4				8
	4	7	9			5	2	
	6	9	4	5			8	
3					7	2	9	
					2			6

278

		2			4		6	
4					8	5	9	
3			1	6			4	8
2		8		7			3	
		5	2		9	7		
	9			5		1		4
7	8			1	2			9
	2	6	9					3
	1		5			8		

279

6		3		7			2	
8		1					5	4
	7	9	1	5				
		2			8			1
7	8		4		6		9	3
3			7			5		
				4	1	6	8	
5	4					9		2
	9			6		3		7

280

		7	1		9		8	
	3	1			5	7		
			3	6	2	5		
4				6	1			2
2		5				1		9
3			5	2				6
	8	2	4	5				
		6	8			3	1	
	5		6		7	4		

281

		3	6		5	4		
2		7						1
		6		3	7		8	9
6	2			7	8			
	4		1		6		5	
			5	9			6	3
5	8		9	4		3		
9						8		2
		4	8		2	1		

282

	3	8			9	5	4	
6		2	5			7		3
		4		2		6		
4	1		3	6				
	8						9	
				7	8		2	1
		6		5		1		
8		5			1	9		7
	7	1	4			2	5	

283

	9	5			7	3		
		6	8		3		4	
				4	6	2	7	
3				2	4			5
1		9				4		2
2			9	3				6
	4	2	3	5				
	7		1		9	8		
		8	4			9	5	

284

	6			2	3		4	8
	8		4			5		1
		7	8					2
1				5		3	8	
		5	1		7	9		
	7	4		9				6
3					5	4		
7		2			1		6	
4	9		7	3			1	

285

	1	7		2		3	5	
		4		1		8		
5			3		9			4
	8	1	2		3	4	6	
6			8		1			3
	3	2	6			5	9	1
1			9		6			7
		9		3		6		
	7	6		8		5	3	

286

8						2		3
		7	1		4	5		
9	6		2	5		4		
			6	2			3	4
	1		4		8		7	
5	4			9	1			
		5		7	9		6	1
		8	3		6	7		
3		6						9

287

5	1		8			6		
	7			3	2		4	1
		4	5					
3	5				1		2	8
		7		2		9		
6	2		4				5	7
					3	1		
1	9		6	7			3	
		3			9		8	4

288

5			2					
		2		7	9	8	5	
	4	3	8					2
	7	1			4	6	9	
8				6				7
	3	6	5			1	2	
9					3	5	1	
	5	4	6	2		7		
					1			4

289

			3			6		8
	3	8	5				9	
6	5		9	7		4		
	6		1			8		2
4			8		5			3
2		1			4		7	
		5		6	3		2	9
	2				9	5	1	
7		4			1			

290

	7				6			
1		6			4		2	
8			9	3		1		7
9		2			7	8		6
	8			9			5	
6		3	1			4		9
5		1		8	2			3
	3		5			7		4
			3				1	

291

	6		9	2			4	7
		7			6			
3	8				4	6		
2	1		3				5	9
		4		5		2		
8	5				7		1	6
		9	8				7	1
			1			3		
7	3			6	5		2	

292

1		7	2	5				4
					8	6		
4	6			3			5	2
	7				9	5	6	1
	8						3	
5	2	9	6				7	
7	4			8			9	5
		2	1					
9				6	7	8		3

293

		6	2		8	5		
	9					8	2	
8	3			6	9	1		
				9	3		1	4
6			4		5			3
2	4		8	7				
		4	7	1			9	8
	2	7					5	
		1	3		4	6		

294

4	9		1	2				5
		3			7		8	9
					8	4		
8	5				4		3	1
		6		1		5		
1	7		9				2	8
		9	2					
7	4		6			2		
2				5	3		9	6

295

3					8		5	7
				6	9		2	
2	8	7				1		
	5	2		7	6	9		
	1		4		5		8	
		3	2	9		6	4	
		1				8	9	4
	2		3	1				
5	6		9					3

296

		8	3				7	6
		2		5	1	3		8
	9		8					5
6				7		8	1	
	7		6		9		4	
	3	9		4				2
1					7		3	
3		4	9	1		6		
9	5				6	2		

297

	9			7		1		
1			4		6		3	
3			5		8		6	2
8					1	2	7	
2				8				4
	6	5	3					9
4	1		8		5			7
	5		9		2			1
		3		4			2	

298

8	6		5			9		
4		1		2	8	5		
2			7				4	
	4	8		1				9
	7		8		5		1	
5				7		3	2	
	8				3			6
		9	2	6		4		3
		3			4		7	5

155

299

		7	5		6	4		
	4			2			3	
8		2	4		1	7		9
	8		1	5	2		6	
6		5				1		4
	2		6	4	3		8	
2		3	9		8	6		5
	7			6			9	
		6	2		4	3		

300

		2	4		6		9	
	1	9	2		3		8	
5				1		4		
2		7			5		6	
	4			3			1	
	3		9			8		4
		6		8				9
	5		3		2	7	4	
	9		7		1	5		

301

		5	3		1		7	
7				4		6		
	2	3	9		8		5	
	6				5	3		8
	1			9			2	
2		4	7				9	
	4		8		9	7	1	
		2		1				5
	7		2		6	8		

302

7			4	8				5
	2		9				6	
4	8	9				1	2	7
	9		3					8
		7	2		1	4		
5					6		7	
9	7	1				5	4	3
	3				5		1	
2				3	9			6

★★

303

	8	4		5		6	3	
	1			4			7	
6			9		3			1
	5	3	6		2	4	9	
2			4		7			3
	4	7	3		5	2	1	
4			2		9			8
	9			3			2	
	2	8		7		3	6	

304

7				2	5	3	9	
4	1				6			
		3			9	6		7
6	3				4	1		
	4		8		7		5	
		2	6				3	8
8		5	7			9		
			5				8	2
	2	7	9	1				4

305

3			4			5		
2		6	1				7	
5	8			3	2		1	
	2	5		8				7
		4	2		1	8		
1				4		3	9	
	7		3	6			5	9
	9				5	4		1
		2			9			6

306

5	9	2				1	8	3
		7		8	1	2		
	6				3		9	
		8			4		3	
1			5		9			2
	2		6			7		
	5		7				4	
		6	3	4		9		
7	1	4				3	2	5

307

6		2			9	7		4
	4	8	2			1	5	
		5		1		6		
1	3			8	7			
9								7
			4	5			6	3
		3		2		5		
	8	9			3	2	7	
2		1	6			3		8

308

9			1		2			3
	2	4		9	7			5
		7				1		2
	1	6	2	8				
	9		6		3		4	
				7	4	5	6	
8		1				3		
6			8	5		7	2	
5			4		6			9

309

		9	5				7	
7	5		3				4	1
1			9	8	7			6
	7				5	8		
8	6						3	2
		4	6				9	
5			7	2	6			3
3	2				4		1	9
	8				3	6		

310

		9	7		5	3		
4				6				9
	2	3	9		8	6	1	
1			5	9	4			6
	9	8				7	5	
5			8	7	6			1
	7	5	2		1	4	6	
2				5				3
		4	6		9	5		

★★

311

6	3		9		1		4	5
	1		7		8		3	
		2		4		1		
		7	4	8	9	5		
1	9						8	7
		5	2	1	7	4		
		6		7		3		
	2		1		4		7	
8	7		5		6		2	4

312

7	5	9				6	3	4
2			4	7				1
	6		9				7	
8					7		4	
		5	6		1	3		
	3		2					9
	2				4		1	
9				8	5			3
3	1	6				4	8	5

313

		1	6	4		5		
3			2					8
8	7	5				6	2	4
5					3	1		
	6		8		7		5	
		4	9					2
6	1	9				2	7	5
7					1			9
		3		9	2	8		

314

9			6		3			2
		5				8		1
	4	7		2	1			6
				1	4	6	8	
	3		5		6		9	
	6	2	3	7				
2			7	9		3	4	
4		8				7		
5			4		8			9

315

	3			5	7			8
	2	9	3			7		
		4			1		2	5
9	6	2	1	4				
	8						3	
			2	5		6	9	1
3	5		4			2		
		6			8	1	7	
4			7	9			6	

316

3	5	7			1			
		9	5	6				7
	4		7			8	2	
	7			1		5		8
	3		4		6		9	
6		1		7			3	
	1	2			8		5	
5				4	3	6		
			2			1	8	9

317

	3	9		6				8
					2	1	4	3
		7	4	8		6	5	
1				5	6			
9	5						8	7
			8	9				1
	8	2		4	1	9		
5	4	3	7					
6				3		7	2	

318

		1	2	8		5		
	8		3				7	
7	4	2				8	9	3
	2				8	6		
4			7		1			9
		3	5				4	
2	6	9				4	1	7
	1				2		5	
		4		6	9	3		

319

9			7	1	8			
1				5		7	6	9
4			6		9			
	9		4		5	8		
6		4				3		2
		8	2		3		5	
			1		2			5
8	2	7		4				1
			9	3	7			8

320

5					9	6		8
		1		2	5		7	9
	6	7			8			
	4	6			3			7
	8		9		6		1	
2			1			3	4	
			3			1	2	
4	5		8	7		9		
3		9	5					4

321

	9	8		1				2
	7			2	5	6	1	
			4			5	3	8
3			1	6				
9		6				2		7
				9	2			3
6	8	5			7			
	4	2	3	5			9	
1				8		4	7	

322

4					6			2
5	6	1				3	7	4
		3		5	1	9		
6					8	5		
	3		7		4		1	
		9	2					3
		4	6	8		2		
3	7	6				8	9	1
8			9					7

★★

323

7					8			
6				2		4	8	9
1			4	3				
	6	4	8		3	1	2	
8		9				3		5
	7	1	5		2	6	9	
				5	4			1
9	5	6		7				4
			6					2

324

8	7		5			3		
	9	4		6	7	5		
	6		2					9
	5			2		1		6
2			7		5			4
9		7		4			3	
7					1		8	
		3	6	8		9	1	
		1			9		5	2

325

1	7	3				8	5	6
4					8			1
	9			6	5		7	
	6				2			8
		5	3		1	7		
7			4				9	
	4		8	2			1	
3			9					2
5	2	9				3	8	7

326

6			8				5	7
4	8	9			1			
	2		4	3		8		
8				1		5	4	
9			6		3			2
	1	3		8				9
		4		6	9		3	
			7			2	1	5
1	7				5			4

★★

327

7	8					9	4	
			6	7		1		2
9				1		3	5	
	3				5	8		
2	5		1		7		3	9
		4	2				6	
	1	3		5				4
5		9		8	6			
	2	6					7	8

328

		9		5				8
	2		7		6	3	1	
	8		4		3	2		
7		3	2				9	
	1			6			4	
	6				8	5		1
		7	9		1		8	
	4	8	6		7		5	
2				4		1		

329

1	4			8	2	3		
					9	7	5	
9		3			4			1
	1	6	9					8
	2		6		3		7	
5					7	9	1	
4			3			6		2
	6	8	2					
		7	4	5			8	3

330

6		8			4	5		9
9			6	3	2			1
	2				8	6		
	5				1	2		
3		1				4		7
		6	8				3	
		3	4				1	
8			1	7	6			4
4		7	5			9		2

171

★★

331

9			8	5	7			4
7	6		3				2	9
		8	6				7	
		2	4				8	
5	4						3	1
	7				6	5		
	5				3	4		
3	1				2		9	8
6			7	1	4			3

332

9			3	4	2			
1			8		6			
6				7		8	3	9
		1	4		8		9	
8	4						7	5
	9		1		7	2		
2	3	5		1				6
			2		5			7
			9	6	3			2

333

5		9			1	6		4
3				8				9
7	6		5				3	8
			6	3		2	9	
		1				4		
	2	8		7	4			
1	7				2		4	5
2				5				3
8		5	9			7		2

334

	3	2		9		1		7
			5	4	7			
		9					8	6
3	5	8	6				9	
6			7		5			2
	1				9	6	4	5
8	6					2		
			2	7	3			
7		5		6		9	1	

335

2	6	9		7				3
			3	9				1
					6			5
	3	6	4		8	5	1	
8	2						4	9
	1	7	5		9	2	6	
7			8					
1				4	3			
6				5		8	3	2

336

		3	4				5	1	
7	2					6	8		
6					9	1		3	
9	3	8			6	5			
	4							7	
				2	8		3	9	5
	7			1	2				4
		6		5				8	2
	8	9				7	1		

337

			4	1	8			
	5					2		9
3	7			5		4	6	
6			5			8	2	1
		2	8		4	7		
8	9	3			2			5
	8	4		2			5	6
2		9					7	
			3	4	7			

338

					7	2	8	1
5	4		8					3
		8	1	6			9	
	1	4		7				8
9			3		6			2
2				8		6	7	
	6			3	2	1		
1					4		5	7
4	7	9	5					

339

3					4	8		5
		6	1		3			7
9		4		6	7			
	5			9	6		3	
6	9						2	8
	7		8	3			9	
			3	5		6		9
1			2			8	4	
8		5	6					1

340

	4			1	3	6		9
3					9		8	5
	6	8			5			
1			4			2	7	
		5	9		8	4		
	8	2			7			6
			7			1	4	
7	9		3					2
2		3	5	6			9	

341

		5		6		4		
	9	1	5			6	7	
6		8			2	5		9
8	5		7	9				
1								7
				4	3		2	5
2		6	1			7		3
	3	9			6	8	4	
		4		8		2		

342

		9		2		8	5	1
		4			5			
		6	9	1				
4	6		7		3		9	5
	7	1				3	8	
8	5		4		1		6	2
				7	9	6		
			3			2		
3	9	8		4		5		

343

	4		3		5			2
				8	6		9	1
8	3					1		4	
		8	1	9		6		
	1	9					5	3
		7		6	3	9		
	6		2				8	3
2	9		7	1				
1			6		4		7	

344

2		9					4	1
				9	3	7	6	
		4		6			5	8
	1				7			3
8		7	9		6	4		5
5			8				2	
6	5			8		1		
	4	8	3	2				
7	3					2		9

★★

345

			1	2			9	
4	5	8						2
		1	5			6	7	
5				3	7		6	9
	4		8		6		2	
7	8		9	5				1
	6	3			4	1		
2						9	4	3
	9			7	5			

346

		4	5	1			6	7
		3	7		8	1		
	8	7					5	
9	4		6	5				
6			3		9			1
				2	7		9	8
	3					2	8	
		1	9		6	4		
7	5			4	2	9		

347

	5			6	8		2	4
		4	5					
7	1		2			5		
1	3		4				9	5
		2		3		6		
6	9				7		3	8
		8			1		4	9
					9	7		
4	7		3	5			6	

348

5			6		9			1
	6	3	8	5				4
		8				9		6
			3	8		4	2	
	5		1		2		3	
	9	2		7	6			
7		9				1		
2				4	7	8	6	
4			2		3			5

349

		3	1		7		6	
	5	8		2	9			
	6				8	2	1	
9			8	5				2
7	1						8	5
5				9	1			4
	2	1	3				9	
			4	8		3	5	
	4		9		6	8		

350

3	5	9		4			8	
				3	8		6	
			9				2	
9		8	1		7	6		2
	1	5				7	3	
4		6	3		2	9		5
	4				1			
	6		8	7				
	9			2		8	5	1

351

		2	1		3			
		3	5	9	8			
		9		4		3	5	1
3			2		4		8	
	2	1				7	6	
	8		7		6			4
7	5	8		2		9		
			3	6	5	8		
			9		7	4		

352

		3		8	6		2	
1					4	7	8	
5		7	3					6
			7	8		5	4	9
		2				3		
7	5	9	4	1				
9					2	6		4
	3	8	1					7
	1		6	5		9		

353

				5	2	3		9
5	1					2	7	
6				9		8	4	
	2		7			6		
3	8		4		1		9	7
		5			9		8	
	9	8		4				3
	6	3					5	1
7		4	2	1				

354

4	5		3	2			7	
	8	7		4		9	3	
					1			6
8	1	2	7			3		
		5				4		
		3			2	6	8	7
2			4					
	6	8		5		2	9	
	9			8	6		1	3

355

		5		4	1	2		8
			9			6	3	4
2		9		6			7	
	1		8	5				
8	9						5	3
				3	7		1	
	8			7		5		6
4	6	1			2			
3		7	4	8		9		

356

9				3		8	6	
1	4					9	2	
			5	1		3		7
	8				6	4		
7	6		3		1		8	9
		2	7				5	
6		9		4	5			
	7	5					1	4
	3	8		6				2

★★

357

	4		8	3		2		1
	1	6				8		
	5		1		6		3	
				7	1	9		6
2			5		9			3
9		4	2	8				
	3		9		2		4	
		5				6	7	
1		8		4	7		9	

358

4				1	8		2	
1	9				3	5		
		8	2			6	9	
			3	5		9	7	6
	2						4	
3	6	7		9	1			
	8	3			4	7		
		9	5				1	2
	7		8	6				5

185

359

7	4			1		6		5
	9	8						1
			4	3	2			
		1			9	2	6	8
	5		2		4		9	
9	2	3	1			7		
			6	4	5			
5						9	8	
1		7		9			4	2

360

		7	1		3		2	
	6	4	2	7				
	1		4			9	8	
8			7	6				1
6	7						9	5
2				1	9			6
	9	8			7		3	
			8	1	7	6		
	3		9		5	4		

361

1				4	3	5		
	7				5		9	2
5	3	8	6					
6		4		5			8	
	8		4		7		1	
	5			6		2		3
					9	1	2	6
9	6		2				3	
		3	8	7				4

362

		1		2		5		
9	4		5		3		2	6
	2		9		7		4	
		3	8	6	9	2		
2	6						8	7
		9	2	7	4	3		
	1		6		2		7	
3	9		7		8		1	5
		7		9		4		

363

	8			3			1	
4		2	6		1	3		5
		3	7		4	2		
	6		4	5	9		3	
3		5				9		7
	4		2	7	3		6	
		8	3		5	7		
6		4	9		7	8		1
	7			4			2	

364

	2	3			7			8
	8		4	5		6	7	
6					8			
	9	5	3			4	1	
7				1				5
	1	2			6	8	9	
			9					3
	3	6		8	1		5	
4			2			9	6	

365

		3	7	9			5	
					4	2	3	7
6	1		3					8
	7	1		4				3
5			8		9			2
2				3		9	4	
7					1		6	4
1	4	5	6					
	9			8	2	7		

366

	9	2			8	5		
		3	6				4	1
	5		9	7				6
2	7	5		3	4			
	1						8	
			2	6		3	5	7
8				4	9		1	
4	3				2	6		
		9	1			7	3	

367

	7			9			5	
	5	8		4		9	2	
1			7		5			8
	1	4	6		9	5	3	
5			4		1			9
	6	9	5		2	1	7	
2			9		7			3
	8	1		6		2	9	
	3			1			4	

368

					2		5	
2	8	9		1			7	
			9	3			4	
1		4	2		3	9		7
	6	3				8	2	
8		7	6		1	4		5
	4			6	9			
	9			5		7	8	6
	1		7					

369

2		1	6	5		3		
5	7	8			4			
	9			8		4		1
	6		9	7				
7	3						4	2
				3	2		6	
8		3		9			2	
			1			6	8	5
		4		2	5	9		7

370

3	6			1			5	7
	8			3			9	
		7	5		4	8		
5	1		2		7		4	3
		2	9		3	5		
9	3		1		5		8	2
		3	4		2	6		
	4			5			2	
6	2			9			7	5

191

371

9					7				3
	7		6		2		4	
	4	2	1		3	5	7	
2			4	6	7			1
	5	7				6	8	
1			2	5	8			7
	2	1	8		6	3	9	
	9		7		5		6	
6				2				4

372

	5			6			4	
	7	6		2		8	9	
8			9		3			5
	2	9	1		8	6	3	
1			4		6			9
	6	4	2		9	1	5	
6			3		1			7
	1	7		4		9	8	
	3			9			1	

373

	3	8	2		9	1	6	
2				8				4
		1	6		7	8		
9			8	7	1			6
	7	5				3	8	
8			5	3	6			9
		7	3		8	4		
1				6				7
	2	4	7		5	6	9	

374

4			5		8			
1				3		5	9	8
8			9	1	7			
	7		2		6	3		
5	4						6	2
		8	4		3		7	
			8	6	9			7
7	9	2		4				1
			1		2			3

★★

375

		7	9			5		4
	6			3	7			9
4	3				1	8		
5	1	2		4	3			
9								6
			1	8		4	5	2
		4	8				9	3
2			7	5			8	
7		1			6	2		

376

		7		5		4	8	2
		3	2	6				
		1			8			
2	7		8		6		5	3
4		8				9		6
3	1		9		5		4	7
			7			5		
				9	2	3		
7	9	4		1		2		

377

		1				8	4	5
	5		3	7				
8	9		4					2
	6	7		3	5	2		
	4		9		6		1	
		3	7	8		5	9	
2					3		7	9
				1	2		5	
6	3	4				1		

378

9		2		8			5	1
	8	7						6
			3	2	6			
	5		1			9	4	8
		8	9		2	6		
7	9	3			8		1	
			2	4	9			
1						8	7	
6	3			1		2		5

379

9	7		6	2		5		
			4			7	3	
4		3	9					6
	1	8			5			2
	5		3		9		4	
7			8			3	1	
1					6	9		8
	2	5			8			
		9		7	4		6	1

380

	2	4	8				1	
1			5	9		6		
					4	2	8	3
6		2		7			5	
	5		6		9		3	
	7			2		1		8
5	1	7	2					
		3		6	1			7
	9				7	8	4	

381

4							1	7
	3		7		1		9	
5		1		3	4		6	
8		7	1	2				
		3	8		9	5		
				4	5	8		6
	8		2	6		1		4
	6		5		8		3	
7	2							9

382

2		9					1	
			4	7	8			
4	6			1		5	3	
8	2	7	1			6		
3			8		4			2
		1			2	8	9	5
	1	6		2			8	4
			5	4	3			
	3					2		9

383

	9				1	4	7	
8			9	5		1		
5		4	3				6	
3	2	7	5	4				
		1				8		
				6	3	2	4	7
	4				6	5		1
		2		7	9			6
	3	9	8				2	

384

9						3	8	
			1	5	6			
7	2			9		6		4
8	1	2	3				9	
		3	6		1	7		
	4				9	1	5	3
1		6		3			4	9
			7	6	2			
	3	8						7

385

	2			7	3			
		7				9	6	8
1	5				6			3
		3		6	2	5	8	
	7		1		8		9	
	1	2	5	4		6		
3			9				1	4
2	9	4				7		
			6	5			2	

386

	7			3			1	
5			4		8			7
3		9	7		6	2		5
	9		6	4	3		8	
4		8				7		6
	3		8	7	1		9	
1		3	2		9	4		8
8			3		7			1
	5			8			2	

387

	5			3			4	
9			6		8			5
	7	3		1		9	6	
	3	4	1		6	2	5	
2			4		3			6
	1	6	2		9	3	8	
	2	7		4		6	9	
3			8		2			7
	8			6			2	

388

		7	2			3		9
4			8		3	7		
2		1	5	9				
	1		3	5			6	
	8	3				2	1	
	5			1	2		9	
				2	6	1		4
		6	7		5			2
3		9			4	5		

389

		5			8	2	4	
	3			6	9			5
1	2	8	4					
8	5			2		7		
		1	6		3	9		
		9		7			2	3
					2	5	7	9
7			5	3			1	
	8	4	7			6		

390

		1	9				2	8
5	9			4	3		1	
			1			5		
1	7		5				6	2
		4		6		9		
3	6				8		7	4
		8			7			
	4		6	1			8	5
7	5				2	3		

391

8			6			9	3	
6				5	3		1	2
		1	4				5	
	8			2		1		3
		2	3		6	4		
7		5		4			6	
	9				7	3		
1	7		5	9				8
	6	4			1			7

392

	5			1			3	
		3	8		4	2		
2	8			9			6	1
7	3		9		8		1	5
		8	5		1	7		
1	4		7		2		9	8
8	2			5			7	6
		6	4		7	1		
	7			8			4	

393

		1		4	8	5		7
	7		1					
2		9	5				1	
9		3	7			6		1
	5			3			4	
4		6			2	3		8
	8				9	7		6
					6		2	
7		2	3	1		4		

394

	9					2		3
			7	6	1			
5	8			9		7	4	
1	3	5			2			9
		2	1		7	8		
4			9			1	2	6
	1	7		2			9	4
			5	7	8			
2		3					8	

395

		7		1		2	4	8
		5			8			
		3	7	4				
3	5		6		9		8	7
6		4				9		2
8	2		5		4		1	3
				6	7	3		
			9			1		
7	9	2		5		8		

396

			4		3			5
			7	8	9			2
2	7	4		6				3
	2		8		4	5		
1	6						8	4
		9	5		6		2	
3				5		1	7	9
9			2	3	7			
6			9		1			

397

8			1	5				2
1	4	6				9	7	5
	5		9				6	
	1				5			3
		4	6		8	7		
9			2				4	
	8				1		2	
7	3	1				6	8	4
4				3	7			9

398

6	9		5	8				4
		4			6		2	3
					4	9		
1	5		2				8	7
		8		1		6		
7	4				9		3	1
		2	7					
9	7		3			5		
8				4	1		9	2

399

3	5	8			9			
		2	6	4				7
	7		5			9	8	
5		7		8			1	
	3		2		4		6	
	6			1		8		2
	9	5			1		4	
1				2	7	3		
			8			1	7	6

400

9	1		2			6		
	6	2		5	8	7		
	5		6					4
	7			3		4		2
3			1		4			9
8		6		9			1	
2					9		8	
		1	4	8		3	2	
		7			1		4	5

401

		9				7		5
5	3				7	6		
1				2			8	
	6	8	4					
					2	4	5	
	4			3				1
		3	6				4	9
8		7				5		

402

	8	3		4		5	6	
2	6						7	1
8			6		2			5
	9						2	
6			9		3			4
1	5						3	9
	2	8		6		4	1	

403

					9		3	
9	6	8		1			7	
			4	5			6	
		6						3
	2	1				5	9	
4						6		
	4			7	6			
	7			3		8	4	2
	1		2					

404

	1						6	
4			7		3			8
		8	9		2	1		
	5	4	6		8	7	9	
	9	2	5		7	4	8	
		6	4		5	3		
9			3		1			2
	3						5	

405

	5		7		8		6	
		1		3		5		
7								8
8		6	2		7	1		4
			6		3			
9		7	1		4	3		6
3								9
		2		4		6		
	9		8		1		2	

406

5		1		4		9		2
2	8						6	7
	2		3		1		4	
3								8
	5		2		8		9	
9	6						3	1
8		5		2		4		6

407

					7			6
	5	9		4				
	2		5	6		4		
3					1			
	4			2			5	
			6					8
		7		1	9		3	
				5		2	9	
1			8					

408

		8				2		
	7		8		4		6	
	5	6		3		8	4	
			4		3			
		4				1		
			6		2			
	2	7		6		4	9	
	3		5		1		7	
		1				5		

409

9			3					6	5
	4	2							9
	3		9				7		
			8					5	
		1					8		
	6				3				
		3			6			1	
7							2	9	
5	1				7				4

410

9			4		7				3
	4							5	
6	3			1				4	7
			7		1				
	7							2	
			3		5				
5	9			3				7	8
	2							6	
1			6		2				9

411

		4	8		2	6		
	9			4			5	
3			7		1			9
1	7						9	8
		6				1		
5	4						2	6
6			4		9			7
	3			2			8	
		9	1		3	4		

412

9		4				3		6
7	2			8			5	4
		8	6		3	5		
3								7
		2	7		8	9		
2	6			5			9	8
8		7				4		1

413

					3			4
1	3	5		2				8
			8	5				9
		2					3	
6	1						7	5
	8					4		
9				7	8			
3				4		6	8	1
2			6					

414

2		6		3		8		9
	7						2	
4			2		9			6
		3		1		2		
			8		5			
		2		7		1		
8			1		2			4
	5						8	
3		7		4		9		1

213

415

		7	6		5	9		
	5						3	
1			3		2			8
6	9		8		4		7	2
3	7		1		6		4	5
7			4		3			9
	2						8	
		6	5		8	1		

416

					1		9	
		5	9	3		2		
		8				7		
				6		9		7
7		6	8		2	5		1
8		4		1				
		2				1		
		3		2	9	4		
	6		3					

214

417

		5				6		
3		4				7		1
7			2		1			8
	5		9	4	6		7	
	8		3	5	2		1	
9			7		8			4
1		3				9		6
		8				1		

418

					3		1	
4								6
7			1	9				5
				8		6		1
8		6	4		5	3		7
2		4		3				
9				5	1			2
5								3
	8		9					

215

419

		9	7		5	2		
3				9				8
	4		6		1		3	
1	6						5	3
		2				6		
9	8						2	7
	2		3		9		1	
4				7				5
		3	4		6	9		

420

		6		2		1	4	3
		1		8	9			
		5	4					
	5							1
8		4				7		2
1							9	
					7	2		
			1	6		9		
3	7	9		5		6		

421

		6		5		4		
	2		3		1		8	
3			9		4			1
	6	1				2	9	
9								8
	8	5				3	7	
8			6		5			3
	1		2		9		4	
		7		3		1		

422

	7	1			4		3	
	6	5					4	
				6	9	8		
			4			3		
4		7				1		2
		2			5			
		9	6	4				
	4					9	2	
	2		5			6	1	

423

4			3		5			6
	2			4			1	
		6	8		1	2		
1	3						9	8
		7				1		
2	6						7	3
		9	2		7	5		
	1			3			4	
8			9		4			2

424

8			9		1			3
		9		7		6		
	2		8		3		4	
	1	4				8	6	
2								1
	5	3				7	2	
	9		1		4		8	
		8		3		5		
3			7		6			2

425

			5			9		
2	3		7	8				
	7							
		1	4			7		2
	8			7			3	
4		7			9	6		
							1	
			3	5			2	7
		4			6			

426

	1					2		
	3	8		6				
			5					7
2			7			1		
	6	9		8		7	3	
		3			9			4
9					4			
				3		5	1	
		6					8	

427

			8	5	6			
	9						6	
6	8		9		3		5	2
8	6		2		4		7	5
5								1
1	7		6		5		4	8
7	2		5		9		1	6
	3						2	
			7	2	1			

428

				3	6			7
4	6	1		8				5
			1					9
	5					9		
2	3						4	1
		8					6	
8					5			
6				9		2	5	4
7			6	2				

429

				4				
	3		8		1		2	
9			3		6			8
7	6		9		4		1	2
		3		5		4		
2	1		6		7		8	9
6			7		5			1
	7		4		8		5	
				6				

430

	8	3	5		6	4	1	
		1	3	4	2	8		
2		9	1		8	3		5
3								1
8		7	6		3	9		4
		8	2	3	4	5		
	9	2	8		5	1	7	

431

		9	7		3	1		
6			8		5			9
	5			1			6	
	2	8				5	7	
5								4
	4	7				6	9	
	1			7			5	
3			6		4			2
		6	2		1	8		

432

				3		4		5
	7		2				3	
						9		8
	8	1			6			
		4		5		3		
			7			5	1	
8		5						
	4				8		6	
2		9		4				

222

433

5	2						1	8
		3				9		
8			5		9			3
	9			4			8	
2			6		5			7
	5			3			9	
6			9		7			1
		4				6		
7	3						2	9

434

		4						
				2	6			
8	6			1	4		2	5
4				9		7		
7			2		3			8
		2		8				4
1	9		5	3			8	7
			9	6				
						3		

223

435

	3	5	7		2	8	4	
		4	1	8	5	3		
1		9	3		4	5		2
5								4
3		6	5		7	9		8
		3	8	5	1	2		
	9	1	2		3	4	6	

436

							3	
9					5			
				8	4	6	1	
6		9			7			5
	2			6			8	
3			9			1		6
	8	1	6	2				
			4					7
	6							

437

	4		9		6		7	
7	5						2	8
2								6
		2	8	1	3	6		
		9	7	4	5	1		
5								1
9	2						8	4
	6		3		2		9	

438

9			7		2			5
4	5			3			8	6
	2						7	
			3		4			
	8						2	
			8		9			
	1						4	
7	3			9			1	8
5			1		8			3

439

	9		4		6		7	
1		3		2		5		4
	6						8	
		5		1		8		
			2		9			
		8		6		7		
	8						1	
3		7		9		4		6
	5		1		3		2	

440

8		5				1		2
			4		9			
2	4						9	3
		1	2		5	6		
			9		3			
		4	6		7	8		
5	8						7	1
			8		1			
7		3				4		8

226

441

3			7		2			4
	6		8		3		2	
				9				
8	5		9		6		4	7
		3		1		9		
7	4		5		8		6	2
				8				
	8		1		5		7	
5			2		9			1

442

	7	3	1			5		
8			5				1	
		5					9	6
	3		2					
2								4
					1		7	
6	5					8		
	4				7			1
		9			8	3	4	

443

		7				3		
		6	3		8	9		
4	8			2			1	5
7				1				4
			9		2			
6				3				7
8	3			9			5	6
		2	5		1	4		
		1				7		

444

	5		8		1		4	
6		2		3		9		8
	1						7	
		9		6		7		
			3		5			
		7		1		4		
	7						6	
2		4		5		8		1
	9		6		2		3	

445

		9						
				6	2			
8	1			9	3		7	2
		1		2			5	
	8		9		4		1	
	5			8		4		
4	3		5	7			8	6
			6	4				
						5		

446

	2						6	
9			2		4			7
		3	1		6	5		
	7	4	8		5	1	9	
	9	6	4		3	2	8	
		9	6		8	7		
4			5		2			3
	1						5	

447

	1						2	
3			7		1			4
7		9		5		3		1
		1		8		5		
			6		9			
		8		2		1		
8		7		4		2		5
4			1		8			9
	9						6	

448

6		4	5	7			8	
				9				
9		7				5		1
	4	2	1					
	1						4	
					2	1	6	
1		9				3		4
				1				
	6			3	9	7		2

230

★★★

449

4	5						6	9
	3						4	
6			3		7			2
		8	9	2	6	7		
		3	1	8	5	4		
7			4		1			3
	8						9	
5	2						7	4

450

			3				8	
				9	4		1	
3	7	4		5			2	
5						4		
	6	9				7	3	
		2						8
	4			8		2	7	6
	1		4	6				
	5				2			

451

							5	
				8	2			
1		2		5	7	3		9
	4			3				6
9			5		4			3
6				2			9	
3		8	6	1		4		7
			8	4				
	6							

452

	1			3	9		6	
	5						4	
9			8					
	9	5		7				
	6	8	1		4	5	7	
				8		4	2	
					3			7
	8						1	
	2		9	1			3	

453

3		9		2		1		6
8			4		6			5
2	7						6	9
	3	6				5	4	
9	5						1	8
6			1		8			7
7		2		9		8		4

454

		6		4		8	9	3
		7		1	9			
		5	3					
	9							4
	8	3				2	1	
5							6	
					6	4		
			9	2		7		
2	6	8		5		9		

455

				1		9		4
	3		8					
		6						2
	7				5	4		
6		3		2		5		1
		1	3				8	
4						7		
					9		5	
1		2		6				

456

	5						2	
9			3		2			5
3		1				7		9
		3		5		2		
1			4		3			8
		2		6		9		
8		5				1		2
4			2		8			7
	6						4	

457

9	5			2			1	8
4		6				9		7
		7	2		8	1		
8								6
		5	6		4	2		
3		9				8		2
2	7			5			4	1

458

8				3	6			1
			1			9		
7								3
6	5			9				
2	7		4		3		5	9
				7			4	8
5								4
		6			7			
3			6	1				2

459

	4		2		3		5	
7			4		9			6
		3				4		
	2	1	3		8	6	7	
	8	6	5		1	3	2	
		5				9		
1			8		4			2
	9		6		7		1	

460

		8			2			
							7	
				5	4		6	9
		7	8			9		6
	3			9			5	
8		9			1	2		
6	5		9	3				
	9							
			4			1		

461

		4	1					
5								9
1				5	3			6
6	8			9				
4	2		8		5		9	7
				4			2	3
7			3	1				5
8								2
					9	3		

462

3				7	1	6		
	7		8					
			2			1		9
	6				7			
		5		9		2		
			4				8	
1		2		5				
					3		4	
		9	2	4				5

463

				8		9	6	
3					5			
		4	6	3			2	
					7			5
	1			9			8	
2			3					
	9			7	8	1		
			4					7
	8	6		1				

464

	9	2				3	8	
4								1
		7	2		3	4		
	2			8			6	
		3	4		6	9		
	5			1			2	
		8	6		2	5		
2								8
	7	5				6	9	

465

	4						7	
1			7		8			5
		6	1		2	9		
	8		3	5	1		6	
		5				3		
	1		6	2	9		8	
		4	5		6	2		
8			2		3			7
	2						9	

466

	7	5		6	4			
6					9			8
	1	9						
			8					1
	6			5			3	
9					2			
						9	5	
2			4					3
			5	3		7	6	

467

			9					7
3	8	9		1				2
				6	5			3
	3					7		
4	1						6	9
		5					3	
5			3	2				
2				7		4	8	5
1					4			

468

	1						6	
4	7			3			2	5
2			1		6			8
			3		5			
	6						7	
			7		8			
3			9		7			2
7	9			8			3	1
	5						9	

469

	3	6				4	7	
	1						2	
		5	6		8	3		
6			8	2	4			5
3			1	7	9			2
		7	5		3	9		
	6						5	
	9	1				6	4	

470

		7	2		1	6		
3				9				7
	5		8		4		9	
4		5				3		9
	1						5	
7		8				1		2
	9		1		6		7	
8				4				6
		2	9		7	5		

471

	9		2		5		6	
				8				
5			4		6			3
4	3		1		2		9	6
		5		7		8		
2	1		8		9		3	4
1			6		8			7
				2				
	2		7		1		4	

472

6		8		7				
		5						9
					2		3	
	9				3			5
1		7		6		8		3
8			1				4	
	1		4					
7						6		
				8		5		2

473

3	5		9		4			
		4		5				
7	8		3		2			
9	7		4		1		2	
		3				6		
	2		7		6		3	9
			1		3		9	5
				4		2		
			5		8		4	6

474

				8	6	5		
			7			3		
9	7	5		4		1		
	6							5
4		2				7		8
5							3	
		1		3		6	2	9
		4			2			
		6	5	1				

475

5			4		7			6
				9				
	7		5		8		4	
4	2		9		1		6	7
		9		6		2		
7	3		8		2		1	9
	8		1		5		2	
				3				
3			2		4			1

476

2				3	9			7
		9	6					
1								5
9	1			8				
7	6		2		5		1	8
				6			5	4
6								2
					3	8		
4			9	2				3

477

7					6			
9				5		6	3	8
8			4	1				
		7					8	
6	1						5	2
	8					4		
				9	8			4
4	3	2		7				9
			2					5

478

		6		4		7		
	2		1		5		3	
5			7		9			1
	6	1				2	9	
9								3
	3	4				5	8	
3			4		6			5
	1		9		2		7	
		8		5		1		

479

1	5						3	8
4								6
	8		3		2		7	
		4	6	1	9	8		
		7	2	4	5	3		
	9		7		8		1	
7								3
5	3						6	9

480

2								4
	8		4		7		9	
		4	3		5	1		
5			7	3	6			9
		7				3		
9			5	4	2			6
		2	6		4	5		
	3		8		9		6	
8								1

481

			1	3			8	
3	2	6		4			1	
					6		9	
4						6		
	5	2				7	3	
		1						9
	4		5					
	6			9		1	2	5
	8			7	1			

482

	1	5				8	4	
	8		4		2		3	
		6				7		
3			2	6	1			4
6			7	5	9			8
		3				4		
	9		3		8		5	
	4	1				9	7	

483

	6						9	
1			9		6			8
		2		7		1		
	9	8	6		4	2	5	
			7		8			
	3	6	5		2	7	8	
		4		5		8		
3			2		9			4
	7						3	

484

			1			8		
				2	7	9		
1	3	9		6		2		
6							7	
	4	5				1	8	
	7							9
		2		8		7	3	5
		7	9	4				
		6			5			

485

						8		
5	7			8	2		4	3
				9	7			
6				7		3		
3			8		1			4
		1		4				6
			9	1				
4	9		6	5			1	2
		6						

486

			3	5				
	7							
3		6	7	1		4		5
	5			6		7		
		8	9		5	6		
		7		2			8	
2		1		9	4	8		6
							9	
				3	2			

487

	9							
6	1			8	2			
					7	5		
		7			3	6		5
	8			6			4	
1		6	5			9		
		3	2					
			6	4			8	1
							6	

488

	1						6	
		4	8		1	5		
9			2		3			1
	4		7	3	8		2	
3								8
	7		6	1	2		4	
2			1		7			6
		7	4		5	3		
	9						5	

489

		6			7	1		
							7	3
				1	8		9	2
					4	7		
5				9				1
		3	6					
1	2		9	5				
9	7							
		5	8			4		

490

5					3			
				8		9	4	
		1					2	
7			6			4		
	4	5		9		6	8	
		2			5			1
	9					8		
	2	3		4				
			7					6

491

	5		6		9		7	
3								5
		7	8		4	1		
6	8		3		7		1	2
7	1		2		8		9	6
		9	4		5	6		
2								4
	4		1		2		3	

492

7			4		8			9
		5				7		
	9			1			6	
	3	7	1		4	6	5	
			5		6			
	6	8	3		9	1	4	
	4			5			2	
		3				8		
2			8		3			6

493

			9		5		7	4
				7		8		
			3		6		1	5
	8		4		2		3	1
		3				4		
1	2		6		7		8	
2	9		8		3			
		7		5				
3	5		7		1			

494

8	2			5			6	4
	7		3		6		9	
	5	1				6	8	
6		2				3		9
	8	9				4	7	
	6		4		7		1	
5	1			8			3	7

495

		6			4	2		
				2	8		1	5
							3	4
					9	4		
	7			5			2	
		3	6					
4	5							
1	2		5	7				
		7	8			9		

496

			7			6		1
				6			4	
			1		3	8		2
9		8	4		1	7		6
	4						8	
6		2	9		5	4		3
7		4	3		6			
	3			5				
8		5			7			

497

		9						
1		5	7	6				
			8				3	
5	1				3		9	
		6		1		4		
	8		2				1	3
	2				7			
				4	1	6		5
						1		

498

			4	7				9
9	8	1		2				7
					8			3
		4					9	
5		6				3		8
	2					4		
2			5					
7				3		1	5	4
4				6	9			

499

		9				6		5
8				1			7	
5	2		6			4		
			1			3	5	
	4	7			3			
		2			4		3	9
	3			2				8
7		6				5		

500

1	7						4	
				7	2			5
6	3				4		8	
9					1			
3		4				9		6
			4					8
	9		1				6	7
2			7	4				
	4						9	2

501

				8				
		4	6		1	5		
1			4		3			6
9		1	3		2	8		7
	8			5			2	
2		6	8		7	1		5
3			7		4			2
		9	2		6	7		
				9				

502

				1	3			8
			9		8	6		
						2	3	5
				7	6			9
	4						8	
7			2	5				
4	2	6						
		1	4		5			
5			3	6				

503

	9		4		7		1	
7								9
	1	2				8	4	
		1		3		7		
	5		6		4		8	
		7		9		4		
	7	8				9	5	
6								3
	2		7		5		6	

504

				1		9		3
						2		8
	6				4		1	
	8	7	5					
		9		3		1		
					6	3	7	
	9		8				5	
8		3						
4		2		9				

505

5							6	
				7			2	8
		3	1					
6			3			5		
3	2			8			7	9
		4			9			2
					4	9		
1	6			2				
	8							7

506

6	9	8		5		7		
			9			4		
				7	1	8		
1							8	
2		3				9		4
	5							1
		1	8	2				
		5			3			
		7		4		1	3	6

507

2			4		6			9
4		5		7		3		1
3	4						8	7
	6	2				4	1	
9	5						2	3
6		9		3		7		8
8			9		5			4

508

3		4	9		5	1		8
			4	1	8			
		1				7		
5		8	2		1	3		6
4								5
6		2	5		3	8		4
		3				9		
			3	5	6			
1		5	7		9	6		3

509

				1				
9			7		2			4
	5		9		6		7	
6	8		5		1		4	2
		9		3		1		
2	4		6		8		5	7
	6		8		3		2	
8			1		7			3
				6				

510

4			8			1		
	6		3				9	4
2		7					3	
9					5			
		5				4		
			1					8
	2					7		6
8	9				1		2	
		3			2			1

511

		9				4		
	7		9		2		6	
8	2			3			9	7
5				4				9
			8		1			
9				5				3
2	5			6			3	4
	6		5		9		8	
		8				1		

512

		9				8		
	8		3		9		5	
4			8		6			2
	3	7	9		1	2	4	
	1	2	5		7	9	3	
7			1		8			3
	6		2		4		7	
		5				6		

262

513

				2	4		7	
9	7	5		6			2	
			9				1	
6						4		
	8	3				1	9	
		4						7
	6				8			
	2			1		5	4	8
	4		7	3				

514

	7	3	4		5			
	9	1			3			
4				9				
	6	5	2		9	4	7	
7								1
	1	2	7		8	5	3	
				5				7
			3			8	5	
			8		4	6	1	

515

	2						5	
	1		8		6		2	
8		6				9		4
		2		9		4		
	9		4		5		3	
		5		3		7		
5		3				1		8
	7		1		8		6	
	4						7	

516

1		6	4	3		7		8
							3	
			1	5				
	2			8		9		
		7	2		3	8		
		9		1			7	
				2	5			
	9							
5		8		6	9	4		2

517

					9		5	
4		3		6	2			
		2						
	1				7		2	4
		6		2		3		
7	2		5				8	
						1		
			9	3		4		2
	7		8					

518

9								2
	1		5		8		9	
		7	3		6	1		
4	7		1		2		6	8
8	5		6		4		7	1
		8	9		3	5		
	2		4		7		3	
3								4

519

7								3
	2		3		7		5	
		5		8		4		
2		8	4		1	3		6
			2		8			
1		4	9		3	2		7
		2		1		9		
	9		7		4		6	
6								8

520

								1
		6	5					
			4	8			7	3
		1			6	7	3	
9				7				8
	6	7	2			5		
8	3			9	7			
					4	2		
7								

521

1	4			6			8	5
	3		8		9		6	
		7				3		
9				1				8
			3		7			
4				8				9
		1				9		
	6		9		5		2	
2	9			4			5	3

522

	2		4	9	6		5	
5	4		8		1		9	2
	7	5	1		4	9	3	
		4				2		
	3	6	2		5	8	4	
3	6		5		8		2	7
	5		6	4	9		8	

523

5		6		1		2		4
4			6		7			3
1	3						4	2
	5	9				3	8	
6	7						9	1
9			3		5			6
3		7		2		1		8

524

						3		
4	1			3	7		6	5
				9	4			
		8		5			2	
	6		3		8		5	
	2			4		6		
			9	8				
9	5		2	1			7	8
		2						

525

	6			3			4	
		4	9		5	7		
1			2		8			3
	4	2				5	9	
5								1
	8	1				6	3	
3			5		7			4
		9	3		4	1		
	2			8			7	

526

		8				3		
					4			9
		1	7	3		4		
				8		1	6	
	8	5	3		6	9	2	
	2	7		9				
		3		4	7	5		
7			8					
		2				6		

527

		5	9		7	4		
9	1			3			6	2
		8				7		
	8			2			1	
			3		4			
	5			7			8	
		2				8		
7	9			4			5	6
		3	2		6	1		

528

7	5						1	
				1	9			7
9	6				4		5	
3					1			
6		5				1		2
			4					5
	3		1				2	6
8			7	9				
	1						9	4

270

529

	9	2		1		8	4	
	5		4		8		2	
		8				6		
			6		2			
		4				7		
			1		4			
		7				9		
	1		7		9		5	
	6	5		2		4	3	

530

4		3		2				
			3		8		5	
9			5					
3	6				5			
2				3				4
			1				7	6
					9			3
	1		7		3			
				4		8		9

531

			4				6	
4	1	2		7			9	
				2	9		5	
9						6		
1	8						2	3
		7						4
	5		9	3				
	4			6		8	1	9
	7				8			

532

1			8		6			2
		2		5		4		
	9							1
	1	3	6		5	9	4	
			4		9			
	8	4	2		3	6	5	
	3						8	
		6		9		7		
7			3		8			4

533

4		2	8	1		6		5
			2	6				
	8							
8				9			3	
3			7		6			4
	6			4				8
							7	
				2	9			
1		9		7	5	4		3

534

					3	5		
2	6			4				
7			2	5			9	
		3			8			
4				6				1
			5			7		
	1			8	4			6
				1			2	4
		8	9					

535

		9	3		6	4		
6								9
	1		9		7		5	
5		2	4		8	3		6
8		3	6		2	1		5
	8		2		9		3	
4								7
		7	5		1	8		

536

1								6
	9		4		8		1	
	4	3		9		5	7	
		4		5		8		
			1		6			
		8		4		7		
	3	1		7		2	8	
	2		8		3		9	
8								5

274

537

5			3		2			7
		1	5		4	6		
	9						5	
	6		2	5	9		8	
4								3
	2		4	3	8		6	
	1						7	
		3	1		6	8		
9			8		5			2

538

				6			8	2
							4	7
		1			4	6		
7		3	5					
9				7				6
					1	4		3
		9	8			5		
2	4							
6	7			9				

539

5								7
	1	6				4	9	
7			9		4			3
	2			8			5	
8			5		6			1
	6			1			7	
9			4		3			2
	3	4				5	8	
2								6

540

1		5				7		2
	4						9	
		7	9		5	4		
9				6				7
		1	5		8	3		
5				4				9
		8	3		9	2		
	6						8	
4		3				9		1

541

9			6		1			7
6	8			2			3	5
3		6				4		2
	9	1				5	6	
7		8				9		3
1	7			3			2	4
4			7		8			6

542

7								4
	4		9		1		2	
		6	4		3	8		
8			1	4	7			5
	3						9	
1			3	9	5			8
		9	6		8	5		
	7		5		4		1	
6								2

543

2		8		5		4		7
	1	6				9	8	
	9		5		4		7	
		4				1		
	2		1		6		5	
	8	3				5	4	
9		5		2		7		6

544

	2	8						
6					3			9
	4	7		6				
			5				1	8
	6			7			4	
1	7				9			
				4		3	2	
5			8					4
						8	7	

545

8	6						4	3
5		3				8		1
			1		3			
	1		5		2		7	
			6		9			
	4		8		7		3	
			9		4			
2		4				9		6
3	5						1	2

546

		7		3		9		
	9		1		5		6	
4			2		8			3
	8	9				5	1	
1								4
	4	2				3	7	
3			6		1			9
	5		9		3		4	
		8		2		6		

547

1		2		4		8		5
	7						1	
3			5		1			2
		4		6		1		
			9		8			
		1		7		6		
8			1		6			3
	9						8	
4		7		3		5		6

548

		9	1		3	8		
	6						5	
7			6		2			1
	8		4	7	1		2	
		4				7		
	2		8	3	9		1	
6			3		4			2
	9						3	
		3	7		8	5		

549

8	3						1	6
	4						8	
1			4		2			9
		4	5	7	3	8		
		7	6	9	1	2		
2			8		5			4
	7						6	
3	9						2	8

550

	2	1		8	3			
	6							
					7			9
7					5	9		1
	8			1			4	
1		2	9					6
5			3					
							1	
			1	4		2	8	

551

5	6			3			1	7
		4	8		6	2		
		9				8		
9				1				5
			2		3			
4				8				9
		1				9		
		3	7		1	5		
6	8			2			7	4

552

	5						6	
		8	6		1	2		
4			3		5			9
	4	6	8		3	5	7	
	9	3	2		7	1	4	
3			5		2			8
		4	7		6	9		
	1						2	

553

	9						3	
	2	7				8	5	
		5	1		8	4		
9			6	2	3			5
4			7	9	1			8
		6	5		4	2		
	7	8				3	6	
	4						8	

554

	8	7		2				
			7		9			5
	3		5					
1	7				5			
	2			7			8	
			6				1	4
					3		7	
6			4		7			
				8		9	3	

555

1	7		3		4		2	5
			6	2	7			
	6			1			3	
2								6
	8						4	
7								3
	4			7			8	
			1	9	5			
3	9		4		8		5	7

556

5			4	8				
6					7			
1				2		3	7	5
		5					4	
7		8				2		9
	6					5		
4	9	3		6				1
			9					2
				1	5			4

557

				7		8		6
	1				5			
		3	6	1				4
					9		5	
2				8				7
	4		1					
8				9	7	2		
			3				9	
7		6		2				

558

7								3
		9	8		7	1		
	2		6		1		5	
5			1	9	4			8
	4						9	
8			2	6	5			1
	6		5		9		3	
		7	4		6	8		
2								6

559

8			7		2			4
	1			8			6	
		4	6		9	1		
1	4						3	2
		3				6		
6	2						5	9
		5	3		1	7		
	6			2			8	
9			8		5			1

560

1		8		9		3		6
4	2						7	1
	8		7		1		6	
7								5
	9		3		5		1	
3	5						2	8
2		9		1		6		7

561

	2						7	
3			4		6			8
1	5						3	6
		2	9	5	7	3		
		8	1	2	4	6		
6	1						9	7
9			3		8			5
	8						6	

562

	7		2		4		3	
	9						2	
4		1		5		6		8
		7		2		9		
			3		5			
		9		8		1		
2		4		3		7		6
	8						9	
	5		6		8		1	

563

				2		3		7
	5		8				2	
						6		1
			5			7	9	
		3		7		2		
	1	9			4			
1		7						
	3				1		4	
8		6		3				

564

		1	7				5	2
2					1		6	
	3	8				4		
7		3	2					
					9	2		4
		5				8	4	
	6			9				3
1	4				8	7		

565

		7				8		
	3	1		5		7	2	
	9		2		7		1	
			5		2			
		2				4		
			8		1			
	5		4		3		9	
	8	9		1		2	6	
		4				3		

566

								5
		8			3			
				4	1		9	6
	8	9			2	3		
7				9				4
		5	8			9	6	
4	6		9	7				
			1			2		
9								

567

5			8		7			4
		8		9		5		
	4		6		3		9	
	7	2				3	8	
8								1
	3	1				4	5	
	5		9		2		7	
		9		3		8		
6			1		5			2

568

				2				
2		8				4		5
3		1		8	4		7	
			6			5	3	
	5						1	
	1	6			5			
	3		2	9		8		6
5		2				9		1
				5				

290

569

6	1						8	3
4		7		2		9		1
	7		2		4		6	
8								4
	2		8		3		9	
7		3		9		6		2
2	4						1	5

570

			4	2	9			
		8				2		
	4	2	3		1	9	6	
	9	4	6		3	7	5	
	3						9	
	5	6	2		7	4	3	
	6	5	1		8	3	2	
		1				6		
			5	3	6			

291

571

	9		1		3		7	
8				2				5
		3	6		8	1		
1	4						9	2
		9				6		
7	6						5	3
		1	5		2	9		
3				1				4
	8		7		6		3	

572

2			3		1			6
		3	6		4	1		
				7				
1		2	7		9	5		3
	5			2			7	
7		9	4		5	8		1
				8				
		5	9		6	4		
9			5		3			8

573

1		8				7		9
	2						4	
	3		8		1		2	
2				9				7
	9		7		4		6	
4				6				5
	5		3		8		1	
	7						5	
6		4				8		3

574

			3			6		9
				9			1	
			6		2	8		7
7		4	1		6	9		3
	1						7	
8		9	4		5	2		1
1		3	2		9			
	2			5				
5		7			3			

293

575

			1	5				
1	3		8	6			2	5
		8						
	8			9		7		
	7		4		5		3	
		5		3			8	
						4		
9	6			4	2		7	3
				1	9			

576

			3			8		
3	9	4		7		2		
				5	6	4		
6							4	
	7	1				3	5	
	4							8
		6	4	2				
		2		8		6	9	1
		7			1			

577

3								2
		9	2		5	8		
	1		4		7		6	
6	9		7		2		3	1
1	4		9		8		5	7
	8		3		4		2	
		1	5		9	6		
5								4

578

	4						3	
		3	6		7	8		
8				9				2
2	7		5		8		9	6
			4		2			
5	3		9		6		2	4
6				4				1
		1	7		5	2		
	5						7	

579

6	3			2				
	8		3	7				5
					4	7		
			7			8		
	2			6			1	
		4			9			
		9	5					
1				9	2		6	
				1			2	3

580

3								1
1			8		5			2
	9	6				5	8	
	6			9			1	
4			3		6			9
	7			4			3	
	2	5				3	4	
8			5		2			7
7								6

581

5	7			9			6	1
1			8		7			4
7		8				2		9
	2	5				3	4	
9		4				1		6
2			5		4			7
4	8			6			9	3

582

	7		3		6		9	
		3	9		2	6		
				4				
	4	8	2		1	5	6	
1				7				4
	6	7	4		8	1	3	
				5				
		1	8		9	2		
	8		1		3		5	

297

583

7			2		9			6
		1				8		
	4		1		5		3	
5		9	3		4	6		2
8		6	9		1	7		3
	7		5		3		6	
		2				5		
1			8		2			4

584

6				3				9
		4				1		
	2		1		4		6	
3		2	9		5	7		1
			2		3			
9		5	8		1	4		2
	8		4		9		7	
		7				3		
2				5				8

585

8								9
	6		1		3		5	
4	2						3	6
		5	2	8	1	3		
		8	7	4	9	6		
2	3						9	7
	7		6		5		4	
5								3

586

	9		4		1		2	
		1				4		
5				6				9
2		4	1		8	7		5
			6		2			
1		3	7		5	2		6
8				7				2
		6				3		
	3		5		4		8	

587

	6				3	7		
	4	1						3
3					6		2	9
	2		6					
		5				8		
					8		9	
9	5		7					4
7						1	3	
		6	2				5	

588

		5					1	
					4			7
	2	3		6				
	3		8					9
	8	6		5		1	7	
4					7		6	
				1		6	5	
8			2					
	9					3		

300

589

8	9	7			2			1	
						7		5	
			6	4				9	
		6							9
2	3							7	4
9							5		
	6			1	9				
	2		3						
	1			5			3	6	8

590

1		9	7		2			
2		4	5		6			
	5			4				
		7	3		1	2		6
	2						3	
6		1	8		5	7		
				5			7	
			9		4	5		3
			2		8	6		4

301

591

			4	2				1
9	5	4		6				8
					5			7
	6					4		
3		2				9		5
		8					7	
6			8					
4				7		8	3	9
1				3	4			

592

	9				4		5	
						4		2
			5	7	6			8
	2		9					
1				6				5
					3		4	
5		8	6	1				
6		4						
	1		7				3	

593

3	2						4	9
		6				1		
		7	2		3	6		
	1			8			5	
		4	1		9	8		
	6			4			9	
		5	3		7	2		
		9				5		
1	8						7	3

594

9								4
		7		5		6		
	6		2		1		9	
5		1	6		8	7		2
			7		4			
7		4	1		5	8		9
	7		8		2		3	
		3		4		1		
2								8

595

			3		2	9		
	6				9			
2	5			8				
					1	4	7	
	8			2			5	
	2	7	9					
				5			6	3
			6				2	
		1	2		4			

596

				6	7	3		
4	6	9		2		7		
			4			8		
7							8	
9		1				6		5
	2							4
		2			1			
		4		8		9	1	7
		3	7	5				

597

		1			5			9
	3				6	1	7	
2		4					6	
					9	5		
8								1
		7	8					
	4					3		2
	7	5	9				4	
6			4			9		

598

9			1				3	
		1					7	2
	6	5	3			1		
					3		6	
8								4
	5		8					
		7			9	5	4	
2	1					9		
	4				6			3

599

				9		1		5
	7				2			
		9	5	7				3
	4		7					
5				3				9
					8		6	
6				8	1	2		
			4				8	
1		3		5				

600

		4	7		2	3		
8		3		1		5		7
	3	8				1	4	
4	9						5	6
	6	1				7	2	
1		9		8		4		2
		7	4		5	6		

601

3								2
		8	2		1	7		
	2		6		9		4	
9			1	6	5			7
	1						6	
7			9	2	3			5
	3		5		2		9	
		6	8		7	5		
8								4

602

			4				7	
		6		7	8			5
1		8		3				
					7		6	
		3		1		9		
	4		2					
				9		3		8
9			3	2		1		
	2				5			

603

		5				9		
8			4		5			6
	7		9		1		5	
	1	9	3		7	8	2	
	6	8	2		9	3	1	
	3		6		8		4	
1			5		2			3
		4				7		

604

		9				3		
	4		8		1		9	
6	8			4			5	2
1				8				5
			9		3			
8				2				1
9	6			5			1	7
	7		1		6		4	
		1				2		

605

			1		9		8	3
					4		2	9
				2		5		
6	8		9		5		4	2
		5				8		
2	3		7		6		5	1
		1		7				
8	7		4					
4	5		2		1			

606

1			9	5	6			8
9		8	4		3	1		5
2	8		3		9		5	7
	9						1	
7	6		1		8		4	9
6		7	8		4	2		1
8			6	9	5			4

607

						8	5	
1					2			6
				6	8	3	7	
					9			4
		3		8		6		
5			1					
	8	7	2	3				
3			5					9
	5	4						

608

	4		7	5	6		1	
	2	3	1		4	8	7	
4	5		2		1		8	7
2								5
6	8		9		5		3	1
	6	2	4		9	1	5	
	1		5	6	7		2	

609

	6						5	
					4	7		
	1		7	2			3	
				8			7	5
5	8		6		3		1	4
6	9			4				
	2			3	7		9	
		8	2					
	3						4	

610

					2		5	
		6						
8		3		1	4			
3	8		5				6	
		1		8		7		
	2				9		8	5
			8	7		1		3
						8		
	9		4					

611

	2		6				3	8
6			2			5		
9		1					2	
			4					3
		7				4		
8					6			
	5					1		2
		6			8			7
7	3				5		9	

612

8	2							
4	1			6				
		6	2			3		
					9	5		8
6				8				7
5		2	3					
		9			1	7		
				7			8	6
							2	4

613

		3	1		4	2		
4								1
6		9		7		8		3
			2		6			
1								6
			8		7			
5		6		2		4		7
8								5
		7	6		5	3		

614

				9		3		7
		2						4
	1		5					
		9	1				5	
2		1		4		8		9
	6				8	7		
					3		8	
7						6		
9		4		2				

615

		6		8		1		
	3						7	
1			4		5			3
	6	7	5		8	9	3	
			6		7			
	8	5	1		9	6	4	
6			9		4			2
	4						9	
		2		7		5		

616

		1				2		
	3	5		7		6	9	
	6		2		1		8	
			9		7			
		2				5		
			8		5			
	7		5		4		6	
	5	4		8		7	1	
		9				4		

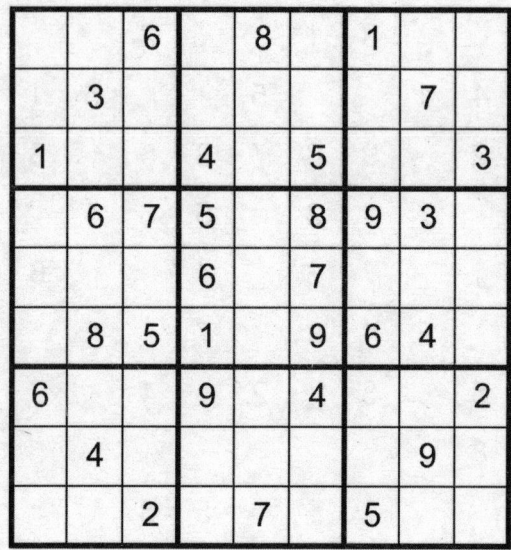

314

617

		4				2		
	1			5			6	
2			8		3			1
	7	2	3		5	6	4	
			6		4			
	6	8	1		7	5	3	
9			7		8			6
	3			4			9	
		7				8		

618

	8			2			5	
2	7		5		4		3	9
			8	3	7			
7								5
	1						4	
3								8
			2	6	9			
5	6		4		1		9	7
	4			7			1	

619

1					3				9
	6		2		5		8	
		7	6		9	2		
3		1				7		6
	5						1	
4		2				3		5
		9	3		8	4		
	4		7		1		2	
2				9				1

620

			3		7		1	4
				6		7		
			4				6	8
7	1		6		5		2	3
		8				1		
3	4		9		1		8	5
9	3				4			
		1		3				
2	8		7		9			

621

4			6					
				2		1	3	
		8		4	3		9	
			5					6
	7			1			2	
9					4			
	1		2	5		7		
	2	3		7				
					8			5

622

8					6			
5			4	3				
2				1		6	9	5
		8					5	
6	3						1	7
	5					4		
4	9	7		8				2
				2	5			4
			7					1

623

			4	3	6			
6		4	9		1	3		8
		9				6		
4		6	8		7	5		3
3								2
2		5	6		3	7		4
		1				8		
5		8	3		9	2		6
			5	8	2			

624

5					4			8
				8		9	6	
						3	2	
3	7		1					
	6			9			8	
					5		9	7
	9	3						
	2	4		6				
6			3					1

625

		2	3					
		8		1		6	3	9
		4		9	8			
	3							1
	7	9				5	6	
2							8	
			8	7		4		
5	8	6		2		3		
					5	1		

626

9		2	6		7			
3		8	2		1			
	4			3				
4			3		6	9		5
	8						7	
7		9	5		8			4
				2			3	
			9		3	7		2
			7		4	5		1

627

			3	9	6			
3	6		5		7		9	2
	7						3	
6	3		8		2		4	9
9								1
1	4		9		3		8	6
	5						2	
4	2		7		9		1	3
			1	2	4			

628

		7	6	9				
		4		5		7	1	8
		2			8			
	7							6
	9	8				3	5	
2							7	
			3			5		
3	1	6		2		4		
				4	7	6		

629

	4	9	8	3		7	5	
								3
			9	2				
6				7			1	
	5		6		3		7	
	1			9				5
				6	2			
1								
	7	2		4	1	6	8	

630

			8	9			7	
	4	9				5		
	6	2	5			3		
					5		3	
5	2						6	1
	1		4					
		1			4	6	9	
		5				1	8	
	8			5	9			

321

631

	6		5		2		1	
2			3		6			8
				8				
7	2		6		1		8	4
		6		9		7		
4	9		2		7		6	3
				7				
9			4		3			5
	3		1		5		4	

632

9					7		4	6	2
3					1	4			
5			6						
		4						7	
6		2					1		8
	5						9		
					9				7
			4	8					3
2	8	9		5					4

633

8	1			9	4			
					6	3		
	7							
1		8	3			7		
	9			8			2	
		6			5	8		3
							8	
		5	4					
			8	2			9	1

634

		5	9		3	2		
	1	3		5		7	6	
2								4
	3			6			9	
			4		2			
	9			3			7	
9								6
	2	1		7		9	8	
		8	1		9	5		

323

635

			8	6	4			
		2		9		3		
9		8	2		3	6		5
7								1
		3				2		
5								9
8		1	3		5	9		4
		5		4		7		
			9	1	7			

636

			7	5	1			
	4			9			8	
9	7		4		8		5	6
6								9
	8						4	
2								3
7	3		8		6		9	1
	6			1			2	
			9	3	2			

637

6		2	5		7	8		3
7			9	4	6			5
8	7		4		1		9	2
	4						3	
2	6		7		3		5	4
3			6	9	4			7
4		7	1		5	3		9

638

		7				3		
		4	7		6	8		
9	5			2			1	6
	1			9			3	
			4		2			
	3			7			8	
5	8			4			6	7
		1	5		9	2		
		3				9		

325

639

		4				5		
8				4		9			7
	1		6		5		4	
	7	8	5		3	2	6	
	6	5	1		2	8	3	
	2		8		7		9	
6			3		4			2
		9				1		

640

			7		9			5
	1	2		8				
		9			2			
7		3	5					
		8		9		4		
					6	9		3
			6			2		
				4		8	9	
6			9		1			

641

	5	9	8		6	4	3	
			1	3	5			
	6			9			8	
		2				7		
	8						6	
		4				9		
	4			1			2	
			2	7	9			
	7	5	4		8	1	9	

642

9					3	2		5
	1	7						3
		2			8		4	
				4	8			
	6						2	
		5	6					
	3		7			4		
7						9	1	
5		8	4					7

643

1	8						2	7
	2	6		3		5	9	
6			2		7			9
	7						4	
3			4		5			2
	1	3		2		9	7	
4	5						6	1

644

	3				1			
	7		6	4				
	4			5		9	7	1
7						6		
	1	3				2	8	
		6						5
8	6	9		3			4	
				2	7		6	
			8				5	

328

645

3			1					4
	8		9		5		6	
		9	2		4	5		
5	3						2	8
		2				6		
1	6						7	9
		6	3		1	9		
	5		8		2		4	
7				9				5

646

1		3		7				
		9						8
					6		5	
	6				5			7
2		7		9		8		5
3			2				4	
	2		1					
4						3		
				8		7		9

647

		1				4		
6	7						8	9
	3		8		7		1	
2				4				7
	8		5		1		6	
7				9				5
	9		7		5		2	
3	2						5	6
		7				9		

648

				8		5		4
						6		1
	9				2		8	
					9		3	5
4				5				8
3	6		7					
	4		6				7	
5		6						
1		2		4				

649

5		9		8				
			4				3	
2						1		
	1		3			2		
8		6		9		3		5
		5			6		7	
		8						9
	6				7			
				5		4		2

650

1			6		3			2
	7						3	
		9	8		5	4		
	4	1	3		8	7	9	
	9	5	2		1	6	8	
		2	5		7	3		
	6						5	
9			1		6			4

651

				5				
4	5						6	2
		7		2	4		3	1
					3	7		5
		5				6		
3		6	5					
6	7		9	1		8		
1	4						5	9
				4				

652

4					8			7
				7	1	3	5	
						2	8	
2			4					
		9		5		7		
					6			8
	8	5						
	3	7	5	9				
9			1					6

332

653

			3			9		
5				9	6		8	
6	4			8				
		2	1					
8				5				6
					9	7		
				6			5	4
	3		4	1				2
		1			7			

654

		7			5			
		6	8	4				
		3		9		6	1	5
7							6	
	4	5				2	9	
	6							8
2	1	8		7		3		
				3	6	8		
			2			9		

655

3	8			7			6	2
		1				4		
		5	6		1	9		
4				1				9
			7		5			
2				8				4
		2	8		3	7		
		4				8		
9	3			5			1	6

656

6								8
	1	3		5		4	7	
2			6		4			9
	7			3			8	
			2		5			
	8			6			9	
7			1		3			5
	9	1		2		6	4	
8								3

657

		3						
	4	6		9	2			
					8			5
8					1		5	4
		9		4		7		
4	6		5					3
1			2					
			4	7		9	6	
						4		

658

				5			7	9
	3		9	6				4
		6			8			
					1	8		
2				7				5
		4	6					
			3			1		
7				1	5		2	
5	9			2				

659

				5	6			7
7	4	3		1				5
			4					2
	1					6		
9		8				2		4
		6					7	
1					9			
5				2		3	9	6
6			7	8				

660

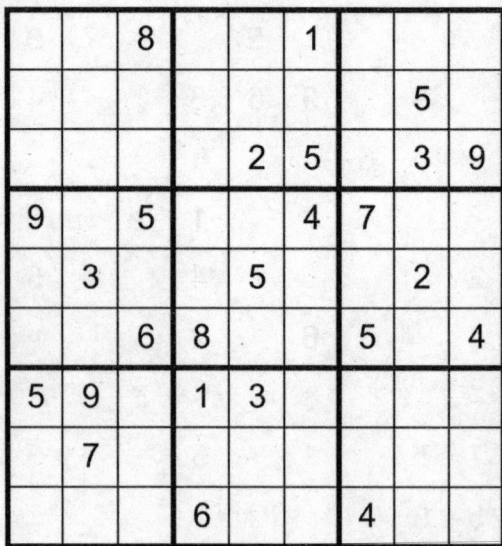

		8			1			
							5	
			2	5			3	9
9		5			4	7		
	3			5			2	
		6	8			5		4
5	9		1	3				
	7							
			6			4		

661

		5	3		2	9		
3								6
	1	2		8		3	5	
	7			6			3	
			1		4			
	3			7			8	
	2	7		9		8	6	
1								4
		9	7		3	1		

662

7				2				6
	9		3		8		7	
		4				9		
6		3	7		1	2		8
			6		4			
1		9	8		2	6		4
		1				3		
	5		1		3		6	
8				4				5

663

7				6				9
5		4	3		7	6		2
			2	5	9			
		7				2		
3								8
		9				5		
			4	1	6			
4		2	8		3	7		1
8				2				3

664

		7	4		6	1		
	3		7		2		4	
				9				
	7	1	6		5	3	2	
9				8				4
	2	3	1		9	5	6	
				6				
	8		9		7		5	
		2	5		8	6		

665

1	4			8				
					6	2		
	5							7
4			9			3		
9	8			5			7	2
		6			2			8
3							4	
		9	1					
				7			8	5

666

		2	7		4			
				1			9	3
					9		4	
			2			7	6	
	8			4			1	
	4	6			5			
	9		5					
4	1			8				
			4		3	5		

667

		8	5		1	4		
				2				
7			8		6			5
4		1	6		9	5		7
	8			3			2	
9		6	7		2	1		4
6			9		3			1
				6				
		9	2		5	3		

668

7			9		3			8
	8			6			1	
		5				7		
	2	7	3		6	1	5	
			1		5			
	1	9	8		2	6	3	
		2				9		
	3			5			4	
4			2		9			1

340

669

					8		3	
6	1	8		7			2	
			9	2			1	
9						1		
5	4						8	3
		7						9
	9			5	1			
	2			3		4	9	6
	7		4					

670

4								5
5		7		6		8		2
		2	5		7	3		
			7		6			
9								7
			2		4			
		3	8		9	6		
7		1		2		4		3
8								9

341

671

6	1		9	3			7	5
		9						
			6	5				
		5		1			9	
	8		4		5		1	
	9			2		8		
				6	2			
						4		
2	3			4	7		8	1

672

1			7	8			3	
		8			6			
				1			7	9
		5	8					
	7			3			1	
					4	2		
3	9			7				
			5			4		
	2			4	9			6

673

	7	5	4		9	3	8	
			2	5	3			
		4		8		9		
	1						6	
		9				4		
	8						7	
		6		2		7		
			6	1	8			
	2	8	7		4	1	3	

674

		9	6		5	3		
3								2
	8			1			9	
1	5		9		7		8	6
			8		2			
8	2		5		1		7	3
	4			2			5	
6								7
		8	7		6	4		

675

	1	2		9				
			7		8			5
	7		1					
8	4				5			
	9			7			6	
			3				7	4
					3		1	
3			2		7			
				6		7	9	

676

			1				5	
6		9		3				
		2		5	9			7
					5		2	
		3		6		4		
	1		8					
4			3	8		6		
				4		3		9
	8				7			

344

677

	5	6					8	7	
1	8			3			9	2
		7	9		3	2		
	9						6	
		1	5		6	3		
7	3			1			2	5
	4	8				9	3	

678

			2			3		
4	8			6				
	9							1
		2	3					6
5	6			9			1	3
8					5	7		
7							8	
				1			6	9
		5			4			

679

9		5		6	7		1	
				2				
6		4				2		7
			2				4	5
	4						2	
2	1				5			
8		2				7		9
				7				
	3		8	9		1		4

680

	4	7	3		6	1	2	
	1		9	2	4		7	
7	8		4		3		5	2
4								1
9	5		7		1		4	6
	7		2	4	9		6	
	9	5	6		7	8	1	

681

				1		7		2
			7			9		
	4		9		6			
	3	9	5					
		8		9		1		
					4	3	6	
			2		9		5	
		7			5			
9		1		8				

682

	4	1				5	9	
3				5	1	6	7	
				9				
					4	8		6
6								4
7		4	8					
				4				
	8	5	9	2				7
	6	2				9	4	

683

2			1					3
						4	6	
			6	3		9	8	
4					2			
	8			6			3	
			7					5
	9	6		8	1			
	5	4						
8					4			7

684

				5	7			6
3	5						9	
1	2				9		4	
			9					4
2		9				8		1
8					3			
	8		3				1	5
	9						8	7
7			5	9				

685

	5					2		9
1	4				5		8	
		6			3			1
3					6			
		1				7		
			7					4
6			9			5		
	9		6				4	3
8		2					9	

686

5			7		2			8
		8	6		4	9		
	9			5			6	
9	8						3	2
		3				6		
6	2						1	4
	6			2			5	
		1	3		9	7		
4			5		1			9

687

		6	2		4	3		
4	5			7			9	1
		8				2		
	8			1			5	
			3		7			
	6			2			8	
		1				8		
2	4			3			6	9
		7	9		1	5		

688

9	7			4			1	2
	1		9		6		3	
	9	6				5	4	
5		7				8		3
	4	3				1	2	
	5		3		7		9	
6	3			2			8	4

350

689

		4	9			2		
8	6							
5	3			4				
					1	8	7	
	4			5			3	
	5	7	2					
				3			6	9
							5	8
		1			8	3		

690

	9		1		5		4	
6			3		8			5
		5				2		
		7	2	5	3	9		
8								1
		9	7	8	1	3		
		6				4		
3			5		7			2
	7		9		4		8	

691

	8						7	
9			7		2			6
		4	5		8	1		
	3	7	2		1	8	6	
	6	5	3		4	2	9	
		9	8		3	6		
1			4		7			2
	4						5	

692

2								6
8			1				4		3
		3	4		7	5		
	5		7	2	1		4	
	2		6	8	9		3	
		9	5		3	8		
1		4				6		9
5								4

693

	9		6		7		1	
8			1		4			6
				9				
6	7		3		1		2	5
		3		5		6		
9	2		8		6		3	1
				3				
2			4		8			7
	4		7		2		5	

694

		2		5	4	7		
		6				3		
	4		1					
6		4		8				
1		7	2		3	8		6
				1		9		3
					5		8	
		1				2		
		9	4	2		5		

695

		5	8		2	4		
	1	8					5	9
4								2
	8			4			2	
		1	3		8	7		
	2			6			5	
6								3
	4	7				2	1	
		3	2		7	9		

696

		4		1			6	
3	9							8
7			3			5	9	
2		9	1					
					2	7		4
	8	2			7			5
9							4	3
	6			5		2		

697

					6			2
			8	1				7
9	1	6		3				8
	3					6		
4		9				5		1
		8					2	
6				2		8	4	9
7				5	8			
3			4					

698

					2			1
3	2	5		4				8
			5	7				6
		8					1	
9		7				3		2
	4					5		
6				9	5			
5				1		8	9	3
4			8					

699

8			2		3			4
2	7			5			9	6
4		7				8		9
	8	3				6	2	
9		2				1		5
3	4			9			5	1
1			4		7			2

700

	6		3		8		5	
	4						8	
9		3		1		7		2
4				7				9
			1		5			
6				8				4
3		8		5		2		6
	7						4	
	1		7		2		9	

701

7					2			
	4		7	8			6	
	1						3	
	7	1		5				
	6	2	3		4	1	5	
				2		3	9	
	2						4	
	9			4	7		8	
			8					5

702

7					1	6			
4					2		8	6	5
9			8						
		9						4	
8	5							1	3
	6					2			
					4				2
5	4	3		9					6
			6	3					7

703

	7		3		1		2	
		5		8		7		
9			4		6			8
	9	6				8	5	
1								9
	4	7				3	1	
8			1		2			7
		4		6		2		
	3		8		7		9	

704

	9		6		2		8	
		4				9		
8				7				1
1		2	3		8	7		6
			4		1			
3		9	7		6	1		4
6				4				5
		3				2		
	5		2		3		1	

705

		7					2	
			8					6
	9	5		3				
	5				1			4
	1	3		7		2	6	
8			6				3	
				2		3	7	
1					9			
	4					5		

706

	4		2		8		3	
3			1		5			9
		9		4		1		
	1	8				7	5	
6								1
	9	3				6	8	
		1		8		4		
7			6		9			2
	5		4		7		9	

359

707

		5				7		
6	4						2	9
9			7		6			5
	6			5			7	
4			6		3			8
	7			1			9	
3			8		7			2
8	5						4	7
		1				3		

708

			8		4			5
	8		7					
	7	1		9				
4	3				5			
	9			8			2	
			6				8	3
				2		8	9	
					6		7	
6			1		8			

709

			1		7			
4	2						1	8
	5	1				2	7	
8			9		2			1
			3		4			
7			6		5			9
	6	8				3	4	
5	1						6	7
			8		3			

710

5			4		6			3
7	3						1	2
	2						6	
		4	3	5	7	9		
		2	1	9	8	6		
	7						9	
2	4						5	1
6			8		2			4

711

		1				3		
8					2			
		2	5	1		4		
				8		5	7	
	7	8	1		6	9	3	
	6	4		3				
		9		2	5	1		
			3					5
		6				7		

712

			5	3	8			
3								7
8		9	4		1	5		3
5		4	3		6	2		9
		8				4		
6		2	9		4	8		5
4		3	1		7	9		2
9								1
			2	4	9			

713

	2	3	7		8	6	9	
	7		5	1	9		8	
7	1		8		2		6	9
2								1
5	6		1		4		3	8
	8		9	5	1		2	
	5	2	4		7	8	1	

714

	5			1				4
8		6				7		
		1	9				5	3
	9	8	5					
					2	5	7	
7	1				6	9		
		3				6		7
4				2			8	

715

	9				5			3	
		3	1			2	8		
2									1
7	2			6		9		5	8
				5		8			
1	8			2		4		9	6
5									7
		7	9			1	4		
	4				6			8	

716

		4	9		8	6		
7		8		3		1		2
	8	2				3	5	
4	9						1	8
	7	6				2	4	
6		9		2		5		3
		5	7		6	8		

717

		3				1		
	9		1		3		2	
	5	7		8		9	6	
			6		8			
		1				7		
			2		7			
	7	4		2		8	3	
	8		7		4		9	
		6				4		

718

7				2				8
			4	5	7			
4	2		6		8		9	5
	4						8	
1								6
	5						7	
3	8		1		6		4	9
			9	3	2			
6				4				1

719

4								1
9	2		6		5		7	4
			9	4	7			
7	5		8		4		3	2
	9						5	
8	3		5		2		9	7
			2	5	3			
5	4		1		6		2	3
2								6

720

	3	6		1				
	5					9		
			8					4
		3			2			7
	1	2		5		4	9	
8			4			1		
2					6			
		7					3	
				9		5	1	

721

	6		5		4		7	
3			8		6			4
				9				
1	8		9		3		5	7
		6		2		9		
7	5		1		8		4	3
				8				
8			2		1			5
	1		4		9		2	

722

			2		1			
3	5						2	6
	4	2				5	1	
1			7		4			8
			9		3			
6			8		5			2
	7	6				9	3	
4	2						7	1
			6		9			

723

7		4	3		2	1		6
1			9	7	6			4
6	2		1		4		9	8
	4						6	
8	7		6		3		1	5
2			7	6	9			1
4		5	2		1	8		9

724

				3				
		7	6		4	2		
	4		5		7		3	
	9	8	4		1	7	5	
7				8				1
	1	4	7		2	3	9	
	8		9		5		6	
		5	2		6	9		
				1				

368

725

7			4		6			1
		6	8		5	2		
	3						6	
	1		3	6	8		9	
		4				5		
	8		9	5	4		1	
	7						2	
		3	6		9	8		
5			1		7			9

726

				1				
8			7		9			2
	9		5		2		3	
9	3		6		5		8	7
		1		4		2		
7	8		1		3		6	5
	7		4		6		5	
4			9		1			6
				5				

727

		7	1		5	6		
	3			8			7	
5								1
2	5		4		3		8	6
			8		6			
1	6		5		9		3	4
8								2
	9			4			6	
		2	3		1	9		

728

		2	5		6	8		
1			3		4			2
	8						9	
	6	5	4		7	1	2	
	7	1	2		9	4	6	
	3						7	
6			8		3			5
		9	7		1	3		

729

				2			8	
			8		7	2		3
			1		3	9		6
		1	4		8	6		7
	5						3	
7		3	5		6	1		
2		7	3		4			
5		8	9		2			
	1			8				

730

		8				7		
	7		5		1		3	
3			9		4			2
	2	3	4		6	1	5	
	4	1	3		8	6	2	
5			7		9			1
	9		6		2		8	
		6				9		

731

		6				7		
9	5						2	8
	7		2		5		1	
3				9				2
	8		7		3		5	
2				6				4
	4		3		2		9	
8	3						4	1
		9				2		

732

		7						6
1		4		2				
					9		8	
	9				8			2
5		2		7		6		8
4			5				3	
	5		1					
				6		2		7
3						4		

733

2				7	4	8		
4		9		5				
			6				7	
	6		1					
5				9				3
					7		2	
	1				8			
				3		4		5
		3	5	1				9

734

	9						4	
5				2				8
		8	6		3	9		
6	2		7		8		3	5
			4		5			
4	5		2		6		9	7
		5	3		7	1		
1				4				6
	3						7	

735

				3	9		6	8
		4			5	3		
							1	9
		1	4					
8				9				3
					2	7		
7	1							
		8	1			2		
6	9		5	8				

736

			3	1	7			
3	6		4		5		7	1
1								8
9	2		5		6		3	7
	3						5	
7	5		9		1		2	6
6								4
5	1		8		4		6	2
			6	5	2			

737

			2			4		
7				3	6			2
1								3
				1			5	7
8	1		5		3		9	4
6	9			4				
9								5
3			6	2				8
		6			1			

738

		5	1		2	3		
	3						6	
8				9				5
2	9		5		7		1	8
			8		6			
6	8		2		9		3	7
4				6				2
	1						7	
		8	7		1	4		

739

4	5			8			6	7
3			7		4			5
		1				4		
	4			1			2	
			9		6			
	8			2			4	
		9				6		
6			4		2			3
8	1			3			7	2

740

9	6			8			5	2
	5		9		7		1	
	9	7				4	8	
4		6				3		1
	8	1				5	2	
	4		1		6		9	
7	1			2			3	8

741

	4	3				1	7	
			1		3			
8	7						6	9
5			7		9			8
			3		4			
6			5		2			1
1	6						2	4
			6		8			
	8	2				6	9	

742

	6	2				1	5	
7	5			3			9	8
		3	4		8	5		
	1						4	
		7	5		1	9		
3	2			5			1	9
	8	4				2	7	

377

743

4								1
	5	9				2	7	
8			9		5			4
		4		2		7		
2			1		7			3
		1		3		6		
6			5		8			9
	1	3				8	5	
7								6

744

			2		5		8	6
			7		9		3	2
				8		1		
	1		4		6		9	3
		9				6		
3	4		8		7		1	
		8		2				
4	5		9		1			
9	2		3		8			

745

2		3		7		6		5
9	1						2	4
	4		5		7		6	
5								1
	3		9		1		7	
8	2						5	7
7		4		3		9		6

746

		1	6		4	9		
				3				
6			9		2			7
2		7	4		8	1		9
	6			5			3	
4		8	1		3	7		2
8			3		9			5
				4				
		4	8		5	2		

379

747

		7	2		8	3		
8								6
4		6				5		7
	1		7	3	5		2	
	8		4	1	9		6	
3		4				6		2
1								5
		2	9		6	8		

748

		8		3				2
1	5						7	
	3				4	8		9
	1	4			8			
			6			7	8	
7		3	5				4	
	9						5	7
2				6		1		

749

5				6				7
	1		3		8		2	
		8	4		5	3		
3	9						1	6
		1				4		
2	4						7	8
		3	7		6	1		
	5		2		4		8	
8				3				9

750

3	5	9		1			2	
				8	6		5	
			9				7	
5						7		
1	4						9	8
		6						5
	1				4			
	6		5	2				
	2			7		4	6	3

751

	6		3		5		9	
4			6		9			7
				4				
6	4		2		3		7	8
		1		9		3		
8	7		4		6		5	2
				3				
2			1		4			5
	1		5		7		8	

752

		6				3		
5			3		4			8
	7		5		1		2	
		5	7	1	2	4		
	8						9	
		4	9	8	5	7		
	6		8		7		1	
4			1		9			3
		1				2		

753

	8		2		4		7	
7				5				1
		3				8		
6		8	4		5	1		3
			1		3			
1		2	7		6	5		4
		6				2		
4				3				9
	9		6		2		1	

754

			2					7
		2	9		1			
				4			9	3
					2	6		9
3				9				4
6		5	8					
7	1			3				
			5		9	8		
9					7			

755

3					9			
7				6		9	8	2
2			4	7				
	4					6		
9	3						1	5
		2					4	
				1	2			4
4	8	5		3				7
			5					6

756

7	9			6			3	2
		5				4		
		8	4		7	1		
	8			4			5	
			1		6			
	5			2			9	
		6	3		2	9		
		2				5		
4	7			1			8	3

384

757

6				2				8
	5		1		8		3	
		1	3		9	7		
4	3						2	9
		9				6		
2	6						5	1
		4	5		6	3		
	8		2		7		4	
3				8				6

758

		2				1		
5			7		6			8
	9		3		2		4	
3		7	9		4	8		6
1		8	2		7	5		4
	5		4		3		8	
2			6		1			9
		6				3		

385

759

	7		2		8		4	
				9				
		8	7		4	3		
	5	7	6		2	9	1	
9				3				6
	6	4	1		9	7	3	
		5	4		6	1		
				5				
	2		8		1		6	

760

			3	9				
3	7		8	1			5	9
		8						
		9		7			8	
	6		4		9		7	
	8			2		6		
						4		
2	1			4	5		6	7
				3	2			

761

8	4						9	7
		2		7	8		1	5
				4				
					1	2		4
		4				9		
1		9	4					
				8				
9	2		6	5		3		
5	8						4	6

762

	7		1		4		6	
	9						1	
4		3		8		2		5
		9		5		3		
			6		8			
		7		1		9		
1		4		6		7		2
	5						9	
	8		2		5		3	

763

7	4			6			5	1
8		3				9		7
		4	9		7	1		
9								2
		6	5		2	7		
5		2				3		4
3	6			7			1	9

764

		1	4		3	8		
	5			6			4	
9			8		1			2
5	8						9	3
		3				2		
2	6						1	7
8			3		9			4
	7			1			8	
		2	6		5	1		

388

765

5				3				9
7		4	5		2	3		8
			9	7	8			
		9				7		
2								1
		5				8		
			3	6	4			
4		8	2		1	5		6
1				8				2

766

	3	7		2				
2					9			1
	5	8						
			4			6		5
		2		3		7		
6		3			1			
						3	5	
4			5					7
				7		8	9	

★★★

767

		8	1		7	6		
2								8
	9		3		8		5	
1			4	7	3			5
		3				7		
5			2	8	1			4
	7		5		9		4	
9								6
		2	8		4	1		

768

	6						5	7
2				1		4		
8		4	3				1	
			4			3	7	
	4	6			9			
	3				5	1		6
		7		9				2
6	5						8	

769

	4		6		7		9	
				1				
		3	2		4	7		
	2	8	1		3	9	6	
4				5				1
	6	9	8		2	3	7	
		2	5		8	6		
				2				
	8		7		1		5	

770

			7			8		
7	6	3		9		5		
				5	1	3		
	1							3
	2	4				7	8	
9							1	
		1	3	2				
		5		8		1	6	4
		9			4			

771

8		3				2		9
	4						7	
	6		3		8		4	
4				9				2
	9		2		7		5	
7				5				1
	1		6		3		8	
	2						1	
5		7				3		6

772

			5	8		6		
6	2	9					1	
7			9			4		2
	7			5	6	3	8	
		1	4		3	9		
	6	4	8	2			5	
4		8			5			7
	1					5	9	3
		6		1	7			

773

4		7				8		5
8	3			1			6	2
		3	4		7	1		
2								7
		5	2		1	6		
1	5			3			4	6
9		8				2		1

774

7	4			2			1	8
	9	5				4	6	
		7	5		9	2		
	1						5	
		6	2		1	8		
	3	4				1	2	
6	2			7			8	9

393

775

	8	2	6				5	
7			1			2		
	6					9		4
		1	7					
2								3
					3	8		
4		5					9	
		7			9			6
	9				7	1	8	

776

					8			4
	1		2	4		7		
	2	3		5				
			4					1
	5			3			6	
8					9			
				6		2	5	
		6		9	5		3	
9			7					

777

		8				1		
2			6		7			9
	9		5		3		8	
	3	5	4		6	9	2	
	2	4	1		9	5	6	
	1		2		4		7	
5			7		8			3
		7				4		

778

6		3		9		2		1
	4		7		6		8	
	5						7	
		4		7		5		
			8		9			
		5		1		3		
	1						5	
	9		2		1		3	
7		6		8		4		2

779

		9	8		1	2		
1								6
	4		7		2		5	
8			4	7	5			2
	3						9	
5			2	9	3			8
	7		5		9		6	
4								7
		1	3		7	8		

780

4		9		5		8		3
2								1
		6	2		1	4		
			6		3			
3								2
			9		5			
		4	3		7	5		
7								9
5		1		6		3		7

781

	1						7	
2		6		8		5		3
	4		5		1		9	
7				1				9
			8		4			
3				6				7
	3		6		2		8	
9		2		4		1		5
	7						6	

782

	8		2		5		4	
9								7
4	2						1	3
		4	9	3	6	7		
		2	5	7	1	8		
6	9						2	1
2								8
	3		8		4		6	

397

783

				3	7	4		5
	8				1		3	
						1		9
					6		1	
2				4				3
	9		8					
4		1						
	2		7				6	
3		5	4	2				

784

	8	3	6		2	4	7	
		2		8		6		
			5	4	3			
	7						8	
		6				2		
	9						1	
			9	1	8			
		7		5		9		
	3	1	7		6	8	5	

398

785

2				8				3
			9	4	1			
9	8		2		3		6	4
	6						8	
3								2
	5						7	
7	9		3		6		1	8
			8	7	5			
6				1				5

786

		7	2		5	9		
5								8
	1		3		9		4	
4			9	7	6			2
	6						7	
2			1	3	4			9
	3		4		7		8	
1								3
		5	6		3	2		

399

787

		6	3		7	2		
	7		1		2		3	
				9				
	6	3	4		9	7	8	
8				6				9
	4	9	8		1	3	5	
				5				
	8		2		4		1	
		4	7		8	5		

788

9		4				6		1
	3						5	
	8		9		4		3	
		3		6		1		
	6		1		5		7	
		5		7		2		
	2		8		9		4	
	1						2	
5		7				8		9

789

5		4	3		2			
	6				1			
7		1	5		9			
		6	1		3	8		4
	7						2	
4		2	8		7	6		
			4		1	5		2
				5			1	
			2		6	9		8

790

		5				9		
4			2		1			5
1	3						7	2
	1			7			6	
2			6		5			3
	8			9			1	
8	4						3	6
7			1		6			8
		1				7		

401

791

3		5		6		9		1
1								7
		2	9		1	3		
			6		9			
9								8
			7		3			
		6	8		5	2		
8								5
2		7		3		4		9

792

				7				
4			5		2			8
		7	4		8	1		
7		4	6		5	3		1
	9			8			5	
1		3	7		4	6		2
		6	9		7	2		
9			2		1			3
				5				

793

9	3		4		7		2	8
			3	8	9			
7								3
1	5		8		3		9	6
	8						5	
3	9		6		2		8	1
4								2
			5	2	1			
2	1		7		8		3	5

794

		1				8		
8		2				5		6
5			4		1			9
	3		5	9	6		4	
	1		2	3	7		8	
4			7		8			1
2		9				4		8
		3				6		

403

795

2	1	4		7			6	
					2		5	
			4	8			3	
		6						5
	9	8				1	2	
7						4		
	3			9	4			
	7		6					
	4			5		6	1	9

796

3		6				4		1
		2	4		6	7		
	5						2	
8				3				4
		1	2		8	6		
4				5				9
	3						4	
		9	8		4	3		
1		8				9		7

797

		6	1		2	4		
				8				
	7		6		3		1	
	9	3	7		8	2	4	
6				5				8
	4	2	3		9	1	7	
	3		9		5		2	
				3				
		9	8		1	5		

798

4								6
	7		8		9		5	
3	1						8	7
		4	6	3	2	7		
		5	9	4	1	8		
1	8						6	2
	2		5		7		3	
5								8

799

	9	1		7		8	5	
3			4		5			2
4								6
		6		4		2		
			3		7			
		8		9		6		
6								9
8			1		9			7
	1	2		3		5	4	

800

	2	6		1		4	9	
	9		6		7		8	
8	1						4	9
2		3				8		5
7	6						1	3
	3		8		2		6	
	8	7		4		1	5	

801

4			8		2	5	7	
		1				3		
8				1	7			
			5				2	9
		5				4		
1	7				4			
			7	6				5
		7				9		
	8	3	1		9			6

802

		9						
				1	3	6		
					7			
	6						5	4
	8			2			9	
3	7						1	
			4					
		5	9	8				
					3			

803

			5				6	
		4				9	7	
6					1		3		
8				7				2
			8		5			
9				6				4
		3		4				6
	9	7				1		
	5				8			

804

		3					7	2
			4					
				3	8		9	
1				9			5	
3			1		5			9
	7			2				4
	6		8	5				
					6			
7	2					5		

805

					2	5	1	
6					5	9		7
	1	9		4				
8		4					3	
	9					1		8
				3		4	6	
4		7	1					9
	3	6	8					

806

9			6	4				
								5
			3					
	7	5					2	
	4			1			6	
	8					3	9	
				7				
6								
			2	5				8

807

					5		8	
	5				6	4		7
6				2				5
					8	7		9
	2						6	
9		1	4					
2				5				4
8		3	7				1	
	4		3					

808

			7				9	
	7		3			4		5
3				8				7
2		6			4			
	8						3	
			9			5		2
8				7				4
9		1			5		6	
	4				1			

809

					6			
6			8	9				
1		5					9	
		4		2				9
		7	4		9	2		
5				1		3		
	7					1		5
				7	8			2
			3					

810

					9	8		2
6		8		3				
	4				2		7	6
3	1					5		
		6					1	8
7	3		8				6	
				5		4		3
4		5	1					

411

★★★★

811

	4		1				7	
						4		1
		2	4				9	
9		3			2		6	
			7		3			
	6		9			1		3
	7				8	9		
2		4						
	5				1		3	

812

			4	6	1			
			8					
5						7		
	8	6						
		3		9		1		
						5	2	
		4						6
					5			
			7	3	2			

813

			3					8
		2					6	
	5	1		7		2		
			9		8			2
		7		5		9		
3			4		7			
		3		9		7	1	
	9					5		
4					6			

814

			1					
			4	9	5			
	3					6		
						3		2
		8		7		9		
4		1						
		5					1	
			8	3	6			
					2			

413

815

7		3		8		5		
			5				7	2
4			9					
6			7				4	1
	1						2	
9	4				8			5
					4			6
8	6				1			
		1		7		4		3

816

			1			5		
		8		4			2	
7			9			3		4
	8	7			3			
4								8
			2			6	5	
8		6			9			2
	3			7		1		
		2			6			

414

817

		4			5		7	8
7					2			5
		3	4				6	
							2	3
		5				6		
9	1							
	3				6	7		
8			2					4
4	9		3			5		

818

			2					8
1			6			2	9	
	8			4			3	
			8			1	5	
7								3
	5	6			9			
	4			3			7	
	6	8			7			4
9					4			

★★★★

819

2					5		3	8
					1	9	5	
	3	9		4				
		3					9	7
7	4					6		
				6		2	4	
	2	6	7					
4	8		9					3

820

			9	3				7
						3	6	8
			8		7	1		
4				5	3			
	2						8	
			6	7				5
		3	4		2			
7	9	6						
2				1	9			

821

					6	8		
1						9		5
	8			7				3
	5			8			1	
			6		2			
	2			9			4	
3				1			8	
9		5						7
		6	2					

822

		9					6	
	3			7		8	1	
2					3			
5			4		7			
	9			6			7	
			9		2			3
			8					4
	7	6		9			8	
	1					5		

823

			5					
			8	9				7
3								
	8	5				9		
		2		1		3		
		7				4	6	
								8
4				2	3			
					6			

824

		2	4	9				
6								4
		9	7		6		8	1
					3	7	4	
3								2
	5	6	2					
2	4		8		5	3		
1								7
				7	4	8		

825

			5					
		1					8	
			9	4	3			
9	5							
	6			2			4	
							1	7
			6	1	8			
	3					5		
					7			

826

6		7			9			
4	8							
3				6				
	6	1			3		2	
		4	9		7	8		
	7		4			1	5	
				5				1
							4	3
			2			5		7

827

4		1		6				5
					3		8	
9						6		
	7		6		2			
6				9				4
			8		4		5	
		3						7
	2		5					
7				4		9		1

828

								8
1			4	9				
			5					
		9				5	4	
		8		6		3		
	2	7				1		
					2			
				3	8			7
4								

420

829

5					2	4		
	1	3	7				5	
4					9			
			9	3		5	8	
	8	6		2	4			
			2					8
	2				7	9	3	
		9	8					5

830

	9	6		8			5	
		1			2			
					5	7		6
		3			6	4		1
4								7
1		2	8			5		
3		8	4					
			1			3		
	4			6		9	1	

★★★★

831

					8			
	8		2	7				
	6	9						7
		3		4			7	
		1	3		7	4		
	9			6		5		
1						6	9	
				1	2		4	
			5					

832

1			8		3	9	4	
	3						5	
2			5	1				
3		7	2					
	6						2	
				6	5			8
			8	5				9
	4						8	
	2	5	9		7			6

833

	9				6			1
	6		7			5		2
		2	3			7		
4		8						
	7						1	
						9		3
		5			3	6		
8		6			9		7	
9			1				2	

834

				3	4			5
			5			2		8
3								
	9			4		6		
		3	8		1	7		
		6		7			2	
								7
5		1			7			
8			9	1				

835

				1				8
			9				1	2
							6	3
	4	8			3		9	
		6	7		2	5		
	2		6			8	1	
6	5							
4		2			7			
3				4				

836

	9	2			1	7		
6			8					
7			3				6	
				9	8	4	7	
	5	4	6	3				
	8				4			7
					3			4
		3	1			9	8	

837

			1					
				5	8			1
		5					3	6
	2			6				3
	9		5		4		7	
5				9			4	
3	6					7		
9			8	7				
					2			

838

		7				2		4
			8					9
	9			1		6		
	2			9			7	
			5		8			
	5			4			3	
		6		7			9	
8					5			
2		4				1		

839

					5			3
	2	6		7		9		
		4					7	
			3		6			9
		7		4		6		
8			7		1			
	5					8		
		8		6		2	4	
1			9					

840

	3					5		7
				3	8			9
			9					
3				1		2		
		1	3		2	6		
		4		7				5
					4			
1			8	6				
5		7					6	

426

841

			5					
			7	8	1			
		4					9	
						8		5
		1		6		2		
3		9						
	8					7		
			4	2	3			
					9			

842

					3		7	2
	2				1			
	8	1		9		3		
	6				7		4	1
5								3
1	3		9				2	
		6		7		8	9	
			4				1	
9	5		6					

★★★★

843

					9		2	8
3								
			5	3				9
		4		5			6	
	3		7		8		1	
	6			1		2		
8				7	4			
								1
9	7		1					

844

	7					3		9
			4	7				5
					1			
		8		5				6
		7	6		8	5		
9				3		1		
			2					
2				6	4			
3		9					6	

845

							4	9
				8			5	
			3			7	8	
6		1			4			7
		9	7		3	4		
2			5			1		8
	7	6			2			
	1			6				
4	5							

846

7				3	8			
			2					
4		1					3	
6				7		5		
		7	5		6	3		
		2		1				4
	6					4		1
					9			
			8	6				9

★★★★

847

3	5		6			1		
6			4					5
	9				1	7		
7	4							
		9				6		
							2	8
		5	9				7	
1					4			3
		6			7		8	1

848

					8	2		1
		8						
			6	1		4		
	7			8				5
8			4		1			3
5				9			6	
		2		3	9			
						3		
7		4	2					

849

5			3	9				
9			7		2	1	8	
		2				3		
2	6		5					
		4				5		
					4		3	7
		1				7		
	3	5	8		6			4
				7	3			8

850

		9						
					7			
				6	2	4		
1							9	5
2				3				6
4	7							8
		8	9	1				
			5					
						2		

851

			6					5
2	5		3					
		3		7		6		8
4	6		2					9
	3						1	
5					7		6	3
7		8		2		9		
					9		7	1
6					4			

852

6		5				7		
	2	9						
			9		8			1
				8			2	
7			1		5			3
	8			2				
1			7		4			
						5	1	
		3				9		6

853

			4					
4				6	9			
2	3					6		
3				2			8	
	5		6		7		1	
	7			1				6
		5					2	3
			9	5				1
					8			

854

				3	4			6
			2		6	8		
						1	4	9
7			1	9				
	5						6	
				7	8			2
5	1	8						
		3	5		9			
9			4	8				

433

★★★★

855

			8	2	7			
	4							5
			1					
2		1						
3				6				7
						9		4
					4			
8							2	
			5	3	9			

856

	9	8	6					
			5				8	
6				3			7	5
	2	5	9				4	
		6				1		
	8				3	5	6	
7	3			9				4
	5				2			
					4	3	1	

434

857

		2		7			5	
9		3				1		
5					8			
	6			9			4	
			8		4			
	1			5			3	
		4						8
		7				9		3
	5			1		2		

858

				7	3	8		
4								7
1	3		8		5	2		
					2	7	3	
2								1
	5	6	1					
		9	7		6		8	4
6								3
		1	3	9				

★★★★

859

							9	5
3						8		4
		2	1		5			
	9			1				
		7	4		2	3		
				9			1	
			6		3	2		
5		8						7
4	2							

860

			9				5	
3				1			6	9
	4	5	3					
	7	9	4				2	
		3				8		
	5				1	9	3	
					2	1	8	
6	1			4				2
	9				7			

861

			6					
		3	4	5				
						9		
8	2							3
9				7				1
5							4	6
		4						
				1	9	8		
					2			

862

		1						9
6		5		3		1		
					7		8	
	7		3		2			
		3		6		4		
			8		4		1	
	2		9					
		7		4		3		5
4						6		

863

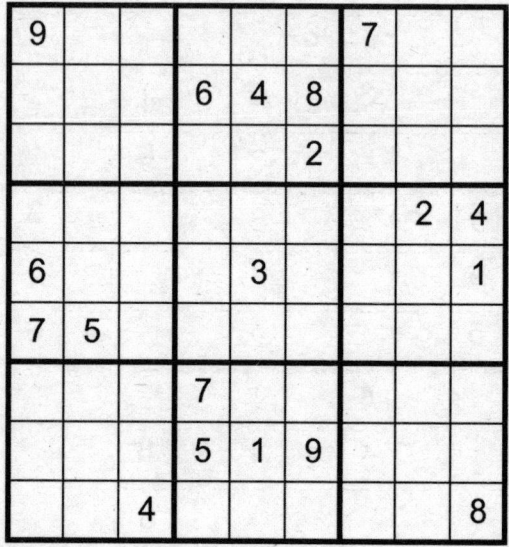

9						7		
			6	4	8			
					2			
							2	4
6				3				1
7	5							
			7					
			5	1	9			
		4						8

864

|
			8				6	5
				6	4			9
8								
	3			2		4		
	8		6		9		7	
		1		8			3	
								7
5			2	7				
9	1				5			

865

		6						
					5	4		7
			2	6		5		
3				8			7	
6			1		4			8
	9			2				3
		4		1	9			
1		5	8					
						8		

866

							5	
					6			
	4			1	3			
9						6		4
1				8				3
2		5						7
			5	7			9	
			2					
	3							

867

			1				4	2
						3	9	
				2			6	
6		7			9	1		
3			8		4			5
		4	3			2		6
	9			7				
	3	5						
4	7				8			

868

5				6				
6		1	4					
3	8							
	1				3	7	2	
		3	1		4	8		
	6	7	5				9	
							3	5
					9	2		1
				2				7

440

869

2								
				2	8			5
			5				4	7
		9		8			1	
	2		7		6		3	
	1			3		4		
5	6				3			
7			9	6				
								3

870

	2			3		1	4	
9		6			2			
					4	9		
		9	3			2		4
2								8
4		7			6	5		
		4	7					
			5			8		3
	1	3		6			5	

871

			2					
			5	9	6			
	1							7
						2	9	
	6			8			3	
	7	4						
9							5	
			1	3	4			
					7			

872

8								5
		6	7	8				
		4	9		6		7	2
	7	8	4					
2								4
					2	3	9	
5	6		3		8	1		
				1	7	2		
7								3

873

		7						8
			5	1	3			
			2					
							9	7
4				6				1
2	5							
					9			
			4	7	8			
3						2		

874

	8							2
5				1			6	7
		4			5			
		3	9		1			
8				2				1
			8		4	5		
			6			9		
1	2			8				6
7							3	

★★★★

875

	3		5		7			
		1				6	2	
						5		4
				4				7
	8		3		6		1	
4				7				
3		6						
	2	5				8		
			1		9		3	

876

6	7							
			8		7	1		
	3	9					5	
				8				6
		5	3		1	4		
8				6				
	4					9	7	
		1	2		5			
							3	1

877

	8	5						7
	1		4	7				
					1			
	5			8		3		
		9	2		7	6		
		2		6			7	
			3					
				9	4		6	
9						8	5	

878

4	3		9			8		
	5		1				3	
9					2	7		
6	4							
		8				2		
							9	1
		9	3					2
	7				1		8	
		3			8		5	7

879

		8		1	3			
						7		
					2			
4	7							6
1				9				3
5							2	8
			4					
		3						
			7	6		5		

880

		4				6		1
			5					9
	8			2		7		
	2			8			1	
			9		5			
	3			6			5	
		7		4			8	
8					9			
6		1				2		

446

881

			3					
6								
			8	4				9
	9	3					5	
	8			7			4	
	2					6	1	
5				2	6			
								8
					1			

882

							3	7
	5					9	6	
		7	8		2			
				1				4
		8	7		3	5		
1				4				
			6		1	7		
	3	9					8	
4	6							

★★★★

883

	2		7			6		
1					4			3
9	3				1	7		
6	4							
		2				1		
							8	5
		1	6				5	7
7			4					9
		3			2		6	

884

	9			6				8
		2	4			6	3	
			7				5	
9	2				3			
		6				9		
			8				1	5
	8				1			
	1	9			4	8		
3				2			7	

885

			3					
4			8	6				
								9
	2					3	4	
	6			5			8	
	1	9					7	
8								
				7	9			2
					1			

886

1		3			9			
	9			7		6	5	
					5	1		
5		4			3	2		
9								8
		1	7			9		5
		5	4					
	6	7		3			2	
			2			8		7

887

					6			
	9							
				1	7		4	
4						2		5
3				8				9
6		7						1
	5		9	3				
							7	
			2					

888

			9	2		5		
3	4		1		8	2		
	9						8	
9		1			6			
	5						6	
			5			8		7
	1						4	
		6	3		7		5	9
		3		1	9			

889

		4			5			
					8	6	2	
1		2		3				8
	4	5	3			8		
	7						6	
		9			2	7	4	
7				2		1		4
	9	3	7					
			4			9		

890

		4				5	3	
			7				2	
2				1		8		
5				2				4
			6		7			
6				3				9
		8		4				2
	7				6			
	5	3				1		

★★★★

891

	8	6						
2	9						3	
			5		4			6
				7		1		
3			6		8			5
		7		1				
6			9		1			
	5						8	2
						7	9	

892

			2					1
5				7			9	
		3	6			7		4
			9				1	8
		7				5		
3	5				4			
8		5			6	9		
	4			3				2
9					8			

893

		2	7			4	3	
			8				9	6
9	4			6				
	7	8						2
6						8	4	
				4			2	7
7	5				1			
	2	3			5	9		

894

	6		4				1	
3					8	5		
1	2		6			8		
							9	7
		3				6		
4	5							
		6			5		8	9
		1	3					5
	8				4		2	

895

9			2					
6		5				1		
		3		4			9	
	7			6			8	
			8		2			
	1			9			5	
	9			1		3		
		4				6		5
					8			2

896

		1	3	8				
3	4	7						
	9		1		5			
				7	4	2		
1								6
		5	9	2				
			7		6		8	
						6	9	4
				9	3	7		

897

9				8	1			
		8				7		
3			9		6	2	1	
			2				6	4
		2				3		
8	1				3			
	9	7	8		4			5
		1				4		
			1	5				2

898

		8		3				
	3	2	9					
4		5						
3	8		4					2
	1		6		2		4	
9					5		8	7
						4		1
					6	7	2	
				7		5		

899

3	7							
	8	1	5					
	6			1				
5					7	6		4
		2	9		8	3		
1		6	3					8
				4			7	
					9	8	4	
							3	2

900

		7			5	8		
6					7	4		
							5	7
		3			4		9	5
			9		8			
9	4		6			3		
7	6							
		8	1					4
		2	5			9		

901

		6					3	
2					5			
	5			4		8	7	
			7		2			6
	7			8			4	
9			1		4			
	3	5		7			9	
			9					1
	8					4		

902

	2	7						
3					7	8		
4					2			7
9			8			5	3	
			5		4			
	5	2			3			9
5			2					6
		3	1					4
						7	8	

903

					9	3		4
		4			5			
	5	7		6			9	
5		9	6			4		
8								9
		1			3	2		5
	1			3		6	7	
			2			5		
6		8	1					

904

		3				1		9
					6			2
	2			8		4		
	1			2			3	
			6		7			
	7			9			5	
		4		3			2	
6			7					
1		9				8		

905

1	5			9			6	
	6							4
					8	3		
		8	9		7			
	9			1			2	
			3		2	6		
		7	4					
2							1	
	8			2			9	5

906

	7	4	2					
				4		7	9	
9	1		8					3
		3					8	2
2	9					4		
7					6		3	1
	3	8		9				
					5	8	6	

907

	3				5	2	8	
4		2		9				
					6	5		4
	1	9						7
2						4	1	
7		3	1					
				7		9		3
	9	8	4				2	

908

			6		3		2	
6		5						
8	7							9
				3		5		
	9		2		8		4	
		3		5				
4							7	6
						2		8
	2		9		1			

909

1						4		
		3		1		5		6
	2				8			
			1		9		7	
		5		4		1		
	3		2		5			
			3				9	
4		6		5		7		
		7						8

910

	3		4	9				
9	2	5						
8			2		3			
	7		5	3				
		2				6		
				7	9		1	
			1		6			9
						4	3	5
				8	4		6	

★★★★

911

							3	
	1	9			8			
	8		5	3				
		7		5				4
		6	2		1	3		
9				6		7		
				2	4		1	
			6			2	8	
	6							

912

	8		9			7		2
2			5					6
	4				1	9		
9		5						
	1						8	
						3		7
		1	2				9	
8					5			4
6		4			8		2	

913

5		8						4
7				1			9	
		3	2					
	2			5			6	
			3		2			
	8			9			1	
					3	9		
	9			4				7
1						5		8

914

					1			
		2						
				3	5	9		
1	9						4	
	5			7			3	
	8						6	2
		4	2	8				
						5		
			6					

915

		9					5	
			1					4
	2	7		5		8		
6			3		5			
		5		9		7		
			7		4			8
		6		7		2	9	
3					8			
	1					6		

916

							3	
			9					
	7		4	2				
3		6				8		
		2		1		4		
		5				7		9
				8	3		5	
					6			
	4							

917

5		3	6		7		2	
		4				6		
				2	4		9	
					9		6	8
		9				1		
4	7		1					
	5		4	7				
		7				3		
	1		8		5	9		4

918

		3		7		9	5	
1					8			
	6					3		
			7		4			8
		2		5		7		
3			1		2			
		5					2	
			6					4
	9	7		2		8		

465

919

		7	4		2		1	8
	6						5	
		4		6	8			
			1			3		2
	1						7	
8		6			7			
			8	9		1		
	8						3	
4	5		6		3	9		

920

	4					6		9
			7					
				4	2	7		
5				6		9		
8			4		3			1
		4		8				3
		8	2	1				
					5			
6		9					1	

921

6	2			7				8
3							7	
					1	5		
			5		6	8		
7				3				6
		4	7		9			
		9	8					
	1							4
4				6			3	2

922

		1		7		8	3	
			8				9	
9	6		1					
	9				7		1	8
1								4
8	2		6				5	
					5		4	7
	8				2			
	7	3		6		5		

923

	1		8		4	9		2
		7				6		
	4		2	7				
					9		5	8
		9				1		
2	7		1					
				3	2		9	
		2				5		
4		6	5		7		3	

924

			6					
							8	
	1		7	3				
		3				6		7
		8		2		4		
9		5				1		
				4	8		5	
	7							
					9			

468

925

	2				6			
		4		8				1
	9	3				7		
6				3				5
			6		2			
9				1				8
		8				9	3	
1				7		4		
			2				1	

926

1					8			
		2					9	
	8			6		4	3	
			2		1			8
	2			9			6	
7			5		6			
	6	9		2			4	
	3					7		
			4					5

927

9					6	3			
8		6	1						
									1
	3			5			4		
		2	6			9	1		
		4		1				7	
2									
						8	7		9
			5	2					8

928

		9						2
					8			
			3	1	4			
1	8							
6				7				3
							5	9
			5	6	2			
			9					
4						1		

470

929

						7		4
	7		8		9			
6							3	1
				5		2		
	9		4		7		6	
		5		2				
4	3							9
			5		1		7	
1		2						

930

					3			
6								
				5	4			7
	7					2	9	
	1			8			6	
	3	4					5	
9			6	1				
								4
			2					

931

2			5		9	7	4	
5				3	7			
	3						8	
3		7			2			
	4						2	
			4			9		1
	7						1	
			7	6				4
	8	5	3		1			6

932

						5		7
	8				1		6	
		9			4		2	
	3				7	8		9
			2		8			
8		1	9				3	
	9		5			7		
	2		1				5	
1		5						

933

8	2						7	
6			1					
	4			9		5		
		1		2		3		
			6		1			
		8		5		9		
		5		7			4	
					6			5
	9						8	2

934

	8		1	2				
2	9				7			
							7	
		1		5				4
6			8		2			7
4				7		3		
	6							
			9				8	3
				6	5		9	

935

		8		6		5	7	
2	1		8					
			5				2	
	2				6		8	5
8								4
5	3		1				9	
	5				3			
					9		4	6
	6	7		1		9		

936

							5	
	1		2	6				
			8					
		6				8		2
		5		3		4		
9		7				1		
					9			
				4	5		7	
	2							

937

						6	4	9
			1		5			2
			4	8		1		
			2	3		5		
	7						1	
		3		6	9			
		6		2	4			
8			6		7			
2	9	7						

938

					3			
		5						
				1	9	7		
7							6	4
8				2				5
3	9							1
		4	5	8				
						9		
			6					

475

★★★★

939

4			1				7	
		7			3	8		2
			9				4	
7		6		2	9			
			4	1		6		5
	6				1			
9		2	3			1		
	7				6			9

940

			5					
9							8	
			2	3	6			
8		7						
6				4				1
						5		3
			9	1	7			
	3							2
					8			

941

7		9						
	6		2				3	
	1		8			4		
4		3	7				5	
			3		1			
	5				4	2		3
		7			9		4	
	9				2		1	
						9		2

942

1	2							
			5		1	6		
4		3						8
				5			2	
		8	4		6	7		
	5			2				
7						3		1
		6	9		8			
							6	4

943

8			2			1	7	
		1	3			6		
9					5		2	
						7	4	
5								8
	3	2						
	5		1					2
		8			3	9		
	9	6			8			1

944

			7	1			9	
			8					
	6							
9						2		3
4				5				6
8		7						1
							7	
					2			
	3			4	6			

945

	2			3			5	6
8							1	
		9			2			
			5		9	8		
	5			6			3	
		7	4		3			
			7			4		
	6							3
2	1			5			7	

946

	8							
			3	8			5	
				5	1	2		
9				3		4		
		8	6		2	7		
		4		7				1
	5	6	7					
	2			6	9			
							7	

947

9				1			4	
	7				2			
	8	1			6	5		
			8				5	4
		4				1		
7	3				9			
		9	6			4	3	
			3				9	
	2			5				8

948

					5			
				2	4	7		
		8						
7	5							3
4				1				2
9							8	6
						4		
		3	8	9				
			6					

949

		5					9	
			7					6
	8	1		4		5		
7			3		4			
		4		8		2		
			2		6			5
		7		2		4	1	
3					9			
	2					8		

950

4				8				6
			6				9	
	6		4			2		7
			9			7		3
	8						4	
3		1			2			
9		5			7		1	
	2				5			
8				6				2

1

4	8	5	2	6	3	9	7	1
1	9	6	8	7	5	4	3	2
3	7	2	9	4	1	8	6	5
2	1	8	7	9	4	6	5	3
9	5	4	1	3	6	7	2	8
7	6	3	5	8	2	1	4	9
6	4	1	3	5	8	2	9	7
8	3	7	4	2	9	5	1	6
5	2	9	6	1	7	3	8	4

2

9	5	4	3	7	2	6	8	1
2	7	8	6	4	1	9	3	5
1	3	6	5	8	9	7	2	4
4	2	1	7	9	3	8	5	6
8	9	5	1	6	4	2	7	3
7	6	3	8	2	5	4	1	9
5	4	2	9	1	7	3	6	8
3	8	7	4	5	6	1	9	2
6	1	9	2	3	8	5	4	7

3

5	6	8	7	4	3	2	1	9
1	9	7	8	6	2	4	3	5
3	2	4	5	1	9	8	7	6
4	8	1	2	9	5	3	6	7
9	7	5	6	3	8	1	4	2
2	3	6	4	7	1	9	5	8
8	1	2	3	5	6	7	9	4
6	4	9	1	8	7	5	2	3
7	5	3	9	2	4	6	8	1

4

9	6	8	1	4	7	2	5	3
1	4	7	5	2	3	8	9	6
5	2	3	6	9	8	1	7	4
8	7	6	2	1	4	9	3	5
3	9	4	8	6	5	7	2	1
2	5	1	7	3	9	6	4	8
6	3	2	9	5	1	4	8	7
7	1	5	4	8	2	3	6	9
4	8	9	3	7	6	5	1	2

5

3	8	7	6	1	5	4	2	9
9	2	6	3	4	7	5	8	1
5	4	1	8	9	2	3	7	6
7	3	9	1	5	6	8	4	2
2	1	5	4	8	9	6	3	7
4	6	8	2	7	3	9	1	5
1	9	4	5	2	8	7	6	3
8	7	3	9	6	1	2	5	4
6	5	2	7	3	4	1	9	8

6

1	5	6	2	7	9	8	4	3
8	7	9	3	4	1	2	5	6
3	4	2	8	5	6	1	7	9
6	1	8	5	3	4	7	9	2
5	9	4	7	1	2	6	3	8
7	2	3	9	6	8	5	1	4
2	3	7	4	8	5	9	6	1
9	6	5	1	2	3	4	8	7
4	8	1	6	9	7	3	2	5

7

6	8	9	3	5	1	2	4	7
7	3	2	8	4	9	5	1	6
5	1	4	2	6	7	3	8	9
2	9	1	5	7	4	6	3	8
3	5	6	1	2	8	7	9	4
8	4	7	6	9	3	1	2	5
9	7	5	4	1	2	8	6	3
1	6	8	9	3	5	4	7	2
4	2	3	7	8	6	9	5	1

8

3	7	9	8	4	2	5	1	6
6	2	4	3	1	5	7	8	9
5	1	8	9	6	7	3	2	4
2	8	6	7	9	4	1	3	5
7	9	1	5	3	6	8	4	2
4	3	5	2	8	1	9	6	7
8	4	3	6	7	9	2	5	1
9	6	2	1	5	3	4	7	8
1	5	7	4	2	8	6	9	3

9

6	7	4	8	2	9	5	1	3
1	5	2	7	6	3	9	8	4
8	3	9	5	4	1	2	6	7
3	2	1	9	5	8	7	4	6
4	6	5	1	7	2	8	3	9
7	9	8	6	3	4	1	2	5
5	4	7	2	8	6	3	9	1
9	8	6	3	1	5	4	7	2
2	1	3	4	9	7	6	5	8

10

3	1	7	6	5	9	4	8	2
2	5	4	3	8	1	7	6	9
6	8	9	7	2	4	1	3	5
4	2	5	9	7	3	6	1	8
7	3	6	8	1	2	9	5	4
8	9	1	4	6	5	3	2	7
1	7	3	5	9	8	2	4	6
5	6	2	1	4	7	8	9	3
9	4	8	2	3	6	5	7	1

11

8	1	2	5	4	9	7	6	3
5	4	7	3	6	2	1	9	8
9	6	3	7	8	1	5	2	4
3	7	5	6	2	4	8	1	9
4	8	1	9	7	3	6	5	2
6	2	9	8	1	5	4	3	7
2	3	8	1	5	7	9	4	6
1	9	6	4	3	8	2	7	5
7	5	4	2	9	6	3	8	1

12

8	3	9	1	6	2	5	4	7
1	5	6	7	8	4	3	9	2
4	7	2	9	3	5	1	6	8
7	1	4	6	2	8	9	3	5
2	9	3	4	5	1	7	8	6
5	6	8	3	9	7	4	2	1
3	2	5	8	7	9	6	1	4
6	8	1	5	4	3	2	7	9
9	4	7	2	1	6	8	5	3

13

1	4	7	5	6	3	2	9	8
8	5	2	9	1	4	3	7	6
6	3	9	2	8	7	4	5	1
7	9	4	1	2	8	5	6	3
3	8	1	6	7	5	9	4	2
5	2	6	3	4	9	8	1	7
4	1	3	7	5	2	6	8	9
2	6	5	8	9	1	7	3	4
9	7	8	4	3	6	1	2	5

14

6	2	8	4	7	5	1	3	9
3	1	4	6	9	8	5	2	7
7	9	5	3	2	1	4	6	8
5	7	9	8	4	3	6	1	2
4	3	6	2	1	7	8	9	5
2	8	1	5	6	9	3	7	4
9	6	7	1	5	4	2	8	3
8	5	2	7	3	6	9	4	1
1	4	3	9	8	2	7	5	6

15

3	1	5	6	8	9	4	7	2
9	4	2	5	7	1	8	3	6
6	7	8	3	2	4	9	5	1
7	8	9	1	6	3	5	2	4
4	6	3	7	5	2	1	9	8
5	2	1	9	4	8	7	6	3
1	3	4	2	9	7	6	8	5
8	9	6	4	3	5	2	1	7
2	5	7	8	1	6	3	4	9

16

1	9	3	2	4	8	6	7	5
4	7	8	6	3	5	1	2	9
2	5	6	7	1	9	4	3	8
6	4	9	5	8	3	2	1	7
7	8	1	9	2	4	5	6	3
5	3	2	1	7	6	9	8	4
8	1	7	4	5	2	3	9	6
3	6	5	8	9	1	7	4	2
9	2	4	3	6	7	8	5	1

17

6	9	3	5	4	8	2	7	1
8	4	1	7	2	6	3	5	9
5	2	7	3	9	1	8	6	4
1	8	9	6	7	4	5	2	3
4	5	6	2	1	3	7	9	8
7	3	2	8	5	9	1	4	6
9	7	4	1	3	2	6	8	5
3	6	5	9	8	7	4	1	2
2	1	8	4	6	5	9	3	7

18

7	2	6	8	5	4	9	1	3
1	8	4	9	7	3	6	2	5
5	9	3	1	6	2	7	8	4
6	4	1	2	8	5	3	7	9
2	7	9	3	1	6	4	5	8
3	5	8	4	9	7	1	6	2
4	3	5	6	2	1	8	9	7
8	6	2	7	3	9	5	4	1
9	1	7	5	4	8	2	3	6

19

7	5	4	1	2	3	9	6	8
9	6	1	5	7	8	3	2	4
2	3	8	9	6	4	7	5	1
8	2	3	7	5	6	4	1	9
4	7	9	8	1	2	5	3	6
5	1	6	4	3	9	8	7	2
3	9	2	6	4	5	1	8	7
1	4	5	2	8	7	6	9	3
6	8	7	3	9	1	2	4	5

20

4	6	1	5	3	2	9	8	7
5	2	8	4	9	7	1	6	3
3	9	7	6	1	8	5	4	2
6	4	3	8	7	1	2	5	9
8	1	2	3	5	9	4	7	6
9	7	5	2	6	4	8	3	1
7	8	4	1	2	6	3	9	5
1	5	6	9	8	3	7	2	4
2	3	9	7	4	5	6	1	8

21

5	3	1	2	6	7	8	9	4
4	2	9	5	3	8	7	6	1
6	7	8	1	4	9	5	3	2
8	9	7	6	1	4	3	2	5
3	6	5	9	8	2	4	1	7
1	4	2	7	5	3	6	8	9
2	5	4	3	9	6	1	7	8
9	1	3	8	7	5	2	4	6
7	8	6	4	2	1	9	5	3

22

8	4	3	6	9	1	5	2	7
5	2	9	7	3	8	4	1	6
1	7	6	2	5	4	8	9	3
9	6	2	4	8	7	1	3	5
3	1	4	5	6	2	7	8	9
7	8	5	9	1	3	6	4	2
4	5	8	3	2	6	9	7	1
6	3	7	1	4	9	2	5	8
2	9	1	8	7	5	3	6	4

23

4	6	9	8	3	5	2	7	1
7	2	5	9	1	4	8	3	6
1	8	3	7	2	6	4	5	9
9	4	7	2	6	1	3	8	5
6	3	8	4	5	7	1	9	2
5	1	2	3	8	9	6	4	7
8	9	4	6	7	2	5	1	3
2	7	1	5	4	3	9	6	8
3	5	6	1	9	8	7	2	4

24

9	8	7	1	3	4	6	5	2
5	1	4	8	2	6	3	9	7
2	3	6	5	9	7	4	8	1
4	7	9	3	6	1	5	2	8
6	2	1	4	8	5	9	7	3
8	5	3	9	7	2	1	6	4
7	9	8	6	1	3	2	4	5
1	6	5	2	4	8	7	3	9
3	4	2	7	5	9	8	1	6

25

4	6	9	2	1	7	3	8	5
2	5	7	3	9	8	6	4	1
8	3	1	6	5	4	2	9	7
6	2	8	4	3	1	7	5	9
1	9	3	5	7	2	8	6	4
5	7	4	8	6	9	1	2	3
3	8	5	7	4	6	9	1	2
9	4	6	1	2	3	5	7	8
7	1	2	9	8	5	4	3	6

26

6	2	7	1	3	4	8	9	5
9	1	3	5	2	8	6	4	7
4	5	8	6	9	7	2	3	1
3	8	4	9	7	1	5	6	2
2	7	6	8	5	3	4	1	9
1	9	5	2	4	6	7	8	3
7	4	1	3	8	5	9	2	6
5	6	2	4	1	9	3	7	8
8	3	9	7	6	2	1	5	4

27

8	7	2	5	3	1	6	9	4
9	5	4	6	2	8	1	3	7
6	1	3	7	4	9	8	5	2
3	2	1	9	7	6	5	4	8
5	6	8	4	1	2	3	7	9
4	9	7	8	5	3	2	1	6
7	8	5	3	6	4	9	2	1
1	3	6	2	9	7	4	8	5
2	4	9	1	8	5	7	6	3

28

6	9	5	1	8	3	2	7	4
7	4	8	2	6	9	3	1	5
1	3	2	7	5	4	6	8	9
8	1	7	5	9	6	4	2	3
9	5	3	4	2	8	1	6	7
2	6	4	3	1	7	9	5	8
5	8	6	9	3	2	7	4	1
3	7	1	6	4	5	8	9	2
4	2	9	8	7	1	5	3	6

29

7	2	5	9	6	3	8	1	4
3	9	8	1	4	2	6	7	5
4	1	6	8	5	7	9	2	3
1	3	9	6	7	4	5	8	2
8	7	4	5	2	9	3	6	1
5	6	2	3	8	1	4	9	7
2	4	3	7	9	6	1	5	8
6	8	1	2	3	5	7	4	9
9	5	7	4	1	8	2	3	6

30

7	2	4	3	1	5	6	9	8
9	3	5	8	2	6	7	4	1
1	8	6	4	9	7	2	5	3
2	6	8	5	3	4	1	7	9
4	1	3	6	7	9	8	2	5
5	9	7	1	8	2	4	3	6
3	7	2	9	6	1	5	8	4
8	4	1	7	5	3	9	6	2
6	5	9	2	4	8	3	1	7

31

5	3	2	6	9	8	7	4	1
9	1	7	5	4	3	6	8	2
8	4	6	2	1	7	9	3	5
3	6	9	4	8	2	5	1	7
4	2	1	7	5	6	8	9	3
7	5	8	1	3	9	2	6	4
2	9	5	3	6	4	1	7	8
1	8	3	9	7	5	4	2	6
6	7	4	8	2	1	3	5	9

32

3	2	5	1	6	4	9	7	8
7	9	1	8	3	5	6	4	2
4	8	6	9	7	2	1	5	3
9	7	8	6	2	1	4	3	5
1	6	4	5	8	3	7	2	9
5	3	2	7	4	9	8	1	6
8	1	3	4	5	6	2	9	7
6	5	9	2	1	7	3	8	4
2	4	7	3	9	8	5	6	1

33

1	3	6	7	4	8	5	9	2
7	2	5	1	3	9	8	6	4
9	8	4	6	2	5	3	7	1
3	9	1	2	8	6	4	5	7
8	4	2	5	7	3	9	1	6
5	6	7	4	9	1	2	8	3
2	5	9	3	1	7	6	4	8
4	1	8	9	6	2	7	3	5
6	7	3	8	5	4	1	2	9

34

6	8	3	5	1	7	4	9	2
1	4	7	9	3	2	5	6	8
5	2	9	6	8	4	7	1	3
9	1	8	4	6	5	2	3	7
4	3	6	7	2	1	9	8	5
2	7	5	8	9	3	6	4	1
7	6	1	3	5	9	8	2	4
8	5	2	1	4	6	3	7	9
3	9	4	2	7	8	1	5	6

35

6	3	4	8	1	2	5	7	9
5	9	2	6	7	3	4	8	1
7	8	1	5	9	4	3	6	2
9	2	8	1	3	6	7	4	5
3	5	6	7	4	9	2	1	8
1	4	7	2	5	8	6	9	3
2	7	3	9	6	1	8	5	4
4	1	5	3	8	7	9	2	6
8	6	9	4	2	5	1	3	7

36

6	4	1	9	3	7	2	5	8
5	2	3	6	8	4	1	9	7
9	8	7	1	5	2	4	6	3
2	3	9	5	1	6	8	7	4
4	1	6	7	9	8	3	2	5
7	5	8	2	4	3	9	1	6
8	6	2	4	7	9	5	3	1
1	7	4	3	2	5	6	8	9
3	9	5	8	6	1	7	4	2

37

6	4	1	5	2	7	3	8	9
8	3	5	9	1	6	4	7	2
7	2	9	8	4	3	6	1	5
2	1	3	7	5	8	9	6	4
4	8	7	2	6	9	1	5	3
5	9	6	1	3	4	7	2	8
3	7	4	6	8	5	2	9	1
9	5	2	3	7	1	8	4	6
1	6	8	4	9	2	5	3	7

38

2	4	9	7	3	8	1	5	6
6	3	5	9	4	1	8	2	7
1	8	7	2	5	6	4	9	3
9	5	1	4	7	3	6	8	2
7	2	4	6	8	5	3	1	9
8	6	3	1	9	2	5	7	4
5	9	2	8	6	4	7	3	1
4	1	8	3	2	7	9	6	5
3	7	6	5	1	9	2	4	8

39

8	7	5	4	9	3	1	6	2
6	3	4	7	2	1	9	8	5
9	1	2	5	6	8	3	7	4
4	5	7	1	3	6	2	9	8
2	6	1	8	5	9	7	4	3
3	9	8	2	7	4	6	5	1
1	8	3	9	4	7	5	2	6
7	2	6	3	8	5	4	1	9
5	4	9	6	1	2	8	3	7

40

7	3	9	5	8	2	1	6	4
5	4	1	9	3	6	8	7	2
6	8	2	4	1	7	9	5	3
2	6	8	3	9	1	5	4	7
4	7	3	6	5	8	2	1	9
1	9	5	7	2	4	3	8	6
8	2	4	1	7	9	6	3	5
9	5	7	8	6	3	4	2	1
3	1	6	2	4	5	7	9	8

41

6	8	1	4	3	2	5	9	7
9	5	2	6	1	7	8	4	3
7	4	3	5	8	9	6	1	2
5	1	9	2	6	4	3	7	8
2	3	4	8	7	1	9	6	5
8	7	6	3	9	5	1	2	4
1	2	5	9	4	8	7	3	6
4	6	7	1	5	3	2	8	9
3	9	8	7	2	6	4	5	1

42

5	1	3	7	9	4	2	6	8
4	9	7	6	8	2	1	3	5
2	8	6	1	3	5	9	4	7
7	6	8	4	2	3	5	9	1
9	3	2	5	1	6	7	8	4
1	4	5	8	7	9	6	2	3
8	2	1	3	6	7	4	5	9
6	7	4	9	5	8	3	1	2
3	5	9	2	4	1	8	7	6

43

9	4	1	5	7	2	8	6	3
8	5	2	3	9	6	4	7	1
6	3	7	4	8	1	5	9	2
7	6	8	1	5	9	3	2	4
1	2	4	8	6	3	7	5	9
5	9	3	2	4	7	6	1	8
3	7	9	6	1	4	2	8	5
4	1	5	7	2	8	9	3	6
2	8	6	9	3	5	1	4	7

44

8	5	3	4	9	1	2	7	6
9	1	6	7	2	3	4	8	5
2	7	4	8	6	5	9	1	3
4	2	7	6	3	9	1	5	8
1	3	8	2	5	4	6	9	7
6	9	5	1	7	8	3	2	4
5	8	1	9	4	6	7	3	2
3	4	2	5	1	7	8	6	9
7	6	9	3	8	2	5	4	1

45

9	2	1	7	3	5	6	4	8
6	8	7	4	9	2	1	3	5
4	3	5	6	1	8	9	2	7
5	7	9	2	4	3	8	1	6
3	6	8	5	7	1	2	9	4
1	4	2	8	6	9	5	7	3
7	9	4	1	8	6	3	5	2
8	5	3	9	2	4	7	6	1
2	1	6	3	5	7	4	8	9

46

8	5	9	7	4	1	3	6	2
6	7	2	3	5	8	9	1	4
3	1	4	2	9	6	8	5	7
2	9	6	1	7	5	4	3	8
7	4	1	8	3	9	6	2	5
5	3	8	6	2	4	1	7	9
1	8	5	9	6	2	7	4	3
4	6	7	5	8	3	2	9	1
9	2	3	4	1	7	5	8	6

47

9	2	4	5	7	3	8	1	6
1	5	3	8	4	6	7	9	2
7	6	8	1	2	9	4	3	5
3	4	5	7	1	2	6	8	9
8	1	6	4	9	5	3	2	7
2	7	9	6	3	8	5	4	1
4	9	7	3	5	1	2	6	8
6	3	2	9	8	7	1	5	4
5	8	1	2	6	4	9	7	3

48

8	2	1	4	5	3	7	6	9
9	5	7	6	1	2	3	4	8
3	4	6	7	8	9	5	2	1
1	7	2	8	3	6	9	5	4
5	3	9	2	7	4	8	1	6
4	6	8	1	9	5	2	3	7
6	8	4	5	2	7	1	9	3
2	1	3	9	4	8	6	7	5
7	9	5	3	6	1	4	8	2

49

8	4	5	7	3	2	1	9	6
3	2	9	6	4	1	8	7	5
6	1	7	5	9	8	4	3	2
5	6	3	1	2	9	7	8	4
4	9	1	8	7	5	2	6	3
7	8	2	3	6	4	5	1	9
9	7	4	2	8	3	6	5	1
2	5	8	9	1	6	3	4	7
1	3	6	4	5	7	9	2	8

50

8	5	1	6	2	3	9	4	7
4	3	9	8	1	7	5	6	2
6	7	2	5	4	9	3	1	8
1	6	4	9	5	2	8	7	3
5	9	7	4	3	8	6	2	1
2	8	3	7	6	1	4	5	9
3	4	8	1	7	5	2	9	6
7	2	6	3	9	4	1	8	5
9	1	5	2	8	6	7	3	4

51

7	6	5	2	3	8	9	4	1
1	3	8	9	4	5	7	6	2
9	4	2	7	6	1	8	3	5
8	1	6	5	9	7	3	2	4
3	7	4	1	2	6	5	8	9
5	2	9	3	8	4	1	7	6
2	5	3	6	7	9	4	1	8
6	8	1	4	5	3	2	9	7
4	9	7	8	1	2	6	5	3

52

4	2	3	6	1	8	5	9	7
6	1	7	3	5	9	2	8	4
5	9	8	4	2	7	6	3	1
2	5	6	9	3	1	7	4	8
3	7	9	5	8	4	1	6	2
1	8	4	7	6	2	3	5	9
7	6	1	8	9	5	4	2	3
8	4	5	2	7	3	9	1	6
9	3	2	1	4	6	8	7	5

53

1	6	8	4	5	7	3	9	2
4	3	5	8	9	2	1	7	6
9	2	7	1	6	3	4	8	5
2	5	9	6	3	4	7	1	8
7	1	6	2	8	9	5	3	4
3	8	4	7	1	5	2	6	9
5	4	1	9	7	8	6	2	3
8	7	3	5	2	6	9	4	1
6	9	2	3	4	1	8	5	7

54

7	1	5	2	4	6	9	3	8
9	2	8	3	5	1	7	6	4
6	4	3	7	8	9	1	2	5
8	6	7	9	2	4	5	1	3
4	3	1	5	6	8	2	7	9
2	5	9	1	3	7	4	8	6
5	9	2	8	1	3	6	4	7
1	8	6	4	7	5	3	9	2
3	7	4	6	9	2	8	5	1

55

7	2	1	6	4	9	3	8	5
6	9	8	1	5	3	4	2	7
4	5	3	8	7	2	6	9	1
3	1	5	4	9	8	7	6	2
2	6	7	3	1	5	9	4	8
8	4	9	2	6	7	5	1	3
1	3	4	7	2	6	8	5	9
5	7	6	9	8	1	2	3	4
9	8	2	5	3	4	1	7	6

56

9	6	7	4	1	2	5	8	3
2	8	5	9	7	3	6	4	1
1	3	4	6	5	8	2	9	7
7	1	9	8	2	6	4	3	5
6	4	2	5	3	7	9	1	8
3	5	8	1	9	4	7	2	6
5	2	1	7	8	9	3	6	4
4	7	3	2	6	1	8	5	9
8	9	6	3	4	5	1	7	2

57

6	7	9	8	2	4	5	3	1
5	1	8	9	6	3	2	7	4
4	3	2	7	1	5	8	9	6
7	9	5	3	4	8	6	1	2
1	8	6	2	5	7	9	4	3
3	2	4	6	9	1	7	8	5
8	4	7	5	3	6	1	2	9
9	6	3	1	8	2	4	5	7
2	5	1	4	7	9	3	6	8

58

8	6	4	9	3	7	2	5	1
9	3	5	1	4	2	6	8	7
7	2	1	8	5	6	4	3	9
1	4	8	5	6	9	3	7	2
6	7	2	3	1	4	5	9	8
5	9	3	2	7	8	1	4	6
4	8	9	6	2	3	7	1	5
3	5	6	7	9	1	8	2	4
2	1	7	4	8	5	9	6	3

59

2	6	1	7	3	9	8	4	5
5	3	4	2	1	8	6	9	7
9	7	8	6	4	5	3	1	2
7	9	2	1	6	3	5	8	4
1	5	3	8	7	4	9	2	6
4	8	6	9	5	2	7	3	1
3	1	9	5	2	7	4	6	8
8	2	7	4	9	6	1	5	3
6	4	5	3	8	1	2	7	9

60

2	3	5	7	6	1	9	8	4
1	9	7	4	8	2	5	3	6
6	4	8	9	3	5	2	1	7
5	6	2	3	4	9	1	7	8
9	7	3	8	1	6	4	2	5
8	1	4	2	5	7	6	9	3
4	2	9	5	7	3	8	6	1
3	5	1	6	9	8	7	4	2
7	8	6	1	2	4	3	5	9

61

7	3	2	5	4	9	1	8	6
1	6	4	8	7	2	5	3	9
8	5	9	3	1	6	2	7	4
6	4	3	9	5	7	8	2	1
2	8	7	1	3	4	6	9	5
5	9	1	2	6	8	3	4	7
3	2	6	7	9	1	4	5	8
4	7	5	6	8	3	9	1	2
9	1	8	4	2	5	7	6	3

62

1	4	7	3	5	6	8	9	2
8	5	2	1	7	9	6	3	4
3	9	6	8	2	4	5	1	7
9	7	4	5	8	3	1	2	6
5	6	3	2	4	1	7	8	9
2	8	1	6	9	7	4	5	3
7	3	8	9	6	5	2	4	1
6	1	5	4	3	2	9	7	8
4	2	9	7	1	8	3	6	5

63

2	5	6	9	3	7	4	8	1
7	4	9	1	2	8	5	6	3
8	3	1	6	4	5	2	7	9
3	2	5	7	1	4	8	9	6
9	7	8	3	5	6	1	4	2
6	1	4	8	9	2	7	3	5
1	9	7	2	8	3	6	5	4
5	8	3	4	6	1	9	2	7
4	6	2	5	7	9	3	1	8

64

9	4	8	1	5	2	6	3	7
1	5	3	6	7	9	4	2	8
6	2	7	4	8	3	9	1	5
2	8	6	9	3	4	5	7	1
5	3	4	7	1	8	2	9	6
7	1	9	5	2	6	8	4	3
4	7	1	8	9	5	3	6	2
8	6	2	3	4	7	1	5	9
3	9	5	2	6	1	7	8	4

65

2	8	7	3	6	5	1	9	4
3	9	4	1	2	7	8	6	5
5	1	6	9	4	8	3	2	7
9	4	8	6	7	3	5	1	2
6	7	2	5	1	4	9	3	8
1	5	3	2	8	9	7	4	6
7	2	9	8	3	6	4	5	1
4	3	1	7	5	2	6	8	9
8	6	5	4	9	1	2	7	3

66

6	1	4	7	3	8	5	9	2
7	8	9	4	5	2	1	3	6
2	3	5	1	6	9	7	4	8
5	9	2	3	7	4	8	6	1
4	7	1	6	8	5	3	2	9
3	6	8	9	2	1	4	5	7
1	2	3	5	9	7	6	8	4
9	5	7	8	4	6	2	1	3
8	4	6	2	1	3	9	7	5

67

1	5	9	4	2	3	8	6	7
3	7	8	6	5	1	2	9	4
6	2	4	7	8	9	3	5	1
8	4	2	1	9	6	5	7	3
7	9	6	5	3	2	1	4	8
5	1	3	8	4	7	6	2	9
4	6	1	3	7	5	9	8	2
9	8	5	2	1	4	7	3	6
2	3	7	9	6	8	4	1	5

68

5	2	7	3	9	8	4	1	6
8	9	6	5	1	4	7	2	3
4	1	3	7	2	6	8	9	5
7	5	1	4	8	3	2	6	9
2	4	9	1	6	5	3	7	8
3	6	8	9	7	2	5	4	1
9	8	4	6	5	7	1	3	2
6	3	2	8	4	1	9	5	7
1	7	5	2	3	9	6	8	4

69

8	7	3	2	4	5	6	1	9
1	9	5	8	6	7	2	4	3
2	6	4	9	3	1	8	7	5
6	8	9	3	1	2	7	5	4
3	5	2	7	8	4	1	9	6
4	1	7	6	5	9	3	8	2
9	3	6	4	7	8	5	2	1
7	4	1	5	2	3	9	6	8
5	2	8	1	9	6	4	3	7

70

6	3	5	2	7	1	8	9	4
1	2	4	5	9	8	3	6	7
9	7	8	6	4	3	2	5	1
3	8	9	4	2	7	6	1	5
4	5	7	8	1	6	9	2	3
2	1	6	9	3	5	4	7	8
5	4	1	3	6	9	7	8	2
7	9	3	1	8	2	5	4	6
8	6	2	7	5	4	1	3	9

71

8	6	2	3	9	7	4	5	1
4	9	5	1	2	6	7	3	8
3	7	1	8	5	4	9	6	2
9	8	4	7	3	2	5	1	6
1	2	6	5	8	9	3	4	7
7	5	3	6	4	1	2	8	9
6	4	8	2	7	5	1	9	3
2	3	9	4	1	8	6	7	5
5	1	7	9	6	3	8	2	4

72

9	6	2	1	4	3	8	5	7
7	4	3	5	8	2	6	9	1
1	5	8	6	9	7	2	4	3
8	1	5	9	3	4	7	6	2
2	9	4	7	6	8	3	1	5
3	7	6	2	5	1	4	8	9
5	2	7	4	1	6	9	3	8
6	8	9	3	7	5	1	2	4
4	3	1	8	2	9	5	7	6

73

9	8	5	3	2	7	4	6	1
7	1	2	9	4	6	5	3	8
6	4	3	1	5	8	9	7	2
4	3	9	6	1	5	8	2	7
2	6	8	4	7	3	1	9	5
1	5	7	2	8	9	6	4	3
8	7	6	5	9	2	3	1	4
5	9	1	7	3	4	2	8	6
3	2	4	8	6	1	7	5	9

74

6	2	8	1	5	3	9	4	7
9	7	5	6	4	2	3	1	8
4	3	1	9	7	8	6	2	5
5	6	9	4	8	1	7	3	2
3	1	4	2	6	7	5	8	9
2	8	7	5	3	9	4	6	1
7	5	2	3	1	4	8	9	6
1	4	6	8	9	5	2	7	3
8	9	3	7	2	6	1	5	4

75

8	2	6	1	5	7	4	9	3
1	9	5	2	3	4	7	8	6
3	4	7	6	8	9	5	2	1
6	7	9	8	4	3	1	5	2
2	1	4	9	6	5	3	7	8
5	8	3	7	1	2	6	4	9
4	5	8	3	2	6	9	1	7
9	6	1	5	7	8	2	3	4
7	3	2	4	9	1	8	6	5

76

1	3	2	4	9	6	8	5	7
9	5	8	1	3	7	4	2	6
7	4	6	8	2	5	1	9	3
8	2	4	6	1	9	3	7	5
3	1	7	2	5	8	9	6	4
6	9	5	7	4	3	2	8	1
4	8	1	5	6	2	7	3	9
2	6	3	9	7	1	5	4	8
5	7	9	3	8	4	6	1	2

77

4	2	5	3	1	8	6	7	9
9	1	3	2	7	6	8	5	4
6	8	7	5	4	9	2	1	3
8	4	9	6	5	7	1	3	2
7	6	2	1	8	3	4	9	5
5	3	1	9	2	4	7	6	8
3	9	4	8	6	1	5	2	7
2	7	6	4	3	5	9	8	1
1	5	8	7	9	2	3	4	6

78

6	5	8	7	9	3	1	2	4
9	4	7	5	2	1	6	3	8
2	1	3	8	6	4	7	9	5
1	3	9	4	8	2	5	7	6
5	2	4	6	3	7	8	1	9
7	8	6	1	5	9	3	4	2
4	7	5	9	1	8	2	6	3
3	6	1	2	4	5	9	8	7
8	9	2	3	7	6	4	5	1

79

8	7	9	5	6	4	2	1	3
5	6	4	2	1	3	8	9	7
1	2	3	7	8	9	4	5	6
7	8	2	3	9	6	5	4	1
6	9	1	4	5	7	3	2	8
3	4	5	8	2	1	6	7	9
2	3	7	1	4	8	9	6	5
4	1	6	9	3	5	7	8	2
9	5	8	6	7	2	1	3	4

80

1	8	6	4	2	9	7	3	5
5	2	7	8	6	3	9	1	4
4	9	3	5	7	1	2	8	6
9	7	5	1	4	2	8	6	3
2	4	1	6	3	8	5	7	9
3	6	8	7	9	5	1	4	2
6	1	4	9	5	7	3	2	8
8	5	2	3	1	4	6	9	7
7	3	9	2	8	6	4	5	1

81

1	9	8	6	5	4	3	7	2
4	5	7	1	3	2	6	9	8
3	6	2	9	8	7	4	5	1
5	3	9	7	2	1	8	4	6
2	1	6	8	4	9	5	3	7
7	8	4	5	6	3	1	2	9
8	2	5	3	9	6	7	1	4
9	7	3	4	1	8	2	6	5
6	4	1	2	7	5	9	8	3

82

2	7	6	8	3	1	9	4	5
4	8	9	7	6	5	3	1	2
5	1	3	9	2	4	7	8	6
6	5	8	3	7	2	1	9	4
9	2	1	4	8	6	5	7	3
3	4	7	1	5	9	6	2	8
8	9	2	5	1	3	4	6	7
1	6	5	2	4	7	8	3	9
7	3	4	6	9	8	2	5	1

83

2	6	4	1	7	8	5	9	3
9	7	5	4	2	3	1	6	8
1	3	8	6	9	5	4	2	7
6	4	2	7	3	9	8	5	1
5	1	3	2	8	6	9	7	4
7	8	9	5	4	1	2	3	6
4	9	7	3	1	2	6	8	5
3	2	6	8	5	4	7	1	9
8	5	1	9	6	7	3	4	2

84

4	3	1	2	5	6	7	9	8
2	6	9	1	8	7	3	4	5
7	5	8	9	4	3	2	1	6
8	7	2	4	6	5	1	3	9
1	4	6	8	3	9	5	7	2
3	9	5	7	1	2	8	6	4
5	2	3	6	7	4	9	8	1
6	1	7	5	9	8	4	2	3
9	8	4	3	2	1	6	5	7

85

9	2	7	5	8	3	6	1	4
1	3	6	4	9	7	2	8	5
5	4	8	2	1	6	9	7	3
4	6	9	1	7	2	5	3	8
2	5	3	6	4	8	1	9	7
8	7	1	9	3	5	4	2	6
7	9	2	8	5	4	3	6	1
3	1	5	7	6	9	8	4	2
6	8	4	3	2	1	7	5	9

86

6	5	9	3	1	4	2	8	7
8	4	2	6	7	9	3	5	1
1	7	3	8	5	2	4	6	9
2	6	5	7	9	8	1	3	4
9	3	7	1	4	6	5	2	8
4	1	8	5	2	3	7	9	6
7	9	4	2	8	5	6	1	3
3	2	1	9	6	7	8	4	5
5	8	6	4	3	1	9	7	2

87

4	2	1	7	8	5	6	9	3
8	9	3	4	2	6	5	1	7
6	5	7	9	1	3	2	8	4
5	3	9	6	7	2	1	4	8
1	8	6	5	9	4	3	7	2
2	7	4	1	3	8	9	6	5
3	4	5	8	6	1	7	2	9
7	1	2	3	4	9	8	5	6
9	6	8	2	5	7	4	3	1

88

8	5	6	7	3	9	4	1	2
2	7	4	5	1	8	9	6	3
1	9	3	2	4	6	5	7	8
3	6	2	8	9	4	1	5	7
5	4	1	6	2	7	3	8	9
9	8	7	3	5	1	6	2	4
7	1	9	4	8	5	2	3	6
6	3	5	9	7	2	8	4	1
4	2	8	1	6	3	7	9	5

89

7	1	9	5	2	6	4	3	8
3	2	6	1	8	4	5	9	7
8	4	5	7	9	3	2	6	1
6	5	7	8	1	2	3	4	9
2	8	3	9	4	7	6	1	5
4	9	1	3	6	5	8	7	2
5	3	4	2	7	1	9	8	6
9	7	2	6	3	8	1	5	4
1	6	8	4	5	9	7	2	3

90

1	4	6	5	9	7	8	2	3
9	7	2	8	3	4	6	1	5
3	8	5	2	6	1	9	4	7
5	3	8	9	2	6	4	7	1
2	6	7	1	4	5	3	8	9
4	9	1	7	8	3	2	5	6
7	2	4	3	1	9	5	6	8
6	5	9	4	7	8	1	3	2
8	1	3	6	5	2	7	9	4

91

1	3	5	8	4	7	2	6	9
9	4	2	3	6	1	5	7	8
6	8	7	5	9	2	1	4	3
5	9	8	2	3	6	7	1	4
2	6	1	4	7	9	3	8	5
4	7	3	1	5	8	6	9	2
3	2	9	6	1	4	8	5	7
7	5	6	9	8	3	4	2	1
8	1	4	7	2	5	9	3	6

92

1	2	8	7	6	3	5	4	9
7	5	9	2	4	8	6	3	1
6	3	4	1	5	9	7	8	2
4	1	6	3	9	7	2	5	8
8	9	2	5	1	4	3	6	7
3	7	5	8	2	6	9	1	4
2	4	7	6	8	5	1	9	3
9	6	1	4	3	2	8	7	5
5	8	3	9	7	1	4	2	6

93

6	4	5	2	8	7	9	3	1
7	8	3	4	9	1	2	6	5
2	9	1	3	6	5	7	8	4
3	1	9	6	7	4	8	5	2
8	2	4	9	5	3	1	7	6
5	7	6	1	2	8	3	4	9
4	5	8	7	1	2	6	9	3
1	6	7	5	3	9	4	2	8
9	3	2	8	4	6	5	1	7

94

5	1	7	9	8	3	2	4	6
6	9	2	5	4	1	7	3	8
3	8	4	7	6	2	1	5	9
1	6	5	8	3	9	4	7	2
2	3	8	4	7	6	5	9	1
4	7	9	2	1	5	8	6	3
8	4	6	3	2	7	9	1	5
7	5	1	6	9	8	3	2	4
9	2	3	1	5	4	6	8	7

95

4	6	5	7	3	9	8	1	2
8	3	9	2	1	4	7	6	5
7	1	2	5	6	8	9	3	4
6	7	3	8	5	2	1	4	9
5	9	8	4	7	1	6	2	3
1	2	4	3	9	6	5	7	8
2	5	7	6	8	3	4	9	1
9	4	6	1	2	5	3	8	7
3	8	1	9	4	7	2	5	6

96

3	4	5	2	7	8	1	6	9
6	8	1	5	4	9	2	7	3
2	9	7	3	1	6	8	4	5
7	5	3	1	6	2	4	9	8
4	2	9	8	3	5	7	1	6
1	6	8	4	9	7	5	3	2
8	7	4	6	2	3	9	5	1
9	3	2	7	5	1	6	8	4
5	1	6	9	8	4	3	2	7

97

7	1	5	2	4	8	9	6	3
4	6	2	1	3	9	8	5	7
9	3	8	5	6	7	2	1	4
3	8	6	7	1	2	5	4	9
1	4	9	3	8	5	6	7	2
2	5	7	6	9	4	1	3	8
5	9	3	4	2	1	7	8	6
8	7	4	9	5	6	3	2	1
6	2	1	8	7	3	4	9	5

98

3	7	4	9	6	8	5	2	1
5	1	6	7	2	4	9	3	8
2	8	9	3	5	1	7	4	6
9	5	7	4	3	6	8	1	2
1	2	3	5	8	9	4	6	7
4	6	8	1	7	2	3	5	9
8	3	1	6	4	7	2	9	5
6	4	2	8	9	5	1	7	3
7	9	5	2	1	3	6	8	4

99

1	8	4	9	5	6	7	3	2
7	3	2	1	8	4	9	6	5
6	9	5	2	7	3	1	4	8
5	2	3	6	4	7	8	9	1
8	6	9	3	2	1	4	5	7
4	7	1	8	9	5	3	2	6
3	5	6	7	1	9	2	8	4
2	4	7	5	3	8	6	1	9
9	1	8	4	6	2	5	7	3

100

4	3	8	1	2	5	7	9	6
1	5	9	6	3	7	4	2	8
6	7	2	9	8	4	3	1	5
3	9	5	7	4	2	6	8	1
8	4	6	5	9	1	2	7	3
2	1	7	8	6	3	5	4	9
5	2	4	3	1	9	8	6	7
9	8	3	2	7	6	1	5	4
7	6	1	4	5	8	9	3	2

101

8	5	4	3	9	2	6	7	1
6	3	9	8	7	1	5	2	4
1	7	2	4	5	6	9	8	3
7	1	6	9	4	3	8	5	2
3	2	8	7	6	5	1	4	9
9	4	5	1	2	8	7	3	6
5	6	3	2	8	9	4	1	7
2	9	7	5	1	4	3	6	8
4	8	1	6	3	7	2	9	5

102

7	2	9	8	1	6	4	5	3
3	4	8	2	5	9	1	6	7
5	1	6	3	7	4	2	8	9
4	6	3	5	8	1	7	9	2
9	5	1	7	6	2	8	3	4
2	8	7	4	9	3	5	1	6
8	7	2	6	3	5	9	4	1
6	9	5	1	4	7	3	2	8
1	3	4	9	2	8	6	7	5

103

3	5	1	8	9	4	6	2	7
4	8	2	1	7	6	9	3	5
9	6	7	2	3	5	4	1	8
7	3	4	5	2	8	1	9	6
8	9	5	3	6	1	7	4	2
1	2	6	7	4	9	5	8	3
6	7	8	9	1	3	2	5	4
2	1	3	4	5	7	8	6	9
5	4	9	6	8	2	3	7	1

104

4	6	7	8	3	2	5	1	9
9	8	1	4	7	5	2	3	6
3	2	5	1	9	6	7	4	8
2	3	6	5	8	7	4	9	1
5	7	4	9	6	1	3	8	2
1	9	8	2	4	3	6	5	7
7	1	2	3	5	8	9	6	4
8	4	3	6	2	9	1	7	5
6	5	9	7	1	4	8	2	3

105

9	6	8	2	5	7	3	1	4
7	1	4	3	8	9	5	2	6
5	2	3	6	1	4	9	7	8
4	5	7	1	6	8	2	9	3
6	3	9	5	4	2	7	8	1
2	8	1	7	9	3	6	4	5
3	4	6	9	7	1	8	5	2
8	7	2	4	3	5	1	6	9
1	9	5	8	2	6	4	3	7

106

6	4	7	9	2	5	3	1	8
3	2	8	4	7	1	6	9	5
9	1	5	8	3	6	7	4	2
7	5	9	6	8	3	4	2	1
8	3	4	7	1	2	9	5	6
1	6	2	5	9	4	8	3	7
4	8	6	2	5	9	1	7	3
2	7	3	1	4	8	5	6	9
5	9	1	3	6	7	2	8	4

107

5	3	2	1	6	4	9	8	7
6	7	9	8	3	2	1	5	4
8	1	4	7	9	5	2	3	6
9	4	7	6	1	8	3	2	5
2	6	5	9	4	3	8	7	1
3	8	1	5	2	7	6	4	9
4	9	8	3	5	1	7	6	2
7	2	6	4	8	9	5	1	3
1	5	3	2	7	6	4	9	8

108

1	6	8	3	7	2	9	5	4
4	2	3	5	6	9	8	7	1
5	9	7	1	8	4	2	6	3
9	8	4	7	2	1	6	3	5
3	7	1	8	5	6	4	9	2
2	5	6	9	4	3	1	8	7
8	1	2	6	3	7	5	4	9
6	3	9	4	1	5	7	2	8
7	4	5	2	9	8	3	1	6

109

7	1	3	8	6	9	2	4	5
9	2	4	7	5	1	6	3	8
5	6	8	2	4	3	9	7	1
3	4	2	6	9	5	1	8	7
6	5	7	1	3	8	4	2	9
8	9	1	4	2	7	5	6	3
1	8	6	5	7	2	3	9	4
2	7	9	3	1	4	8	5	6
4	3	5	9	8	6	7	1	2

110

6	4	2	8	5	9	1	7	3
9	3	8	7	2	1	5	6	4
1	5	7	4	3	6	9	8	2
3	1	6	2	9	7	4	5	8
7	8	9	6	4	5	2	3	1
4	2	5	3	1	8	6	9	7
8	9	1	5	7	2	3	4	6
5	7	4	1	6	3	8	2	9
2	6	3	9	8	4	7	1	5

111

8	6	7	2	9	1	3	4	5
3	1	4	5	8	7	9	2	6
9	2	5	6	4	3	7	8	1
1	9	2	8	3	5	4	6	7
4	3	8	7	6	9	1	5	2
5	7	6	4	1	2	8	9	3
6	5	9	3	7	4	2	1	8
7	8	1	9	2	6	5	3	4
2	4	3	1	5	8	6	7	9

112

8	3	1	5	4	7	2	9	6
7	5	6	9	2	3	8	4	1
2	4	9	8	1	6	3	7	5
1	6	8	2	3	4	7	5	9
4	2	5	7	6	9	1	3	8
3	9	7	1	8	5	4	6	2
9	7	2	4	5	8	6	1	3
6	1	4	3	9	2	5	8	7
5	8	3	6	7	1	9	2	4

113

1	2	5	8	6	3	4	9	7
4	6	7	2	1	9	3	8	5
3	9	8	4	7	5	6	2	1
8	3	1	5	4	7	9	6	2
2	7	4	1	9	6	5	3	8
6	5	9	3	8	2	1	7	4
5	4	2	6	3	8	7	1	9
7	1	6	9	2	4	8	5	3
9	8	3	7	5	1	2	4	6

114

1	8	5	3	4	6	2	9	7
2	6	4	7	9	8	3	5	1
9	3	7	1	5	2	8	6	4
6	4	3	2	7	5	1	8	9
5	7	9	4	8	1	6	2	3
8	1	2	6	3	9	7	4	5
3	5	1	8	6	4	9	7	2
4	2	8	9	1	7	5	3	6
7	9	6	5	2	3	4	1	8

115

6	3	2	1	9	5	8	7	4
5	4	9	6	8	7	2	1	3
7	8	1	4	2	3	6	5	9
9	6	5	8	3	1	7	4	2
1	2	4	9	7	6	3	8	5
8	7	3	5	4	2	1	9	6
4	9	6	2	1	8	5	3	7
2	1	7	3	5	4	9	6	8
3	5	8	7	6	9	4	2	1

116

8	1	9	3	7	4	5	2	6
5	3	6	8	9	2	1	7	4
4	2	7	5	1	6	3	9	8
7	4	2	9	3	1	6	8	5
3	6	8	2	5	7	4	1	9
9	5	1	6	4	8	2	3	7
6	8	5	1	2	9	7	4	3
1	9	4	7	6	3	8	5	2
2	7	3	4	8	5	9	6	1

117

8	1	4	5	3	6	7	2	9
3	6	7	9	2	1	8	4	5
2	5	9	4	7	8	1	6	3
4	8	2	3	9	5	6	1	7
1	9	6	2	8	7	5	3	4
5	7	3	1	6	4	2	9	8
6	3	5	8	1	9	4	7	2
9	4	1	7	5	2	3	8	6
7	2	8	6	4	3	9	5	1

118

2	4	9	7	3	6	5	8	1
5	3	6	9	8	1	7	4	2
7	8	1	2	4	5	9	3	6
6	5	7	3	2	4	8	1	9
3	1	4	8	5	9	6	2	7
8	9	2	1	6	7	3	5	4
1	6	3	5	9	2	4	7	8
4	7	5	6	1	8	2	9	3
9	2	8	4	7	3	1	6	5

119

3	6	1	4	9	2	5	8	7
4	8	5	3	7	6	1	2	9
7	9	2	5	8	1	3	6	4
9	1	4	7	2	8	6	5	3
6	5	7	9	1	3	2	4	8
8	2	3	6	4	5	7	9	1
2	3	8	1	6	9	4	7	5
1	7	6	8	5	4	9	3	2
5	4	9	2	3	7	8	1	6

120

2	7	1	3	8	4	5	6	9
6	5	3	9	1	7	2	4	8
8	9	4	2	6	5	7	3	1
4	1	7	5	3	8	6	9	2
3	2	8	6	7	9	1	5	4
5	6	9	1	4	2	3	8	7
1	4	5	7	9	6	8	2	3
7	8	2	4	5	3	9	1	6
9	3	6	8	2	1	4	7	5

121

6	2	8	7	9	3	1	5	4
4	5	9	2	6	1	8	7	3
1	7	3	5	4	8	6	9	2
7	6	2	3	5	9	4	1	8
5	3	4	1	8	7	2	6	9
8	9	1	4	2	6	5	3	7
3	1	5	8	7	4	9	2	6
2	8	6	9	3	5	7	4	1
9	4	7	6	1	2	3	8	5

122

5	8	6	2	7	1	3	4	9
4	1	9	5	8	3	7	6	2
3	2	7	4	9	6	8	5	1
8	5	2	7	1	4	6	9	3
6	7	1	3	5	9	2	8	4
9	3	4	6	2	8	5	1	7
2	4	8	9	3	5	1	7	6
7	6	5	1	4	2	9	3	8
1	9	3	8	6	7	4	2	5

123

3	9	8	2	5	1	6	7	4
1	2	7	3	6	4	9	5	8
5	6	4	9	7	8	2	1	3
2	4	5	6	3	9	1	8	7
9	8	3	1	2	7	4	6	5
7	1	6	4	8	5	3	9	2
8	3	1	5	4	6	7	2	9
4	7	9	8	1	2	5	3	6
6	5	2	7	9	3	8	4	1

124

1	5	9	2	6	8	3	7	4
8	6	7	3	4	1	9	2	5
4	3	2	5	9	7	6	8	1
7	1	4	8	3	6	5	9	2
6	2	8	9	7	5	1	4	3
3	9	5	1	2	4	8	6	7
9	7	3	6	1	2	4	5	8
5	4	1	7	8	9	2	3	6
2	8	6	4	5	3	7	1	9

125

1	8	2	9	7	4	5	6	3
5	3	4	2	6	8	9	1	7
9	7	6	5	1	3	4	2	8
7	2	1	6	5	9	8	3	4
4	5	3	1	8	2	6	7	9
6	9	8	3	4	7	1	5	2
2	4	5	7	9	6	3	8	1
8	6	7	4	3	1	2	9	5
3	1	9	8	2	5	7	4	6

126

4	1	7	5	9	3	8	6	2
2	8	3	1	4	6	5	9	7
9	5	6	8	7	2	3	4	1
5	4	1	2	3	9	7	8	6
8	7	2	4	6	5	1	3	9
6	3	9	7	1	8	4	2	5
3	6	4	9	5	1	2	7	8
1	9	8	3	2	7	6	5	4
7	2	5	6	8	4	9	1	3

127

5	2	9	1	6	3	4	8	7
4	3	6	7	5	8	2	1	9
8	7	1	4	2	9	3	6	5
9	4	7	8	3	6	5	2	1
2	5	8	9	1	7	6	3	4
1	6	3	5	4	2	7	9	8
6	1	5	2	9	4	8	7	3
3	8	4	6	7	1	9	5	2
7	9	2	3	8	5	1	4	6

128

1	9	7	2	3	8	5	6	4
4	6	2	7	1	5	3	9	8
3	8	5	9	6	4	2	7	1
6	1	3	5	4	9	7	8	2
5	7	4	6	8	2	9	1	3
8	2	9	1	7	3	6	4	5
9	5	1	4	2	7	8	3	6
2	4	8	3	9	6	1	5	7
7	3	6	8	5	1	4	2	9

129

2	8	9	3	7	1	5	4	6
1	3	6	9	5	4	2	8	7
7	4	5	2	8	6	3	1	9
6	5	4	7	3	9	1	2	8
3	9	2	8	1	5	7	6	4
8	7	1	6	4	2	9	3	5
4	2	7	5	6	3	8	9	1
5	6	3	1	9	8	4	7	2
9	1	8	4	2	7	6	5	3

130

9	8	3	6	5	2	7	1	4
2	1	6	4	9	7	8	5	3
5	7	4	1	3	8	9	2	6
7	9	2	3	1	4	5	6	8
3	5	8	2	6	9	1	4	7
4	6	1	8	7	5	3	9	2
1	3	5	7	2	6	4	8	9
6	4	9	5	8	3	2	7	1
8	2	7	9	4	1	6	3	5

131

9	5	1	7	4	3	8	2	6
7	8	6	5	1	2	9	3	4
4	2	3	9	6	8	1	7	5
3	6	2	8	5	1	4	9	7
8	4	7	3	2	9	6	5	1
5	1	9	6	7	4	3	8	2
1	3	5	4	9	7	2	6	8
6	9	4	2	8	5	7	1	3
2	7	8	1	3	6	5	4	9

132

8	5	9	3	4	1	2	6	7
4	2	3	9	7	6	1	8	5
6	1	7	2	5	8	4	9	3
3	4	5	8	9	7	6	2	1
2	7	6	4	1	3	9	5	8
9	8	1	5	6	2	7	3	4
7	3	4	6	8	9	5	1	2
5	6	8	1	2	4	3	7	9
1	9	2	7	3	5	8	4	6

133

1	9	5	6	7	3	4	2	8
4	2	3	8	1	9	6	7	5
7	6	8	5	2	4	1	9	3
9	3	2	4	6	5	8	1	7
5	1	4	7	3	8	9	6	2
8	7	6	2	9	1	5	3	4
6	4	7	9	5	2	3	8	1
3	5	9	1	8	7	2	4	6
2	8	1	3	4	6	7	5	9

134

9	5	4	8	6	2	7	1	3
3	8	7	5	1	4	9	2	6
1	6	2	3	9	7	5	8	4
7	2	9	6	4	8	3	5	1
5	4	1	7	3	9	8	6	2
8	3	6	1	2	5	4	7	9
6	1	8	9	5	3	2	4	7
2	9	5	4	7	6	1	3	8
4	7	3	2	8	1	6	9	5

135

6	3	8	9	4	5	7	2	1
4	7	9	1	3	2	5	6	8
5	1	2	7	8	6	9	3	4
3	9	7	5	6	4	1	8	2
2	5	4	3	1	8	6	9	7
1	8	6	2	9	7	3	4	5
9	4	1	8	5	3	2	7	6
8	2	3	6	7	1	4	5	9
7	6	5	4	2	9	8	1	3

136

5	6	7	1	4	9	3	2	8
3	9	8	2	7	5	6	4	1
1	2	4	8	6	3	9	7	5
7	3	6	5	1	8	2	9	4
9	8	5	4	3	2	1	6	7
4	1	2	6	9	7	8	5	3
8	5	3	7	2	6	4	1	9
6	7	1	9	8	4	5	3	2
2	4	9	3	5	1	7	8	6

137

3	1	9	8	4	2	7	5	6
8	6	2	5	3	7	1	9	4
5	4	7	9	1	6	8	3	2
6	8	3	4	9	5	2	7	1
9	7	1	2	6	8	3	4	5
2	5	4	3	7	1	6	8	9
4	9	8	6	2	3	5	1	7
1	3	6	7	5	4	9	2	8
7	2	5	1	8	9	4	6	3

138

9	3	7	5	4	1	8	6	2
4	2	6	7	8	9	1	3	5
5	8	1	2	6	3	4	9	7
1	9	8	3	7	6	5	2	4
3	6	2	4	1	5	9	7	8
7	5	4	9	2	8	3	1	6
6	4	9	8	3	2	7	5	1
8	1	3	6	5	7	2	4	9
2	7	5	1	9	4	6	8	3

139

7	4	8	9	3	6	5	2	1
6	9	1	5	2	8	3	7	4
2	3	5	1	4	7	6	8	9
1	2	7	3	6	4	8	9	5
4	8	6	2	9	5	7	1	3
3	5	9	8	7	1	4	6	2
9	1	4	6	8	3	2	5	7
8	7	2	4	5	9	1	3	6
5	6	3	7	1	2	9	4	8

140

8	4	7	6	9	1	5	2	3
1	5	2	8	4	3	9	7	6
9	3	6	2	5	7	4	8	1
4	2	1	7	3	8	6	9	5
3	8	9	5	6	4	2	1	7
6	7	5	9	1	2	3	4	8
2	1	4	3	8	5	7	6	9
5	6	8	4	7	9	1	3	2
7	9	3	1	2	6	8	5	4

141

3	6	7	8	2	5	1	4	9
2	5	1	7	9	4	3	6	8
9	8	4	3	6	1	5	2	7
1	4	5	2	7	9	6	8	3
6	2	3	4	1	8	9	7	5
7	9	8	5	3	6	2	1	4
4	7	6	1	5	3	8	9	2
8	3	9	6	4	2	7	5	1
5	1	2	9	8	7	4	3	6

142

8	6	4	2	9	7	3	5	1
5	7	3	8	1	4	2	6	9
9	1	2	5	6	3	7	8	4
3	8	6	1	4	5	9	2	7
4	2	1	9	7	8	6	3	5
7	9	5	6	3	2	1	4	8
1	4	7	3	5	6	8	9	2
2	3	9	4	8	1	5	7	6
6	5	8	7	2	9	4	1	3

143

9	7	6	3	4	1	5	2	8
1	8	5	6	7	2	4	3	9
4	2	3	9	5	8	6	7	1
8	3	1	2	6	9	7	5	4
2	5	4	1	3	7	9	8	6
7	6	9	4	8	5	3	1	2
5	9	8	7	2	4	1	6	3
3	4	7	8	1	6	2	9	5
6	1	2	5	9	3	8	4	7

144

3	1	8	6	7	5	4	9	2
6	2	5	1	4	9	3	7	8
9	4	7	2	8	3	6	5	1
8	5	4	3	2	6	9	1	7
7	3	6	8	9	1	2	4	5
2	9	1	4	5	7	8	3	6
4	6	9	7	1	8	5	2	3
1	8	2	5	3	4	7	6	9
5	7	3	9	6	2	1	8	4

145

9	4	7	6	8	1	3	2	5
5	3	6	7	2	4	9	1	8
2	1	8	3	9	5	4	6	7
6	7	5	2	3	9	1	8	4
4	8	3	1	5	7	6	9	2
1	2	9	8	4	6	5	7	3
8	5	4	9	6	2	7	3	1
3	9	1	4	7	8	2	5	6
7	6	2	5	1	3	8	4	9

146

9	2	5	7	6	3	1	8	4
6	4	3	1	8	2	7	9	5
1	8	7	5	9	4	2	3	6
4	3	6	8	2	9	5	7	1
2	5	8	4	7	1	3	6	9
7	1	9	6	3	5	4	2	8
3	6	1	2	4	8	9	5	7
5	7	2	9	1	6	8	4	3
8	9	4	3	5	7	6	1	2

147

1	7	2	5	6	3	8	4	9
3	6	8	4	9	1	7	2	5
9	5	4	7	2	8	6	1	3
6	4	5	2	1	9	3	8	7
8	1	7	3	4	6	5	9	2
2	3	9	8	7	5	1	6	4
5	2	3	6	8	4	9	7	1
4	8	1	9	5	7	2	3	6
7	9	6	1	3	2	4	5	8

148

9	4	8	7	3	2	6	1	5
1	2	3	8	5	6	4	9	7
6	5	7	4	1	9	2	3	8
2	3	4	5	9	1	7	8	6
5	7	9	3	6	8	1	4	2
8	6	1	2	7	4	3	5	9
3	8	5	6	4	7	9	2	1
4	1	6	9	2	5	8	7	3
7	9	2	1	8	3	5	6	4

149

1	5	7	6	9	4	3	2	8
2	8	9	3	1	7	5	4	6
6	3	4	2	5	8	1	7	9
3	1	6	7	2	5	8	9	4
8	9	2	1	4	6	7	5	3
4	7	5	8	3	9	6	1	2
7	2	3	4	6	1	9	8	5
5	6	1	9	8	2	4	3	7
9	4	8	5	7	3	2	6	1

150

1	2	5	3	7	9	6	4	8
7	3	6	2	4	8	9	1	5
8	4	9	6	5	1	3	2	7
9	8	4	7	3	5	2	6	1
5	7	2	4	1	6	8	3	9
6	1	3	9	8	2	5	7	4
2	6	8	1	9	7	4	5	3
4	5	1	8	6	3	7	9	2
3	9	7	5	2	4	1	8	6

151

8	5	9	6	7	4	2	1	3
1	7	3	2	8	9	4	6	5
6	4	2	1	5	3	9	7	8
9	8	5	3	2	6	1	4	7
2	6	1	7	4	8	3	5	9
7	3	4	9	1	5	6	8	2
3	9	7	8	6	1	5	2	4
4	2	6	5	3	7	8	9	1
5	1	8	4	9	2	7	3	6

152

5	7	9	6	4	1	8	2	3
3	1	6	2	8	7	9	4	5
8	2	4	5	3	9	7	1	6
9	6	2	4	5	8	3	7	1
7	8	3	1	9	2	5	6	4
1	4	5	7	6	3	2	9	8
6	5	8	9	2	4	1	3	7
4	9	7	3	1	5	6	8	2
2	3	1	8	7	6	4	5	9

153

3	1	9	5	2	4	6	8	7
6	7	4	8	3	1	2	5	9
5	8	2	7	6	9	1	4	3
9	3	1	2	4	6	8	7	5
4	2	7	9	8	5	3	1	6
8	6	5	3	1	7	4	9	2
1	5	3	4	9	2	7	6	8
2	9	6	1	7	8	5	3	4
7	4	8	6	5	3	9	2	1

154

5	6	8	1	7	3	9	4	2
3	9	7	4	6	2	1	5	8
2	4	1	8	9	5	3	7	6
7	1	4	9	3	8	2	6	5
9	8	5	2	4	6	7	3	1
6	2	3	7	5	1	8	9	4
8	3	6	5	2	7	4	1	9
1	7	9	6	8	4	5	2	3
4	5	2	3	1	9	6	8	7

155

3	2	5	4	1	9	7	8	6
8	6	7	2	5	3	4	9	1
4	1	9	7	8	6	2	3	5
2	3	8	1	9	5	6	7	4
5	9	4	3	6	7	1	2	8
1	7	6	8	2	4	9	5	3
7	4	1	9	3	8	5	6	2
6	8	2	5	7	1	3	4	9
9	5	3	6	4	2	8	1	7

156

4	2	3	6	9	1	5	7	8
5	9	7	2	8	3	1	4	6
8	6	1	7	4	5	9	3	2
9	1	6	3	2	7	8	5	4
7	8	2	1	5	4	6	9	3
3	4	5	8	6	9	7	2	1
2	5	9	4	1	8	3	6	7
1	3	4	9	7	6	2	8	5
6	7	8	5	3	2	4	1	9

157

3	1	6	5	2	4	7	9	8
9	8	2	6	3	7	1	5	4
4	7	5	9	1	8	3	2	6
8	3	4	1	6	5	9	7	2
2	5	1	8	7	9	4	6	3
7	6	9	2	4	3	5	8	1
1	2	7	3	9	6	8	4	5
5	4	3	7	8	2	6	1	9
6	9	8	4	5	1	2	3	7

158

2	1	5	8	9	6	4	3	7
3	7	8	4	2	5	6	9	1
9	6	4	1	3	7	2	8	5
8	9	6	7	4	2	5	1	3
7	4	1	9	5	3	8	6	2
5	2	3	6	8	1	9	7	4
1	5	2	3	6	8	7	4	9
6	3	9	5	7	4	1	2	8
4	8	7	2	1	9	3	5	6

159

4	9	6	8	3	5	7	2	1
3	1	5	4	7	2	6	8	9
7	2	8	9	1	6	5	4	3
5	3	9	1	6	8	4	7	2
8	6	1	2	4	7	9	3	5
2	7	4	5	9	3	1	6	8
9	4	3	7	2	1	8	5	6
1	5	2	6	8	4	3	9	7
6	8	7	3	5	9	2	1	4

160

9	6	7	2	8	4	1	5	3
3	4	2	9	5	1	8	7	6
5	8	1	3	7	6	4	9	2
8	5	3	1	6	9	7	2	4
4	2	6	7	3	8	5	1	9
1	7	9	4	2	5	3	6	8
2	9	8	5	4	7	6	3	1
7	1	4	6	9	3	2	8	5
6	3	5	8	1	2	9	4	7

161

3	4	5	8	6	2	9	1	7
6	8	7	5	1	9	3	4	2
9	1	2	7	3	4	8	6	5
7	6	8	1	4	3	5	2	9
5	3	9	6	2	7	4	8	1
4	2	1	9	8	5	7	3	6
2	5	4	3	7	6	1	9	8
8	9	6	4	5	1	2	7	3
1	7	3	2	9	8	6	5	4

162

7	4	8	2	5	9	1	6	3
6	9	2	1	7	3	4	8	5
1	5	3	6	8	4	2	7	9
8	2	1	9	4	7	5	3	6
9	7	5	3	6	1	8	2	4
4	3	6	8	2	5	7	9	1
2	8	9	5	1	6	3	4	7
5	6	7	4	3	8	9	1	2
3	1	4	7	9	2	6	5	8

163

3	5	1	8	9	4	2	6	7
2	4	6	1	7	3	9	5	8
8	9	7	6	2	5	4	3	1
4	8	2	9	3	1	6	7	5
6	1	3	7	5	2	8	4	9
5	7	9	4	6	8	3	1	2
7	3	4	2	1	9	5	8	6
9	6	5	3	8	7	1	2	4
1	2	8	5	4	6	7	9	3

164

7	3	1	4	2	6	9	5	8
5	2	6	3	9	8	4	7	1
9	4	8	1	5	7	3	6	2
2	7	9	8	3	1	5	4	6
1	8	5	9	6	4	7	2	3
4	6	3	2	7	5	1	8	9
8	5	7	6	1	3	2	9	4
6	1	2	5	4	9	8	3	7
3	9	4	7	8	2	6	1	5

165

8	2	3	4	1	6	7	5	9
9	6	7	8	5	2	1	4	3
4	1	5	9	3	7	8	6	2
1	7	6	2	4	5	3	9	8
5	8	2	3	7	9	4	1	6
3	4	9	6	8	1	5	2	7
6	5	1	7	2	3	9	8	4
2	3	4	1	9	8	6	7	5
7	9	8	5	6	4	2	3	1

166

2	3	7	5	4	8	9	6	1
8	9	6	2	3	1	4	7	5
4	1	5	6	9	7	3	2	8
3	6	8	7	1	2	5	4	9
1	2	4	9	5	3	6	8	7
5	7	9	4	8	6	1	3	2
6	8	3	1	2	9	7	5	4
9	5	2	3	7	4	8	1	6
7	4	1	8	6	5	2	9	3

167

4	5	2	3	7	9	6	1	8
3	6	8	5	2	1	9	4	7
1	7	9	4	6	8	3	5	2
8	2	7	6	1	5	4	9	3
5	3	1	9	4	2	7	8	6
9	4	6	7	8	3	5	2	1
7	1	5	8	9	6	2	3	4
2	9	4	1	3	7	8	6	5
6	8	3	2	5	4	1	7	9

168

3	7	4	1	6	5	8	9	2
5	2	8	3	4	9	7	6	1
6	1	9	7	2	8	4	3	5
4	8	6	5	1	7	3	2	9
1	9	5	8	3	2	6	4	7
7	3	2	6	9	4	1	5	8
2	4	1	9	8	6	5	7	3
9	5	3	4	7	1	2	8	6
8	6	7	2	5	3	9	1	4

169

6	1	4	3	8	2	5	7	9
5	9	2	6	1	7	8	3	4
7	8	3	5	9	4	2	6	1
8	3	1	7	4	5	9	2	6
2	6	7	1	3	9	4	8	5
9	4	5	8	2	6	3	1	7
4	2	6	9	7	8	1	5	3
3	7	8	4	5	1	6	9	2
1	5	9	2	6	3	7	4	8

170

6	3	4	9	1	2	7	5	8
8	7	1	4	5	6	2	9	3
9	2	5	8	7	3	4	6	1
1	5	8	3	9	7	6	4	2
7	6	9	2	4	8	1	3	5
2	4	3	5	6	1	9	8	7
3	1	2	6	8	4	5	7	9
4	9	7	1	3	5	8	2	6
5	8	6	7	2	9	3	1	4

171

8	3	2	5	1	4	7	6	9
4	5	6	3	9	7	1	2	8
1	7	9	6	2	8	4	3	5
3	1	7	4	5	2	9	8	6
2	6	8	9	3	1	5	4	7
9	4	5	8	7	6	2	1	3
5	2	1	7	6	3	8	9	4
7	8	3	2	4	9	6	5	1
6	9	4	1	8	5	3	7	2

172

3	9	5	6	8	7	4	1	2
8	6	1	2	4	5	9	3	7
4	7	2	9	3	1	5	8	6
1	3	9	4	5	6	2	7	8
6	5	7	8	2	3	1	9	4
2	4	8	7	1	9	3	6	5
5	1	6	3	7	4	8	2	9
9	8	3	5	6	2	7	4	1
7	2	4	1	9	8	6	5	3

173

9	8	6	5	3	4	2	1	7
4	3	2	7	1	9	6	5	8
5	1	7	8	6	2	4	9	3
1	7	5	4	8	3	9	6	2
6	2	8	1	9	7	3	4	5
3	4	9	2	5	6	8	7	1
8	5	3	9	4	1	7	2	6
7	6	4	3	2	5	1	8	9
2	9	1	6	7	8	5	3	4

174

1	6	2	8	3	9	4	7	5
8	7	9	2	4	5	1	6	3
4	3	5	6	7	1	8	9	2
2	8	7	1	9	6	3	5	4
3	9	4	7	5	8	2	1	6
5	1	6	3	2	4	7	8	9
7	2	8	5	6	3	9	4	1
6	4	1	9	8	2	5	3	7
9	5	3	4	1	7	6	2	8

175

2	8	1	7	5	3	4	9	6
5	9	3	4	6	8	7	1	2
7	6	4	2	9	1	8	3	5
8	7	5	9	1	2	6	4	3
3	4	6	5	8	7	9	2	1
1	2	9	3	4	6	5	7	8
4	1	8	6	2	9	3	5	7
9	3	2	8	7	5	1	6	4
6	5	7	1	3	4	2	8	9

176

8	7	1	5	2	9	6	4	3
4	9	6	1	3	8	7	5	2
3	5	2	7	6	4	1	8	9
5	2	4	3	8	1	9	6	7
1	3	8	6	9	7	4	2	5
7	6	9	4	5	2	8	3	1
9	1	3	8	4	5	2	7	6
6	4	7	2	1	3	5	9	8
2	8	5	9	7	6	3	1	4

177

1	4	3	5	7	9	6	8	2
6	8	5	1	4	2	7	9	3
7	9	2	3	8	6	4	1	5
5	7	4	6	1	3	9	2	8
9	1	8	4	2	5	3	7	6
3	2	6	8	9	7	5	4	1
2	5	7	9	3	8	1	6	4
4	3	9	2	6	1	8	5	7
8	6	1	7	5	4	2	3	9

178

6	1	3	4	9	8	5	7	2
8	4	9	2	5	7	1	6	3
5	2	7	1	6	3	8	4	9
3	7	6	9	1	2	4	8	5
9	5	1	3	8	4	7	2	6
2	8	4	5	7	6	3	9	1
7	3	2	6	4	5	9	1	8
4	9	5	8	2	1	6	3	7
1	6	8	7	3	9	2	5	4

179

3	9	8	1	4	7	2	5	6
5	1	2	6	9	3	7	8	4
4	6	7	5	8	2	3	1	9
2	7	5	9	3	4	8	6	1
8	3	9	2	1	6	5	4	7
1	4	6	8	7	5	9	3	2
7	5	1	3	6	9	4	2	8
6	2	4	7	5	8	1	9	3
9	8	3	4	2	1	6	7	5

180

5	9	8	4	2	3	7	1	6
1	3	2	8	6	7	9	4	5
7	4	6	5	1	9	3	8	2
3	6	5	9	7	1	4	2	8
2	7	4	3	8	6	1	5	9
8	1	9	2	4	5	6	7	3
9	5	1	7	3	2	8	6	4
6	8	3	1	5	4	2	9	7
4	2	7	6	9	8	5	3	1

181

5	4	7	6	3	2	9	8	1
2	1	8	9	7	5	6	4	3
9	6	3	1	4	8	7	2	5
8	3	1	7	6	9	4	5	2
6	5	2	3	8	4	1	9	7
4	7	9	2	5	1	8	3	6
7	9	5	8	2	6	3	1	4
3	8	4	5	1	7	2	6	9
1	2	6	4	9	3	5	7	8

182

9	4	5	3	8	7	6	2	1
7	3	1	5	2	6	9	8	4
8	6	2	1	4	9	3	7	5
6	2	3	4	7	8	5	1	9
4	5	7	2	9	1	8	3	6
1	9	8	6	5	3	2	4	7
3	8	9	7	6	4	1	5	2
5	7	6	8	1	2	4	9	3
2	1	4	9	3	5	7	6	8

183

8	7	3	5	6	4	1	9	2
4	2	5	3	9	1	7	8	6
6	9	1	7	2	8	5	4	3
1	3	9	4	7	2	6	5	8
5	4	6	8	3	9	2	7	1
7	8	2	1	5	6	4	3	9
3	6	4	2	8	7	9	1	5
2	5	7	9	1	3	8	6	4
9	1	8	6	4	5	3	2	7

184

1	4	9	3	8	7	5	2	6
7	5	3	2	6	4	1	8	9
2	6	8	9	5	1	4	3	7
5	3	1	8	7	6	2	9	4
6	7	2	1	4	9	3	5	8
8	9	4	5	2	3	6	7	1
3	1	7	6	9	2	8	4	5
9	2	5	4	1	8	7	6	3
4	8	6	7	3	5	9	1	2

185

6	7	4	3	1	8	2	9	5
3	2	1	7	5	9	8	4	6
9	8	5	4	6	2	7	1	3
7	6	3	2	9	4	5	8	1
1	4	2	8	7	5	6	3	9
5	9	8	1	3	6	4	2	7
4	5	9	6	2	3	1	7	8
8	1	6	9	4	7	3	5	2
2	3	7	5	8	1	9	6	4

186

7	4	8	9	2	3	1	5	6
9	3	5	6	4	1	7	2	8
6	1	2	5	8	7	4	9	3
4	5	3	1	7	2	6	8	9
8	7	6	3	5	9	2	1	4
2	9	1	8	6	4	3	7	5
3	2	7	4	9	5	8	6	1
5	8	4	2	1	6	9	3	7
1	6	9	7	3	8	5	4	2

187

5	6	3	2	9	4	8	7	1
2	7	1	5	3	8	4	9	6
8	4	9	6	1	7	2	5	3
6	1	5	3	4	2	9	8	7
3	2	8	7	6	9	1	4	5
4	9	7	1	8	5	3	6	2
1	3	4	9	7	6	5	2	8
9	5	6	8	2	3	7	1	4
7	8	2	4	5	1	6	3	9

188

6	9	1	7	4	5	2	8	3
4	3	7	8	2	9	6	5	1
5	2	8	3	1	6	4	7	9
2	1	6	4	5	8	3	9	7
7	4	9	6	3	1	8	2	5
3	8	5	9	7	2	1	6	4
9	5	3	2	6	4	7	1	8
1	6	4	5	8	7	9	3	2
8	7	2	1	9	3	5	4	6

189

4	1	6	2	8	7	5	3	9
7	9	2	4	3	5	8	6	1
5	8	3	6	9	1	7	2	4
6	2	4	5	7	9	3	1	8
9	3	5	1	6	8	4	7	2
8	7	1	3	4	2	9	5	6
1	5	7	8	2	4	6	9	3
3	4	9	7	1	6	2	8	5
2	6	8	9	5	3	1	4	7

190

7	5	8	2	6	4	3	9	1
4	6	1	5	3	9	2	8	7
9	3	2	8	1	7	5	6	4
1	2	5	3	9	6	4	7	8
8	4	6	7	2	5	9	1	3
3	7	9	1	4	8	6	2	5
6	1	7	9	5	3	8	4	2
2	9	3	4	8	1	7	5	6
5	8	4	6	7	2	1	3	9

191

1	9	6	8	4	2	7	3	5
4	5	7	9	3	1	8	2	6
8	2	3	6	5	7	1	4	9
2	8	9	5	1	6	3	7	4
6	3	4	7	2	9	5	1	8
7	1	5	3	8	4	9	6	2
5	4	1	2	7	8	6	9	3
3	6	2	1	9	5	4	8	7
9	7	8	4	6	3	2	5	1

192

5	6	7	4	3	2	1	9	8
3	1	2	9	7	8	4	5	6
9	4	8	1	6	5	3	2	7
6	9	5	3	8	7	2	1	4
1	8	3	6	2	4	5	7	9
2	7	4	5	1	9	8	6	3
8	5	1	7	4	6	9	3	2
4	3	6	2	9	1	7	8	5
7	2	9	8	5	3	6	4	1

193

6	8	1	3	2	4	9	5	7
7	4	3	1	9	5	6	8	2
9	5	2	8	6	7	4	3	1
8	3	4	6	1	2	7	9	5
2	6	5	7	3	9	8	1	4
1	9	7	4	5	8	2	6	3
3	7	8	9	4	1	5	2	6
4	2	6	5	8	3	1	7	9
5	1	9	2	7	6	3	4	8

194

8	4	5	2	6	7	3	1	9
9	7	2	1	3	4	5	6	8
3	1	6	8	9	5	4	7	2
7	6	8	4	2	9	1	5	3
4	3	9	7	5	1	8	2	6
5	2	1	6	8	3	9	4	7
2	8	3	5	1	6	7	9	4
6	5	4	9	7	8	2	3	1
1	9	7	3	4	2	6	8	5

195

7	2	6	9	8	5	4	3	1
9	8	3	7	1	4	5	2	6
5	4	1	2	6	3	7	9	8
8	7	2	5	9	1	3	6	4
6	9	4	8	3	2	1	5	7
1	3	5	4	7	6	9	8	2
4	5	7	3	2	8	6	1	9
2	6	9	1	5	7	8	4	3
3	1	8	6	4	9	2	7	5

196

1	5	7	4	6	3	2	9	8
4	3	9	8	7	2	6	1	5
2	6	8	9	1	5	3	7	4
8	4	1	3	5	7	9	2	6
6	7	3	2	9	8	5	4	1
9	2	5	1	4	6	8	3	7
3	1	4	6	8	9	7	5	2
7	9	6	5	2	1	4	8	3
5	8	2	7	3	4	1	6	9

197

9	6	7	2	4	1	5	3	8
1	3	8	6	9	5	4	7	2
4	2	5	3	7	8	1	6	9
3	4	2	8	6	7	9	1	5
6	8	9	1	5	3	2	4	7
5	7	1	9	2	4	6	8	3
7	9	3	4	1	2	8	5	6
8	1	6	5	3	9	7	2	4
2	5	4	7	8	6	3	9	1

198

7	6	2	5	1	3	9	8	4
4	3	1	8	9	2	6	5	7
8	9	5	4	7	6	1	2	3
6	1	3	7	2	4	8	9	5
9	2	8	3	5	1	4	7	6
5	4	7	9	6	8	3	1	2
3	7	4	1	8	5	2	6	9
2	8	9	6	3	7	5	4	1
1	5	6	2	4	9	7	3	8

199

5	7	3	8	4	2	6	1	9
1	6	9	5	3	7	4	8	2
4	2	8	9	1	6	5	7	3
9	8	1	2	6	3	7	5	4
3	4	6	7	5	9	8	2	1
2	5	7	1	8	4	9	3	6
8	9	2	4	7	1	3	6	5
6	1	5	3	9	8	2	4	7
7	3	4	6	2	5	1	9	8

200

3	5	9	4	2	1	8	6	7
6	4	2	7	9	8	3	1	5
1	8	7	5	3	6	4	2	9
7	2	3	8	1	4	5	9	6
4	9	8	6	5	2	1	7	3
5	1	6	9	7	3	2	8	4
2	6	1	3	4	7	9	5	8
9	7	4	1	8	5	6	3	2
8	3	5	2	6	9	7	4	1

201

6	3	5	8	1	4	7	9	2
9	2	8	6	7	5	3	4	1
7	1	4	3	2	9	8	5	6
3	5	7	1	8	6	9	2	4
1	8	9	4	3	2	6	7	5
4	6	2	5	9	7	1	8	3
2	4	3	7	6	8	5	1	9
5	7	6	9	4	1	2	3	8
8	9	1	2	5	3	4	6	7

202

1	2	5	9	4	7	3	8	6
7	8	4	5	3	6	2	9	1
3	6	9	2	1	8	4	7	5
8	3	7	6	2	1	9	5	4
9	4	6	7	8	5	1	2	3
5	1	2	3	9	4	8	6	7
4	5	3	8	6	2	7	1	9
2	7	1	4	5	9	6	3	8
6	9	8	1	7	3	5	4	2

203

8	3	4	2	1	7	9	6	5
6	1	2	9	4	5	7	8	3
9	7	5	3	8	6	4	2	1
2	5	9	1	7	4	6	3	8
3	8	7	5	6	2	1	9	4
1	4	6	8	3	9	2	5	7
7	6	8	4	9	3	5	1	2
4	2	1	6	5	8	3	7	9
5	9	3	7	2	1	8	4	6

204

2	4	1	6	5	3	7	8	9
7	3	9	2	8	1	5	6	4
6	5	8	9	4	7	1	2	3
5	1	7	8	3	9	2	4	6
4	6	3	1	2	5	9	7	8
8	9	2	4	7	6	3	1	5
9	8	4	5	1	2	6	3	7
1	7	5	3	6	4	8	9	2
3	2	6	7	9	8	4	5	1

205

4	1	7	8	5	3	2	6	9
3	6	9	2	1	4	7	5	8
2	5	8	9	7	6	1	3	4
5	2	3	1	4	8	6	9	7
7	9	6	3	2	5	4	8	1
1	8	4	6	9	7	3	2	5
8	3	5	7	6	1	9	4	2
9	4	1	5	3	2	8	7	6
6	7	2	4	8	9	5	1	3

206

2	4	9	6	7	5	8	3	1
1	6	8	4	3	9	7	2	5
7	5	3	8	1	2	9	6	4
8	2	7	9	5	1	6	4	3
3	1	4	2	8	6	5	9	7
6	9	5	7	4	3	1	8	2
5	3	6	1	9	4	2	7	8
4	7	2	5	6	8	3	1	9
9	8	1	3	2	7	4	5	6

207

9	2	1	7	6	8	4	5	3
8	6	4	5	3	9	7	1	2
3	5	7	2	1	4	8	6	9
5	7	3	1	8	6	9	2	4
6	1	9	4	2	3	5	7	8
2	4	8	9	5	7	1	3	6
4	9	5	6	7	2	3	8	1
1	3	2	8	4	5	6	9	7
7	8	6	3	9	1	2	4	5

208

8	4	1	6	5	2	7	3	9
3	5	7	8	9	4	6	1	2
9	6	2	3	1	7	4	8	5
5	2	9	4	8	6	3	7	1
4	1	3	7	2	5	8	9	6
7	8	6	9	3	1	2	5	4
1	7	5	2	4	8	9	6	3
2	9	8	1	6	3	5	4	7
6	3	4	5	7	9	1	2	8

209

2	6	1	9	3	5	8	4	7
7	5	4	8	1	2	9	3	6
3	9	8	6	7	4	1	2	5
4	7	5	3	2	9	6	8	1
8	1	2	4	6	7	3	5	9
9	3	6	1	5	8	2	7	4
1	4	9	5	8	3	7	6	2
5	2	3	7	9	6	4	1	8
6	8	7	2	4	1	5	9	3

210

8	4	9	2	3	1	5	6	7
2	1	5	6	7	4	9	3	8
3	6	7	9	5	8	2	1	4
6	2	8	3	9	7	1	4	5
5	7	4	1	8	6	3	2	9
9	3	1	4	2	5	7	8	6
7	9	2	8	6	3	4	5	1
4	8	3	5	1	9	6	7	2
1	5	6	7	4	2	8	9	3

211

7	6	5	1	8	3	2	9	4
2	1	9	6	7	4	5	8	3
3	8	4	2	5	9	6	7	1
6	9	7	4	3	2	8	1	5
8	2	1	7	9	5	3	4	6
4	5	3	8	6	1	7	2	9
5	7	2	9	4	6	1	3	8
9	3	8	5	1	7	4	6	2
1	4	6	3	2	8	9	5	7

212

4	2	5	7	3	9	6	8	1
3	1	8	2	6	5	7	4	9
7	6	9	1	8	4	5	3	2
1	3	2	6	4	7	9	5	8
6	9	7	5	2	8	4	1	3
8	5	4	3	9	1	2	7	6
5	8	3	9	7	6	1	2	4
2	7	6	4	1	3	8	9	5
9	4	1	8	5	2	3	6	7

213

7	6	5	4	8	9	3	2	1
3	9	1	6	5	2	4	7	8
2	4	8	7	3	1	6	5	9
4	2	7	8	9	6	1	3	5
9	5	6	1	7	3	2	8	4
8	1	3	2	4	5	9	6	7
6	3	4	5	1	8	7	9	2
5	7	2	9	6	4	8	1	3
1	8	9	3	2	7	5	4	6

214

4	1	3	7	9	5	2	8	6
8	5	2	6	3	4	7	9	1
9	6	7	8	2	1	4	3	5
5	3	9	1	4	8	6	7	2
7	2	4	5	6	3	9	1	8
1	8	6	9	7	2	3	5	4
6	9	5	2	1	7	8	4	3
3	7	1	4	8	6	5	2	9
2	4	8	3	5	9	1	6	7

215

7	8	9	2	3	1	4	6	5
4	5	2	6	9	8	7	3	1
1	6	3	5	7	4	8	2	9
6	7	8	4	5	3	9	1	2
3	2	1	9	6	7	5	4	8
9	4	5	1	8	2	3	7	6
2	9	4	7	1	5	6	8	3
8	1	6	3	4	9	2	5	7
5	3	7	8	2	6	1	9	4

216

6	4	3	8	7	9	1	5	2
9	8	1	5	2	3	7	4	6
5	7	2	4	6	1	9	8	3
8	9	4	6	5	2	3	7	1
7	2	5	3	1	8	6	9	4
1	3	6	9	4	7	5	2	8
2	5	7	1	8	6	4	3	9
3	6	8	7	9	4	2	1	5
4	1	9	2	3	5	8	6	7

217

1	3	5	2	8	9	6	4	7
6	8	9	7	5	4	2	1	3
2	7	4	6	1	3	8	5	9
7	1	3	8	4	5	9	2	6
4	6	8	1	9	2	3	7	5
5	9	2	3	6	7	4	8	1
3	4	6	5	2	1	7	9	8
8	2	1	9	7	6	5	3	4
9	5	7	4	3	8	1	6	2

218

7	8	5	1	9	4	6	2	3
4	9	2	6	7	3	1	8	5
1	6	3	5	2	8	9	7	4
6	5	8	9	3	1	2	4	7
2	7	1	4	8	6	5	3	9
9	3	4	7	5	2	8	1	6
5	4	6	2	1	7	3	9	8
8	1	7	3	6	9	4	5	2
3	2	9	8	4	5	7	6	1

219

9	2	1	6	4	3	5	8	7
8	3	6	7	5	9	2	1	4
7	5	4	8	1	2	9	6	3
6	4	7	9	2	8	3	5	1
3	1	9	5	6	7	8	4	2
2	8	5	4	3	1	6	7	9
1	6	8	3	9	4	7	2	5
5	9	2	1	7	6	4	3	8
4	7	3	2	8	5	1	9	6

220

8	6	2	7	4	1	9	5	3
4	3	1	2	9	5	6	8	7
7	9	5	3	6	8	4	2	1
1	2	9	5	7	4	3	6	8
3	8	4	6	1	9	5	7	2
6	5	7	8	3	2	1	4	9
9	1	8	4	2	6	7	3	5
5	7	6	9	8	3	2	1	4
2	4	3	1	5	7	8	9	6

221

6	3	7	1	9	8	5	4	2
1	5	8	2	4	3	9	6	7
9	2	4	7	5	6	8	3	1
8	6	5	3	7	4	1	2	9
3	4	2	9	8	1	6	7	5
7	1	9	6	2	5	3	8	4
5	8	3	4	1	7	2	9	6
4	9	6	5	3	2	7	1	8
2	7	1	8	6	9	4	5	3

222

6	5	1	9	3	4	8	7	2
3	8	9	7	2	5	1	4	6
2	4	7	8	6	1	5	9	3
9	3	4	6	1	2	7	5	8
1	7	5	4	8	3	2	6	9
8	2	6	5	7	9	3	1	4
5	6	3	1	4	8	9	2	7
7	9	8	2	5	6	4	3	1
4	1	2	3	9	7	6	8	5

223

7	9	6	2	5	8	3	1	4
5	1	3	6	9	4	7	2	8
4	2	8	7	3	1	9	5	6
8	4	5	3	6	2	1	9	7
2	6	9	4	1	7	5	8	3
1	3	7	5	8	9	4	6	2
9	7	1	8	2	3	6	4	5
6	8	4	9	7	5	2	3	1
3	5	2	1	4	6	8	7	9

224

4	3	9	6	5	8	1	2	7
7	8	2	1	9	4	6	5	3
5	6	1	3	7	2	9	4	8
2	7	8	5	4	6	3	1	9
1	9	4	2	3	7	5	8	6
6	5	3	9	8	1	4	7	2
9	2	6	8	1	5	7	3	4
8	4	5	7	6	3	2	9	1
3	1	7	4	2	9	8	6	5

225

2	8	9	3	4	6	1	7	5
6	5	4	1	2	7	9	8	3
1	7	3	5	9	8	2	4	6
9	1	8	2	7	5	6	3	4
7	2	5	6	3	4	8	1	9
4	3	6	8	1	9	5	2	7
5	4	7	9	8	1	3	6	2
3	9	1	4	6	2	7	5	8
8	6	2	7	5	3	4	9	1

226

8	5	3	7	4	2	6	9	1
6	7	9	5	8	1	4	2	3
2	1	4	9	6	3	5	7	8
7	9	5	8	1	6	3	4	2
4	2	6	3	7	5	1	8	9
1	3	8	4	2	9	7	6	5
9	6	7	1	3	8	2	5	4
3	8	2	6	5	4	9	1	7
5	4	1	2	9	7	8	3	6

227

9	3	4	7	6	5	8	1	2
2	7	1	8	3	4	5	9	6
6	5	8	2	1	9	3	4	7
5	1	7	9	4	8	6	2	3
3	6	9	1	5	2	4	7	8
4	8	2	6	7	3	9	5	1
8	9	5	3	2	7	1	6	4
7	4	6	5	8	1	2	3	9
1	2	3	4	9	6	7	8	5

228

4	5	1	7	6	2	8	9	3
7	6	3	1	9	8	4	5	2
8	9	2	3	5	4	1	6	7
6	2	5	8	4	3	7	1	9
3	7	4	9	2	1	6	8	5
1	8	9	5	7	6	3	2	4
2	4	8	6	3	5	9	7	1
5	1	7	4	8	9	2	3	6
9	3	6	2	1	7	5	4	8

229

2	6	1	8	5	3	9	4	7
7	9	5	2	1	4	8	3	6
4	3	8	9	6	7	5	1	2
6	8	7	4	9	5	1	2	3
1	5	4	7	3	2	6	8	9
9	2	3	6	8	1	7	5	4
5	7	2	1	4	9	3	6	8
3	4	6	5	7	8	2	9	1
8	1	9	3	2	6	4	7	5

230

2	5	1	6	3	9	8	7	4
7	6	9	1	4	8	2	5	3
4	3	8	7	2	5	9	1	6
5	2	7	8	6	4	3	9	1
1	9	3	5	7	2	6	4	8
8	4	6	3	9	1	7	2	5
3	8	5	9	1	7	4	6	2
9	1	2	4	8	6	5	3	7
6	7	4	2	5	3	1	8	9

231

9	8	7	4	2	6	3	5	1
1	4	2	9	5	3	8	6	7
6	5	3	8	1	7	2	9	4
2	7	4	1	8	9	5	3	6
3	1	6	2	7	5	9	4	8
5	9	8	6	3	4	1	7	2
8	6	5	3	4	1	7	2	9
4	3	1	7	9	2	6	8	5
7	2	9	5	6	8	4	1	3

232

6	5	7	2	1	4	8	3	9
1	2	3	8	7	9	4	6	5
9	8	4	5	6	3	2	1	7
2	6	5	9	4	1	7	8	3
8	7	9	6	3	2	5	4	1
3	4	1	7	5	8	6	9	2
5	1	8	4	9	7	3	2	6
4	3	6	1	2	5	9	7	8
7	9	2	3	8	6	1	5	4

233

5	4	3	1	2	9	7	6	8
2	9	8	6	7	5	4	3	1
7	6	1	3	8	4	2	9	5
6	3	4	7	1	8	5	2	9
8	7	9	5	3	2	6	1	4
1	2	5	4	9	6	8	7	3
9	1	2	8	5	7	3	4	6
3	5	6	2	4	1	9	8	7
4	8	7	9	6	3	1	5	2

234

6	3	9	7	1	8	4	2	5
1	8	5	6	2	4	7	3	9
2	7	4	9	5	3	6	8	1
8	9	1	5	3	7	2	6	4
7	5	3	4	6	2	1	9	8
4	6	2	8	9	1	3	5	7
9	1	6	2	4	5	8	7	3
5	4	8	3	7	6	9	1	2
3	2	7	1	8	9	5	4	6

235

8	2	7	5	4	1	9	6	3
6	5	3	9	2	7	8	1	4
1	4	9	6	8	3	7	2	5
9	7	8	4	1	5	6	3	2
5	3	6	8	9	2	4	7	1
2	1	4	7	3	6	5	8	9
7	8	1	2	5	4	3	9	6
3	6	5	1	7	9	2	4	8
4	9	2	3	6	8	1	5	7

236

8	7	5	4	6	2	1	9	3
1	2	6	9	3	5	4	8	7
4	9	3	8	7	1	2	5	6
6	5	1	2	4	3	8	7	9
3	8	2	7	5	9	6	1	4
7	4	9	1	8	6	5	3	2
5	6	7	3	2	8	9	4	1
2	1	4	5	9	7	3	6	8
9	3	8	6	1	4	7	2	5

237

7	5	1	2	3	9	4	8	6
9	6	4	1	7	8	3	2	5
3	2	8	4	5	6	1	9	7
1	7	6	8	4	5	9	3	2
8	4	5	3	9	2	6	7	1
2	3	9	7	6	1	5	4	8
6	9	7	5	2	3	8	1	4
4	8	3	6	1	7	2	5	9
5	1	2	9	8	4	7	6	3

238

2	3	5	9	8	7	1	6	4
8	9	7	4	1	6	5	2	3
1	4	6	2	3	5	9	8	7
7	5	2	1	9	8	3	4	6
3	6	8	5	2	4	7	9	1
4	1	9	7	6	3	2	5	8
6	2	1	3	4	9	8	7	5
9	7	4	8	5	1	6	3	2
5	8	3	6	7	2	4	1	9

239

3	9	8	7	4	5	2	1	6
6	4	2	9	8	1	3	5	7
1	7	5	3	2	6	9	4	8
5	8	7	2	9	3	4	6	1
9	6	1	8	5	4	7	3	2
4	2	3	1	6	7	5	8	9
8	5	4	6	7	2	1	9	3
7	1	9	4	3	8	6	2	5
2	3	6	5	1	9	8	7	4

240

9	7	1	3	8	5	6	4	2
5	4	2	9	7	6	8	3	1
6	3	8	4	1	2	7	5	9
7	6	9	5	4	1	3	2	8
8	2	3	7	6	9	5	1	4
4	1	5	8	2	3	9	6	7
3	5	4	1	9	7	2	8	6
2	8	7	6	5	4	1	9	3
1	9	6	2	3	8	4	7	5

241

7	3	6	1	9	8	2	4	5
9	5	2	6	3	4	1	8	7
4	1	8	7	5	2	6	9	3
6	7	3	9	4	5	8	1	2
1	2	4	3	8	7	5	6	9
8	9	5	2	6	1	3	7	4
5	6	9	4	1	3	7	2	8
3	4	7	8	2	6	9	5	1
2	8	1	5	7	9	4	3	6

242

8	9	7	2	4	1	3	6	5
3	5	2	6	9	8	4	1	7
1	6	4	5	3	7	8	9	2
6	2	9	3	8	5	1	7	4
7	3	5	1	2	4	6	8	9
4	8	1	9	7	6	5	2	3
5	7	3	8	1	9	2	4	6
9	1	6	4	5	2	7	3	8
2	4	8	7	6	3	9	5	1

243

9	6	8	4	2	3	7	5	1
7	2	5	8	1	6	4	9	3
1	3	4	7	9	5	2	8	6
2	4	3	5	6	8	1	7	9
5	1	6	9	7	4	3	2	8
8	9	7	2	3	1	5	6	4
6	7	2	1	4	9	8	3	5
4	8	9	3	5	2	6	1	7
3	5	1	6	8	7	9	4	2

244

1	8	2	4	6	7	5	3	9
7	3	9	5	2	1	8	4	6
5	6	4	3	9	8	7	2	1
3	7	8	1	5	6	4	9	2
4	9	6	2	7	3	1	5	8
2	1	5	8	4	9	3	6	7
9	5	3	7	1	2	6	8	4
6	4	1	9	8	5	2	7	3
8	2	7	6	3	4	9	1	5

245

3	5	4	9	1	2	6	7	8
2	8	7	5	4	6	3	1	9
6	1	9	3	8	7	2	5	4
9	3	2	4	5	1	7	8	6
1	7	5	6	3	8	9	4	2
8	4	6	2	7	9	1	3	5
5	2	8	7	9	3	4	6	1
7	9	1	8	6	4	5	2	3
4	6	3	1	2	5	8	9	7

246

9	1	7	4	6	3	5	8	2
2	5	4	7	8	9	1	3	6
8	6	3	1	5	2	4	9	7
4	3	8	9	7	5	2	6	1
5	2	1	6	4	8	9	7	3
6	7	9	2	3	1	8	5	4
7	8	5	3	1	4	6	2	9
1	9	6	8	2	7	3	4	5
3	4	2	5	9	6	7	1	8

247

5	7	6	2	1	3	9	8	4
4	9	1	8	6	7	5	3	2
3	2	8	4	5	9	7	1	6
2	6	4	3	8	5	1	7	9
8	1	7	6	9	4	2	5	3
9	5	3	7	2	1	4	6	8
6	4	2	1	7	8	3	9	5
7	8	9	5	3	2	6	4	1
1	3	5	9	4	6	8	2	7

248

8	7	1	4	5	3	2	9	6
6	9	5	2	8	1	4	7	3
2	3	4	6	7	9	1	8	5
7	4	2	8	9	5	3	6	1
9	5	3	1	6	4	8	2	7
1	8	6	7	3	2	5	4	9
4	2	7	5	1	6	9	3	8
3	1	8	9	4	7	6	5	2
5	6	9	3	2	8	7	1	4

249

2	6	3	5	9	8	4	1	7
4	1	9	7	2	6	5	8	3
7	5	8	1	4	3	2	6	9
6	8	5	9	3	2	7	4	1
9	2	1	4	8	7	6	3	5
3	4	7	6	1	5	9	2	8
5	9	2	8	6	1	3	7	4
8	7	6	3	5	4	1	9	2
1	3	4	2	7	9	8	5	6

250

7	1	8	3	4	2	5	9	6
9	6	2	5	8	7	3	1	4
5	4	3	1	9	6	8	7	2
1	3	6	8	5	9	4	2	7
8	2	9	4	7	3	1	6	5
4	5	7	2	6	1	9	8	3
6	8	5	7	1	4	2	3	9
3	9	4	6	2	8	7	5	1
2	7	1	9	3	5	6	4	8

251

8	9	5	2	4	7	3	1	6
7	1	6	9	5	3	4	2	8
2	3	4	8	1	6	7	5	9
9	2	8	4	7	5	6	3	1
6	5	1	3	8	2	9	7	4
3	4	7	1	6	9	2	8	5
1	7	2	6	9	8	5	4	3
5	8	9	7	3	4	1	6	2
4	6	3	5	2	1	8	9	7

252

4	2	9	5	3	8	6	1	7
6	3	5	2	7	1	8	4	9
7	8	1	6	4	9	5	3	2
3	1	6	8	2	5	7	9	4
5	9	7	4	6	3	1	2	8
8	4	2	1	9	7	3	5	6
9	5	3	7	8	2	4	6	1
2	7	4	3	1	6	9	8	5
1	6	8	9	5	4	2	7	3

253

6	8	9	7	1	4	3	5	2
7	2	4	3	6	5	9	8	1
3	5	1	8	9	2	7	4	6
8	9	2	1	4	3	5	6	7
5	6	3	9	2	7	4	1	8
4	1	7	6	5	8	2	3	9
1	4	5	2	8	9	6	7	3
9	7	8	5	3	6	1	2	4
2	3	6	4	7	1	8	9	5

254

1	9	8	5	6	3	7	4	2
5	4	3	2	9	7	6	1	8
6	7	2	1	4	8	3	5	9
3	6	5	8	1	2	4	9	7
4	2	1	3	7	9	5	8	6
9	8	7	4	5	6	2	3	1
8	3	9	6	2	5	1	7	4
7	1	6	9	3	4	8	2	5
2	5	4	7	8	1	9	6	3

255

2	9	7	1	8	5	6	3	4
8	4	5	3	9	6	1	2	7
1	6	3	4	7	2	8	9	5
5	1	8	9	4	7	2	6	3
6	7	9	2	1	3	5	4	8
3	2	4	6	5	8	7	1	9
9	8	1	7	2	4	3	5	6
4	5	6	8	3	1	9	7	2
7	3	2	5	6	9	4	8	1

256

5	6	4	7	3	8	1	9	2
1	9	7	4	5	2	6	8	3
3	2	8	1	9	6	7	5	4
2	8	3	9	6	5	4	7	1
6	4	9	2	7	1	8	3	5
7	1	5	3	8	4	2	6	9
4	7	6	5	1	3	9	2	8
8	3	1	6	2	9	5	4	7
9	5	2	8	4	7	3	1	6

257

7	6	8	9	4	1	3	2	5
9	5	2	8	7	3	6	4	1
3	4	1	6	5	2	8	9	7
5	3	9	1	2	4	7	6	8
2	8	4	5	6	7	1	3	9
1	7	6	3	9	8	4	5	2
8	2	7	4	3	9	5	1	6
6	1	3	2	8	5	9	7	4
4	9	5	7	1	6	2	8	3

258

8	7	2	1	5	9	3	6	4
4	6	5	2	8	3	7	1	9
3	1	9	6	4	7	2	8	5
2	3	8	4	9	6	1	5	7
7	5	1	8	3	2	4	9	6
6	9	4	7	1	5	8	3	2
1	8	7	9	6	4	5	2	3
5	2	6	3	7	1	9	4	8
9	4	3	5	2	8	6	7	1

259

9	6	8	2	7	1	5	4	3
3	7	2	6	4	5	1	8	9
5	1	4	8	9	3	6	7	2
8	2	7	3	6	9	4	5	1
4	5	6	7	1	2	9	3	8
1	9	3	5	8	4	7	2	6
2	3	9	1	5	7	8	6	4
6	4	5	9	2	8	3	1	7
7	8	1	4	3	6	2	9	5

260

6	1	3	5	4	2	8	7	9
8	7	4	3	9	1	2	6	5
2	5	9	7	8	6	3	4	1
3	2	6	9	1	4	5	8	7
1	8	5	2	3	7	4	9	6
9	4	7	6	5	8	1	2	3
4	6	2	1	7	3	9	5	8
5	3	8	4	6	9	7	1	2
7	9	1	8	2	5	6	3	4

261

6	2	9	4	3	5	8	1	7
4	7	5	1	9	8	2	3	6
3	1	8	7	2	6	9	5	4
1	6	2	9	5	7	4	8	3
5	8	3	6	1	4	7	9	2
7	9	4	2	8	3	1	6	5
2	5	6	8	4	9	3	7	1
9	4	7	3	6	1	5	2	8
8	3	1	5	7	2	6	4	9

262

8	1	7	3	2	9	6	4	5
2	3	6	4	8	5	7	1	9
9	4	5	6	1	7	3	2	8
6	2	8	7	9	4	5	3	1
1	9	3	5	6	2	8	7	4
5	7	4	1	3	8	9	6	2
7	8	9	2	4	6	1	5	3
3	5	2	9	7	1	4	8	6
4	6	1	8	5	3	2	9	7

263

6	7	1	9	5	2	8	4	3
8	5	2	1	3	4	9	6	7
9	3	4	7	6	8	5	2	1
3	6	7	5	4	9	2	1	8
1	2	5	6	8	7	3	9	4
4	8	9	2	1	3	6	7	5
2	4	6	3	7	5	1	8	9
7	1	3	8	9	6	4	5	2
5	9	8	4	2	1	7	3	6

264

5	9	8	2	4	1	7	6	3
7	4	3	9	6	5	2	1	8
1	2	6	7	8	3	9	5	4
4	3	1	5	2	6	8	7	9
8	6	9	4	3	7	5	2	1
2	7	5	1	9	8	3	4	6
3	8	7	6	5	4	1	9	2
6	1	2	8	7	9	4	3	5
9	5	4	3	1	2	6	8	7

265

3	4	7	5	9	2	1	6	8
2	1	5	6	3	8	9	7	4
9	8	6	7	1	4	2	3	5
7	5	9	4	6	1	8	2	3
8	6	4	3	2	5	7	1	9
1	3	2	8	7	9	4	5	6
4	2	3	9	5	7	6	8	1
5	9	1	2	8	6	3	4	7
6	7	8	1	4	3	5	9	2

266

3	9	1	7	4	6	8	5	2
4	7	5	2	8	1	9	3	6
6	2	8	5	9	3	7	1	4
1	6	4	3	7	9	2	8	5
9	5	3	8	1	2	6	4	7
7	8	2	6	5	4	3	9	1
5	3	9	4	2	7	1	6	8
8	1	7	9	6	5	4	2	3
2	4	6	1	3	8	5	7	9

267

7	8	6	9	3	2	1	5	4
3	1	4	5	6	8	7	2	9
2	5	9	4	7	1	6	8	3
1	2	3	8	4	7	5	9	6
9	4	5	3	2	6	8	1	7
6	7	8	1	5	9	3	4	2
8	3	1	6	9	4	2	7	5
5	9	2	7	1	3	4	6	8
4	6	7	2	8	5	9	3	1

268

6	1	3	9	7	8	4	2	5
8	7	2	5	6	4	3	1	9
4	5	9	3	1	2	7	8	6
7	4	5	2	8	1	9	6	3
3	9	8	6	5	7	1	4	2
1	2	6	4	3	9	8	5	7
5	6	7	1	4	3	2	9	8
2	3	1	8	9	5	6	7	4
9	8	4	7	2	6	5	3	1

269

2	4	9	1	7	6	3	8	5
3	7	5	2	8	4	6	1	9
6	1	8	9	3	5	2	7	4
8	5	3	6	4	1	9	2	7
9	6	1	7	5	2	8	4	3
7	2	4	8	9	3	5	6	1
5	8	7	4	2	9	1	3	6
1	9	2	3	6	7	4	5	8
4	3	6	5	1	8	7	9	2

270

7	6	2	9	4	8	3	1	5
1	3	9	6	2	5	7	8	4
8	4	5	3	1	7	6	2	9
2	8	4	1	7	6	5	9	3
3	5	1	8	9	4	2	6	7
9	7	6	5	3	2	8	4	1
6	2	3	4	5	9	1	7	8
4	1	8	7	6	3	9	5	2
5	9	7	2	8	1	4	3	6

271

4	6	1	8	9	7	5	2	3
2	7	8	5	3	4	9	1	6
9	3	5	1	6	2	8	4	7
6	9	3	4	2	1	7	5	8
5	8	2	6	7	9	1	3	4
1	4	7	3	5	8	6	9	2
8	5	4	2	1	6	3	7	9
3	2	9	7	8	5	4	6	1
7	1	6	9	4	3	2	8	5

272

2	9	5	8	7	3	4	6	1
4	6	3	9	1	5	7	8	2
7	8	1	2	4	6	9	5	3
6	5	9	1	3	4	2	7	8
1	4	8	7	5	2	6	3	9
3	7	2	6	8	9	1	4	5
5	2	6	3	9	7	8	1	4
8	3	7	4	2	1	5	9	6
9	1	4	5	6	8	3	2	7

273

6	4	8	2	3	9	5	1	7
9	7	3	1	5	6	4	8	2
5	2	1	8	4	7	9	6	3
2	8	6	7	1	4	3	9	5
1	5	7	9	2	3	8	4	6
4	3	9	5	6	8	2	7	1
3	9	5	6	8	1	7	2	4
8	1	4	3	7	2	6	5	9
7	6	2	4	9	5	1	3	8

274

1	3	9	7	8	6	4	2	5
7	4	6	5	2	3	8	1	9
2	5	8	9	4	1	6	7	3
8	9	1	2	3	4	7	5	6
3	6	7	1	5	8	9	4	2
4	2	5	6	9	7	1	3	8
6	1	3	8	7	2	5	9	4
5	8	4	3	1	9	2	6	7
9	7	2	4	6	5	3	8	1

275

1	8	6	3	2	4	5	7	9
5	3	7	9	1	8	2	4	6
2	4	9	7	5	6	3	1	8
7	2	3	5	8	9	4	6	1
6	9	5	4	3	1	7	8	2
4	1	8	2	6	7	9	3	5
3	7	1	6	9	5	8	2	4
9	6	4	8	7	2	1	5	3
8	5	2	1	4	3	6	9	7

276

3	1	9	7	4	5	2	8	6
5	6	2	8	1	9	3	4	7
8	7	4	2	3	6	9	1	5
9	8	1	3	6	4	7	5	2
2	4	7	5	9	8	6	3	1
6	3	5	1	7	2	4	9	8
1	2	3	9	5	7	8	6	4
4	9	8	6	2	1	5	7	3
7	5	6	4	8	3	1	2	9

277

9	3	1	5	7	4	8	6	2
8	7	6	1	2	9	4	3	5
4	5	2	6	8	3	9	1	7
5	2	8	7	1	6	3	4	9
1	9	3	2	4	5	6	7	8
6	4	7	9	3	8	5	2	1
2	6	9	4	5	1	7	8	3
3	1	5	8	6	7	2	9	4
7	8	4	3	9	2	1	5	6

278

8	5	2	7	9	4	3	6	1
4	6	1	3	2	8	5	9	7
3	7	9	1	6	5	2	4	8
2	4	8	6	7	1	9	3	5
1	3	5	2	4	9	7	8	6
6	9	7	8	5	3	1	2	4
7	8	3	4	1	2	6	5	9
5	2	6	9	8	7	4	1	3
9	1	4	5	3	6	8	7	2

279

6	5	3	8	7	4	1	2	9
8	2	1	6	9	3	7	5	4
4	7	9	1	5	2	8	3	6
9	6	2	5	3	8	4	7	1
7	8	5	4	1	6	2	9	3
3	1	4	7	2	9	5	6	8
2	3	7	9	4	1	6	8	5
5	4	6	3	8	7	9	1	2
1	9	8	2	6	5	3	4	7

280

5	2	7	1	4	9	6	8	3
6	3	1	2	8	5	7	9	4
8	9	4	7	3	6	2	5	1
4	7	8	9	6	1	5	3	2
2	6	5	3	7	8	1	4	9
3	1	9	5	2	4	8	7	6
1	8	2	4	5	3	9	6	7
7	4	6	8	9	2	3	1	5
9	5	3	6	1	7	4	2	8

281

8	9	3	6	1	5	4	2	7
2	5	7	4	8	9	6	3	1
4	1	6	2	3	7	5	8	9
6	2	5	3	7	8	9	1	4
3	4	9	1	2	6	7	5	8
1	7	8	5	9	4	2	6	3
5	8	2	9	4	1	3	7	6
9	6	1	7	5	3	8	4	2
7	3	4	8	6	2	1	9	5

282

7	3	8	6	1	9	5	4	2
6	9	2	5	8	4	7	1	3
1	5	4	7	2	3	6	8	9
4	1	9	3	6	2	8	7	5
2	8	7	1	4	5	3	9	6
5	6	3	9	7	8	4	2	1
9	2	6	8	5	7	1	3	4
8	4	5	2	3	1	9	6	7
3	7	1	4	9	6	2	5	8

283

4	9	5	2	1	7	3	6	8
7	2	6	8	9	3	5	4	1
8	3	1	5	4	6	2	7	9
3	8	7	6	2	4	1	9	5
1	6	9	7	8	5	4	3	2
2	5	4	9	3	1	7	8	6
9	4	2	3	5	8	6	1	7
5	7	3	1	6	9	8	2	4
6	1	8	4	7	2	9	5	3

284

9	6	1	5	2	3	7	4	8
2	8	3	4	7	6	5	9	1
5	4	7	8	1	9	6	3	2
1	2	9	6	5	4	3	8	7
6	3	5	1	8	7	9	2	4
8	7	4	3	9	2	1	5	6
3	1	8	2	6	5	4	7	9
7	5	2	9	4	1	8	6	3
4	9	6	7	3	8	2	1	5

285

9	1	7	4	2	8	3	5	6
3	6	4	5	1	7	8	9	2
5	2	8	3	6	9	1	7	4
7	8	1	2	9	3	4	6	5
6	9	5	8	4	1	7	2	3
4	3	2	6	7	5	9	1	8
1	4	3	9	5	6	2	8	7
8	5	9	7	3	2	6	4	1
2	7	6	1	8	4	5	3	9

286

8	5	4	9	6	7	2	1	3
2	3	7	1	8	4	5	9	6
9	6	1	2	5	3	4	8	7
7	8	9	6	2	5	1	3	4
6	1	2	4	3	8	9	7	5
5	4	3	7	9	1	6	2	8
4	2	5	8	7	9	3	6	1
1	9	8	3	4	6	7	5	2
3	7	6	5	1	2	8	4	9

287

5	1	2	8	4	7	6	9	3
8	7	6	9	3	2	5	4	1
9	3	4	5	1	6	8	7	2
3	5	9	7	6	1	4	2	8
4	8	7	3	2	5	9	1	6
6	2	1	4	9	8	3	5	7
7	4	5	2	8	3	1	6	9
1	9	8	6	7	4	2	3	5
2	6	3	1	5	9	7	8	4

288

5	8	9	2	3	6	4	7	1
6	1	2	4	7	9	8	5	3
7	4	3	8	1	5	9	6	2
2	7	1	3	8	4	6	9	5
8	9	5	1	6	2	3	4	7
4	3	6	5	9	7	1	2	8
9	2	8	7	4	3	5	1	6
1	5	4	6	2	8	7	3	9
3	6	7	9	5	1	2	8	4

289

9	4	7	3	1	2	6	5	8
1	3	8	5	4	6	2	9	7
6	5	2	9	7	8	4	3	1
5	6	3	1	9	7	8	4	2
4	7	9	8	2	5	1	6	3
2	8	1	6	3	4	9	7	5
8	1	5	4	6	3	7	2	9
3	2	6	7	8	9	5	1	4
7	9	4	2	5	1	3	8	6

290

3	7	5	2	1	6	9	4	8
1	9	6	8	7	4	3	2	5
8	2	4	9	3	5	1	6	7
9	1	2	4	5	7	8	3	6
4	8	7	6	9	3	2	5	1
6	5	3	1	2	8	4	7	9
5	4	1	7	8	2	6	9	3
2	3	9	5	6	1	7	8	4
7	6	8	3	4	9	5	1	2

291

1	6	5	9	2	3	8	4	7
4	9	7	5	8	6	1	3	2
3	8	2	7	1	4	6	9	5
2	1	6	3	4	8	7	5	9
9	7	4	6	5	1	2	8	3
8	5	3	2	9	7	4	1	6
6	4	9	8	3	2	5	7	1
5	2	8	1	7	9	3	6	4
7	3	1	4	6	5	9	2	8

292

1	9	7	2	5	6	3	8	4
2	5	3	9	4	8	6	1	7
4	6	8	7	3	1	9	5	2
3	7	4	8	2	9	5	6	1
6	8	1	5	7	4	2	3	9
5	2	9	6	1	3	4	7	8
7	4	6	3	8	2	1	9	5
8	3	2	1	9	5	7	4	6
9	1	5	4	6	7	8	2	3

293

1	7	6	2	4	8	5	3	9
4	9	5	1	3	7	8	2	6
8	3	2	5	6	9	1	4	7
7	5	8	6	9	3	2	1	4
6	1	9	4	2	5	7	8	3
2	4	3	8	7	1	9	6	5
5	6	4	7	1	2	3	9	8
3	2	7	9	8	6	4	5	1
9	8	1	3	5	4	6	7	2

294

4	9	8	1	2	6	3	7	5
6	2	3	5	4	7	1	8	9
5	1	7	3	9	8	4	6	2
8	5	2	7	6	4	9	3	1
9	3	6	8	1	2	5	4	7
1	7	4	9	3	5	6	2	8
3	6	9	2	7	1	8	5	4
7	4	5	6	8	9	2	1	3
2	8	1	4	5	3	7	9	6

295

3	9	6	1	2	8	4	5	7
1	4	5	7	6	9	3	2	8
2	8	7	5	4	3	1	6	9
4	5	2	8	7	6	9	3	1
6	1	9	4	3	5	7	8	2
8	7	3	2	9	1	6	4	5
7	3	1	6	5	2	8	9	4
9	2	8	3	1	4	5	7	6
5	6	4	9	8	7	2	1	3

296

5	1	8	3	9	2	4	7	6
4	6	2	7	5	1	3	9	8
7	9	3	8	6	4	1	2	5
6	4	5	2	7	3	8	1	9
2	7	1	6	8	9	5	4	3
8	3	9	1	4	5	7	6	2
1	8	6	5	2	7	9	3	4
3	2	4	9	1	8	6	5	7
9	5	7	4	3	6	2	8	1

297

5	9	6	2	7	3	1	4	8
1	2	8	4	9	6	7	3	5
3	7	4	5	1	8	9	6	2
8	4	9	6	5	1	2	7	3
2	3	1	7	8	9	6	5	4
7	6	5	3	2	4	8	1	9
4	1	2	8	6	5	3	9	7
6	5	7	9	3	2	4	8	1
9	8	3	1	4	7	5	2	6

298

8	6	7	5	4	1	9	3	2
4	9	1	3	2	8	5	6	7
2	3	5	7	9	6	8	4	1
3	4	8	6	1	2	7	5	9
9	7	2	8	3	5	6	1	4
5	1	6	4	7	9	3	2	8
7	8	4	1	5	3	2	9	6
1	5	9	2	6	7	4	8	3
6	2	3	9	8	4	1	7	5

299

3	9	7	5	8	6	4	1	2
5	4	1	7	2	9	8	3	6
8	6	2	4	3	1	7	5	9
7	8	4	1	5	2	9	6	3
6	3	5	8	9	7	1	2	4
1	2	9	6	4	3	5	8	7
2	1	3	9	7	8	6	4	5
4	7	8	3	6	5	2	9	1
9	5	6	2	1	4	3	7	8

300

8	7	2	4	5	6	3	9	1
4	1	9	2	7	3	6	8	5
5	6	3	8	1	9	4	7	2
2	8	7	1	4	5	9	6	3
9	4	5	6	3	8	2	1	7
6	3	1	9	2	7	8	5	4
7	2	6	5	8	4	1	3	9
1	5	8	3	9	2	7	4	6
3	9	4	7	6	1	5	2	8

301

4	8	5	3	6	1	2	7	9
7	9	1	5	4	2	6	8	3
6	2	3	9	7	8	4	5	1
9	6	7	1	2	5	3	4	8
3	1	8	6	9	4	5	2	7
2	5	4	7	8	3	1	9	6
5	4	6	8	3	9	7	1	2
8	3	2	4	1	7	9	6	5
1	7	9	2	5	6	8	3	4

302

7	1	6	4	8	2	3	9	5
3	2	5	9	1	7	8	6	4
4	8	9	5	6	3	1	2	7
1	9	2	3	7	4	6	5	8
8	6	7	2	5	1	4	3	9
5	4	3	8	9	6	2	7	1
9	7	1	6	2	8	5	4	3
6	3	8	7	4	5	9	1	2
2	5	4	1	3	9	7	8	6

303

9	8	4	7	5	1	6	3	2
3	1	2	8	4	6	9	7	5
6	7	5	9	2	3	8	4	1
1	5	3	6	8	2	4	9	7
2	6	9	4	1	7	5	8	3
8	4	7	3	9	5	2	1	6
4	3	1	2	6	9	7	5	8
7	9	6	5	3	8	1	2	4
5	2	8	1	7	4	3	6	9

304

7	8	6	4	2	5	3	9	1
4	1	9	3	7	6	8	2	5
2	5	3	1	8	9	6	4	7
6	3	8	2	5	4	1	7	9
9	4	1	8	3	7	2	5	6
5	7	2	6	9	1	4	3	8
8	6	5	7	4	2	9	1	3
1	9	4	5	6	3	7	8	2
3	2	7	9	1	8	5	6	4

305

3	1	9	4	7	6	5	2	8
2	4	6	1	5	8	9	7	3
5	8	7	9	3	2	6	1	4
9	2	5	6	8	3	1	4	7
7	3	4	2	9	1	8	6	5
1	6	8	5	4	7	3	9	2
8	7	1	3	6	4	2	5	9
6	9	3	7	2	5	4	8	1
4	5	2	8	1	9	7	3	6

306

5	9	2	4	6	7	1	8	3
4	3	7	9	8	1	2	5	6
8	6	1	2	5	3	4	9	7
6	7	8	1	2	4	5	3	9
1	4	3	5	7	9	8	6	2
9	2	5	6	3	8	7	1	4
3	5	9	7	1	2	6	4	8
2	8	6	3	4	5	9	7	1
7	1	4	8	9	6	3	2	5

307

6	1	2	5	3	9	7	8	4
3	4	8	2	7	6	1	5	9
7	9	5	8	1	4	6	3	2
1	3	6	9	8	7	4	2	5
9	5	4	3	6	2	8	1	7
8	2	7	4	5	1	9	6	3
4	6	3	7	2	8	5	9	1
5	8	9	1	4	3	2	7	6
2	7	1	6	9	5	3	4	8

308

9	5	8	1	6	2	4	7	3
1	2	4	3	9	7	6	8	5
3	6	7	5	4	8	1	9	2
4	1	6	2	8	5	9	3	7
7	9	5	6	1	3	2	4	8
2	8	3	9	7	4	5	6	1
8	4	1	7	2	9	3	5	6
6	3	9	8	5	1	7	2	4
5	7	2	4	3	6	8	1	9

309

6	3	9	5	4	1	2	7	8
7	5	8	3	6	2	9	4	1
1	4	2	9	8	7	3	5	6
9	7	3	2	1	5	8	6	4
8	6	5	4	7	9	1	3	2
2	1	4	6	3	8	5	9	7
5	9	1	7	2	6	4	8	3
3	2	6	8	5	4	7	1	9
4	8	7	1	9	3	6	2	5

310

8	6	9	7	1	5	3	4	2
4	5	1	3	6	2	8	7	9
7	2	3	9	4	8	6	1	5
1	3	7	5	9	4	2	8	6
6	9	8	1	2	3	7	5	4
5	4	2	8	7	6	9	3	1
9	7	5	2	3	1	4	6	8
2	8	6	4	5	7	1	9	3
3	1	4	6	8	9	5	2	7

311

6	3	8	9	2	1	7	4	5
4	1	9	7	5	8	6	3	2
7	5	2	6	4	3	1	9	8
2	6	7	4	8	9	5	1	3
1	9	4	3	6	5	2	8	7
3	8	5	2	1	7	4	6	9
9	4	6	8	7	2	3	5	1
5	2	3	1	9	4	8	7	6
8	7	1	5	3	6	9	2	4

312

7	5	9	8	1	2	6	3	4
2	8	3	4	7	6	5	9	1
1	6	4	9	5	3	8	7	2
8	9	2	5	3	7	1	4	6
4	7	5	6	9	1	3	2	8
6	3	1	2	4	8	7	5	9
5	2	8	3	6	4	9	1	7
9	4	7	1	8	5	2	6	3
3	1	6	7	2	9	4	8	5

313

2	9	1	6	4	8	5	3	7
3	4	6	2	7	5	9	1	8
8	7	5	1	3	9	6	2	4
5	8	7	4	2	3	1	9	6
9	6	2	8	1	7	4	5	3
1	3	4	9	5	6	7	8	2
6	1	9	3	8	4	2	7	5
7	2	8	5	6	1	3	4	9
4	5	3	7	9	2	8	6	1

314

9	8	1	6	5	3	4	7	2
6	2	5	9	4	7	8	3	1
3	4	7	8	2	1	9	5	6
7	5	9	2	1	4	6	8	3
1	3	4	5	8	6	2	9	7
8	6	2	3	7	9	5	1	4
2	1	6	7	9	5	3	4	8
4	9	8	1	3	2	7	6	5
5	7	3	4	6	8	1	2	9

315

6	3	1	2	5	7	9	4	8
5	2	9	3	8	4	7	1	6
8	7	4	9	6	1	3	2	5
9	6	2	1	4	3	8	5	7
1	8	5	6	7	9	4	3	2
7	4	3	8	2	5	6	9	1
3	5	7	4	1	6	2	8	9
2	9	6	5	3	8	1	7	4
4	1	8	7	9	2	5	6	3

316

3	5	7	8	2	1	9	4	6
8	2	9	5	6	4	3	1	7
1	4	6	7	3	9	8	2	5
9	7	4	3	1	2	5	6	8
2	3	5	4	8	6	7	9	1
6	8	1	9	7	5	2	3	4
7	1	2	6	9	8	4	5	3
5	9	8	1	4	3	6	7	2
4	6	3	2	5	7	1	8	9

317

4	3	9	1	6	5	2	7	8
8	6	5	9	7	2	1	4	3
2	1	7	4	8	3	6	5	9
1	7	8	3	5	6	4	9	2
9	5	6	2	1	4	3	8	7
3	2	4	8	9	7	5	6	1
7	8	2	6	4	1	9	3	5
5	4	3	7	2	9	8	1	6
6	9	1	5	3	8	7	2	4

318

9	3	1	2	8	7	5	6	4
6	8	5	3	9	4	1	7	2
7	4	2	6	1	5	8	9	3
1	2	7	9	4	8	6	3	5
4	5	6	7	3	1	2	8	9
8	9	3	5	2	6	7	4	1
2	6	9	8	5	3	4	1	7
3	1	8	4	7	2	9	5	6
5	7	4	1	6	9	3	2	8

319

9	3	6	7	1	8	5	2	4
1	8	2	3	5	4	7	6	9
4	7	5	6	2	9	1	8	3
2	9	3	4	6	5	8	1	7
6	5	4	8	7	1	3	9	2
7	1	8	2	9	3	4	5	6
3	4	9	1	8	2	6	7	5
8	2	7	5	4	6	9	3	1
5	6	1	9	3	7	2	4	8

320

5	2	4	7	1	9	6	3	8
8	3	1	6	2	5	4	7	9
9	6	7	4	3	8	2	5	1
1	4	6	2	5	3	8	9	7
7	8	3	9	4	6	5	1	2
2	9	5	1	8	7	3	4	6
6	7	8	3	9	4	1	2	5
4	5	2	8	7	1	9	6	3
3	1	9	5	6	2	7	8	4

321

5	9	8	6	1	3	7	4	2
4	7	3	8	2	5	6	1	9
2	6	1	4	7	9	5	3	8
3	2	7	1	6	8	9	5	4
9	1	6	5	3	4	2	8	7
8	5	4	7	9	2	1	6	3
6	8	5	9	4	7	3	2	1
7	4	2	3	5	1	8	9	6
1	3	9	2	8	6	4	7	5

322

4	9	8	3	7	6	1	5	2
5	6	1	8	2	9	3	7	4
7	2	3	4	5	1	9	8	6
6	4	7	1	3	8	5	2	9
2	3	5	7	9	4	6	1	8
1	8	9	2	6	5	7	4	3
9	1	4	6	8	7	2	3	5
3	7	6	5	4	2	8	9	1
8	5	2	9	1	3	4	6	7

323

7	4	2	9	6	8	5	1	3
6	3	5	1	2	7	4	8	9
1	9	8	4	3	5	2	7	6
5	6	4	8	9	3	1	2	7
8	2	9	7	1	6	3	4	5
3	7	1	5	4	2	6	9	8
2	8	7	3	5	4	9	6	1
9	5	6	2	7	1	8	3	4
4	1	3	6	8	9	7	5	2

324

8	7	2	5	9	4	3	6	1
3	9	4	1	6	7	5	2	8
1	6	5	2	3	8	7	4	9
4	5	8	9	2	3	1	7	6
2	3	6	7	1	5	8	9	4
9	1	7	8	4	6	2	3	5
7	2	9	4	5	1	6	8	3
5	4	3	6	8	2	9	1	7
6	8	1	3	7	9	4	5	2

325

1	7	3	2	4	9	8	5	6
4	5	6	7	3	8	9	2	1
8	9	2	1	6	5	4	7	3
9	6	4	5	7	2	1	3	8
2	8	5	3	9	1	7	6	4
7	3	1	4	8	6	2	9	5
6	4	7	8	2	3	5	1	9
3	1	8	9	5	7	6	4	2
5	2	9	6	1	4	3	8	7

326

6	3	1	8	9	2	4	5	7
4	8	9	5	7	1	3	2	6
7	2	5	4	3	6	8	9	1
8	6	2	9	1	7	5	4	3
9	4	7	6	5	3	1	8	2
5	1	3	2	8	4	6	7	9
2	5	4	1	6	9	7	3	8
3	9	6	7	4	8	2	1	5
1	7	8	3	2	5	9	6	4

327

7	8	1	5	2	3	9	4	6
3	4	5	6	7	9	1	8	2
9	6	2	8	1	4	3	5	7
6	3	7	9	4	5	8	2	1
2	5	8	1	6	7	4	3	9
1	9	4	2	3	8	7	6	5
8	1	3	7	5	2	6	9	4
5	7	9	4	8	6	2	1	3
4	2	6	3	9	1	5	7	8

328

3	7	9	1	5	2	4	6	8
4	2	5	7	8	6	3	1	9
6	8	1	4	9	3	2	7	5
7	5	3	2	1	4	8	9	6
8	1	2	5	6	9	7	4	3
9	6	4	3	7	8	5	2	1
5	3	7	9	2	1	6	8	4
1	4	8	6	3	7	9	5	2
2	9	6	8	4	5	1	3	7

329

1	4	5	7	8	2	3	6	9
6	8	2	1	3	9	7	5	4
9	7	3	5	6	4	8	2	1
7	1	6	9	4	5	2	3	8
8	2	9	6	1	3	4	7	5
5	3	4	8	2	7	9	1	6
4	5	1	3	7	8	6	9	2
3	6	8	2	9	1	5	4	7
2	9	7	4	5	6	1	8	3

330

6	3	8	7	1	4	5	2	9
9	7	5	6	3	2	8	4	1
1	2	4	9	5	8	6	7	3
7	5	9	3	4	1	2	8	6
3	8	1	2	6	5	4	9	7
2	4	6	8	9	7	1	3	5
5	6	3	4	2	9	7	1	8
8	9	2	1	7	6	3	5	4
4	1	7	5	8	3	9	6	2

331

9	2	1	8	5	7	3	6	4
7	6	5	3	4	1	8	2	9
4	3	8	6	2	9	1	7	5
1	9	2	4	3	5	6	8	7
5	4	6	2	7	8	9	3	1
8	7	3	1	9	6	5	4	2
2	5	7	9	8	3	4	1	6
3	1	4	5	6	2	7	9	8
6	8	9	7	1	4	2	5	3

332

9	8	7	3	4	2	5	6	1
1	5	3	8	9	6	7	2	4
6	2	4	5	7	1	8	3	9
5	7	1	4	2	8	6	9	3
8	4	2	6	3	9	1	7	5
3	9	6	1	5	7	2	4	8
2	3	5	7	1	4	9	8	6
4	6	9	2	8	5	3	1	7
7	1	8	9	6	3	4	5	2

333

5	8	9	3	2	1	6	7	4
3	1	4	7	8	6	5	2	9
7	6	2	5	4	9	1	3	8
4	5	7	6	3	8	2	9	1
6	3	1	2	9	5	4	8	7
9	2	8	1	7	4	3	5	6
1	7	3	8	6	2	9	4	5
2	9	6	4	5	7	8	1	3
8	4	5	9	1	3	7	6	2

334

4	3	2	8	9	6	1	5	7
1	8	6	5	4	7	3	2	9
5	7	9	1	3	2	4	8	6
3	5	8	6	2	4	7	9	1
6	9	4	7	1	5	8	3	2
2	1	7	3	8	9	6	4	5
8	6	3	9	5	1	2	7	4
9	4	1	2	7	3	5	6	8
7	2	5	4	6	8	9	1	3

335

2	6	9	1	7	5	4	8	3
5	7	8	3	9	4	6	2	1
3	4	1	2	8	6	9	7	5
9	3	6	4	2	8	5	1	7
8	2	5	6	1	7	3	4	9
4	1	7	5	3	9	2	6	8
7	5	3	8	6	2	1	9	4
1	8	2	9	4	3	7	5	6
6	9	4	7	5	1	8	3	2

336

8	9	3	4	7	2	5	1	6
7	2	1	3	5	6	8	4	9
6	5	4	8	9	1	2	3	7
9	3	8	7	6	5	4	2	1
5	4	2	9	1	3	6	7	8
1	6	7	2	8	4	3	9	5
3	7	5	1	2	8	9	6	4
4	1	6	5	3	9	7	8	2
2	8	9	6	4	7	1	5	3

337

9	2	6	4	1	8	5	3	7
4	5	8	7	3	6	2	1	9
3	7	1	2	5	9	4	6	8
6	4	7	5	9	3	8	2	1
5	1	2	8	6	4	7	9	3
8	9	3	1	7	2	6	4	5
7	8	4	9	2	1	3	5	6
2	3	9	6	8	5	1	7	4
1	6	5	3	4	7	9	8	2

338

3	9	6	4	5	7	2	8	1
5	4	1	8	2	9	7	6	3
7	2	8	1	6	3	4	9	5
6	1	4	2	7	5	9	3	8
9	8	7	3	4	6	5	1	2
2	5	3	9	8	1	6	7	4
8	6	5	7	3	2	1	4	9
1	3	2	6	9	4	8	5	7
4	7	9	5	1	8	3	2	6

339

3	1	7	9	2	4	8	6	5
5	2	6	1	8	3	9	4	7
9	8	4	5	6	7	3	1	2
2	5	8	7	9	6	1	3	4
6	9	3	4	1	5	7	2	8
4	7	1	8	3	2	5	9	6
7	4	2	3	5	1	6	8	9
1	6	9	2	7	8	4	5	3
8	3	5	6	4	9	2	7	1

340

5	4	7	8	1	3	6	2	9
3	2	1	6	4	9	7	8	5
9	6	8	2	7	5	3	1	4
1	3	9	4	5	6	2	7	8
6	7	5	9	2	8	4	3	1
4	8	2	1	3	7	9	5	6
8	5	6	7	9	2	1	4	3
7	9	4	3	8	1	5	6	2
2	1	3	5	6	4	8	9	7

341

3	2	5	9	6	7	4	1	8
4	9	1	5	3	8	6	7	2
6	7	8	4	1	2	5	3	9
8	5	2	7	9	1	3	6	4
1	4	3	6	2	5	9	8	7
9	6	7	8	4	3	1	2	5
2	8	6	1	5	4	7	9	3
5	3	9	2	7	6	8	4	1
7	1	4	3	8	9	2	5	6

342

7	3	9	6	2	4	8	5	1
1	2	4	8	3	5	9	7	6
5	8	6	9	1	7	4	2	3
4	6	2	7	8	3	1	9	5
9	7	1	5	6	2	3	8	4
8	5	3	4	9	1	7	6	2
2	4	5	1	7	9	6	3	8
6	1	7	3	5	8	2	4	9
3	9	8	2	4	6	5	1	7

343

9	4	1	3	7	5	8	6	2
5	7	2	4	8	6	3	9	1
8	3	6	9	2	1	7	4	5
3	5	8	1	9	7	6	2	4
6	1	9	8	4	2	5	3	7
4	2	7	5	6	3	9	1	8
7	6	4	2	5	9	1	8	3
2	9	3	7	1	8	4	5	6
1	8	5	6	3	4	2	7	9

344

2	6	9	5	7	8	3	4	1
1	8	5	4	9	3	7	6	2
3	7	4	1	6	2	9	5	8
4	1	6	2	5	7	8	9	3
8	2	7	9	3	6	4	1	5
5	9	3	8	1	4	6	2	7
6	5	2	7	8	9	1	3	4
9	4	8	3	2	1	5	7	6
7	3	1	6	4	5	2	8	9

345

6	3	7	1	2	8	5	9	4
4	5	8	7	6	9	3	1	2
9	2	1	5	4	3	6	7	8
5	1	2	4	3	7	8	6	9
3	4	9	8	1	6	7	2	5
7	8	6	9	5	2	4	3	1
8	6	3	2	9	4	1	5	7
2	7	5	6	8	1	9	4	3
1	9	4	3	7	5	2	8	6

346

2	9	4	5	1	3	8	6	7
5	6	3	7	9	8	1	2	4
1	8	7	2	6	4	3	5	9
9	4	8	6	5	1	7	3	2
6	7	2	3	8	9	5	4	1
3	1	5	4	2	7	6	9	8
4	3	9	1	7	5	2	8	6
8	2	1	9	3	6	4	7	5
7	5	6	8	4	2	9	1	3

347

9	5	3	7	6	8	1	2	4
2	8	4	5	1	3	9	7	6
7	1	6	2	9	4	5	8	3
1	3	7	4	8	6	2	9	5
8	4	2	9	3	5	6	1	7
6	9	5	1	2	7	4	3	8
5	2	8	6	7	1	3	4	9
3	6	1	8	4	9	7	5	2
4	7	9	3	5	2	8	6	1

348

5	4	7	6	2	9	3	8	1
9	6	3	8	5	1	2	7	4
1	2	8	7	3	4	9	5	6
6	7	1	3	8	5	4	2	9
8	5	4	1	9	2	6	3	7
3	9	2	4	7	6	5	1	8
7	3	9	5	6	8	1	4	2
2	1	5	9	4	7	8	6	3
4	8	6	2	1	3	7	9	5

349

2	9	3	1	4	7	5	6	8
1	5	8	6	2	9	7	4	3
4	6	7	5	3	8	2	1	9
9	3	6	8	5	4	1	7	2
7	1	4	2	6	3	9	8	5
5	8	2	7	9	1	6	3	4
8	2	1	3	7	5	4	9	6
6	7	9	4	8	2	3	5	1
3	4	5	9	1	6	8	2	7

350

3	5	9	2	4	6	1	8	7
1	2	4	7	3	8	5	6	9
6	8	7	9	1	5	4	2	3
9	3	8	1	5	7	6	4	2
2	1	5	4	6	9	7	3	8
4	7	6	3	8	2	9	1	5
8	4	2	5	9	1	3	7	6
5	6	1	8	7	3	2	9	4
7	9	3	6	2	4	8	5	1

351

5	4	2	1	7	3	6	9	8
6	1	3	5	9	8	2	4	7
8	7	9	6	4	2	3	5	1
3	6	7	2	1	4	5	8	9
4	2	1	8	5	9	7	6	3
9	8	5	7	3	6	1	2	4
7	5	8	4	2	1	9	3	6
1	9	4	3	6	5	8	7	2
2	3	6	9	8	7	4	1	5

352

4	9	3	7	8	6	1	2	5
1	2	6	5	9	4	7	8	3
5	8	7	3	2	1	4	9	6
3	6	1	2	7	8	5	4	9
8	4	2	9	6	5	3	7	1
7	5	9	4	1	3	8	6	2
9	7	5	8	3	2	6	1	4
6	3	8	1	4	9	2	5	7
2	1	4	6	5	7	9	3	8

353

8	4	7	6	5	2	3	1	9
5	1	9	8	3	4	2	7	6
6	3	2	1	9	7	8	4	5
9	2	1	7	8	5	6	3	4
3	8	6	4	2	1	5	9	7
4	7	5	3	6	9	1	8	2
1	9	8	5	4	6	7	2	3
2	6	3	9	7	8	4	5	1
7	5	4	2	1	3	9	6	8

354

4	5	6	3	2	9	1	7	8
1	8	7	6	4	5	9	3	2
3	2	9	8	7	1	5	4	6
8	1	2	7	6	4	3	5	9
6	7	5	9	3	8	4	2	1
9	4	3	5	1	2	6	8	7
2	3	1	4	9	7	8	6	5
7	6	8	1	5	3	2	9	4
5	9	4	2	8	6	7	1	3

355

6	3	5	7	4	1	2	9	8
1	7	8	9	2	5	6	3	4
2	4	9	3	6	8	1	7	5
7	1	3	8	5	9	4	6	2
8	9	6	2	1	4	7	5	3
5	2	4	6	3	7	8	1	9
9	8	2	1	7	3	5	4	6
4	6	1	5	9	2	3	8	7
3	5	7	4	8	6	9	2	1

356

9	5	7	4	3	2	8	6	1
1	4	3	6	7	8	9	2	5
8	2	6	5	1	9	3	4	7
5	8	1	9	2	6	4	7	3
7	6	4	3	5	1	2	8	9
3	9	2	7	8	4	1	5	6
6	1	9	2	4	5	7	3	8
2	7	5	8	9	3	6	1	4
4	3	8	1	6	7	5	9	2

357

7	4	9	8	3	5	2	6	1
3	1	6	7	2	4	8	5	9
8	5	2	1	9	6	7	3	4
5	8	3	4	7	1	9	2	6
2	7	1	5	6	9	4	8	3
9	6	4	2	8	3	5	1	7
6	3	7	9	5	2	1	4	8
4	9	5	3	1	8	6	7	2
1	2	8	6	4	7	3	9	5

358

4	5	6	9	1	8	3	2	7
1	9	2	6	7	3	5	8	4
7	3	8	2	4	5	6	9	1
8	1	4	3	5	2	9	7	6
9	2	5	7	8	6	1	4	3
3	6	7	4	9	1	2	5	8
5	8	3	1	2	4	7	6	9
6	4	9	5	3	7	8	1	2
2	7	1	8	6	9	4	3	5

359

7	4	2	9	1	8	6	3	5
3	9	8	5	6	7	4	2	1
6	1	5	4	3	2	8	7	9
4	7	1	3	5	9	2	6	8
8	5	6	2	7	4	1	9	3
9	2	3	1	8	6	7	5	4
2	8	9	6	4	5	3	1	7
5	3	4	7	2	1	9	8	6
1	6	7	8	9	3	5	4	2

360

5	8	7	1	9	3	6	2	4
9	6	4	2	7	8	1	5	3
3	1	2	4	5	6	9	8	7
8	5	9	7	6	2	3	4	1
6	7	1	8	3	4	2	9	5
2	4	3	5	1	9	8	7	6
1	9	8	6	4	7	5	3	2
4	2	5	3	8	1	7	6	9
7	3	6	9	2	5	4	1	8

361

1	9	2	7	4	3	5	6	8
4	7	6	1	8	5	3	9	2
5	3	8	6	9	2	4	7	1
6	2	4	3	5	1	7	8	9
3	8	9	4	2	7	6	1	5
7	5	1	9	6	8	2	4	3
8	4	7	5	3	9	1	2	6
9	6	5	2	1	4	8	3	7
2	1	3	8	7	6	9	5	4

362

7	3	1	4	2	6	5	9	8
9	4	8	5	1	3	7	2	6
5	2	6	9	8	7	1	4	3
1	7	3	8	6	9	2	5	4
2	6	4	3	5	1	9	8	7
8	5	9	2	7	4	3	6	1
4	1	5	6	3	2	8	7	9
3	9	2	7	4	8	6	1	5
6	8	7	1	9	5	4	3	2

363

7	8	6	5	3	2	4	1	9
4	9	2	6	8	1	3	7	5
1	5	3	7	9	4	2	8	6
8	6	7	4	5	9	1	3	2
3	2	5	8	1	6	9	4	7
9	4	1	2	7	3	5	6	8
2	1	8	3	6	5	7	9	4
6	3	4	9	2	7	8	5	1
5	7	9	1	4	8	6	2	3

364

5	2	3	6	9	7	1	4	8
1	8	9	4	5	3	6	7	2
6	4	7	1	2	8	5	3	9
8	9	5	3	7	2	4	1	6
7	6	4	8	1	9	3	2	5
3	1	2	5	4	6	8	9	7
2	5	1	9	6	4	7	8	3
9	3	6	7	8	1	2	5	4
4	7	8	2	3	5	9	6	1

365

4	2	3	7	9	8	1	5	6
8	5	9	1	6	4	2	3	7
6	1	7	3	2	5	4	9	8
9	7	1	2	4	6	5	8	3
5	3	4	8	1	9	6	7	2
2	6	8	5	3	7	9	4	1
7	8	2	9	5	1	3	6	4
1	4	5	6	7	3	8	2	9
3	9	6	4	8	2	7	1	5

366

6	9	2	4	1	8	5	7	3
7	8	3	6	2	5	9	4	1
1	5	4	9	7	3	8	2	6
2	7	5	8	3	4	1	6	9
3	1	6	5	9	7	4	8	2
9	4	8	2	6	1	3	5	7
8	6	7	3	4	9	2	1	5
4	3	1	7	5	2	6	9	8
5	2	9	1	8	6	7	3	4

367

4	7	2	8	9	6	3	5	1
6	5	8	1	4	3	9	2	7
1	9	3	7	2	5	4	6	8
8	1	4	6	7	9	5	3	2
5	2	7	4	3	1	6	8	9
3	6	9	5	8	2	1	7	4
2	4	6	9	5	7	8	1	3
7	8	1	3	6	4	2	9	5
9	3	5	2	1	8	7	4	6

368

4	3	6	8	7	2	1	5	9
2	8	9	4	1	5	6	7	3
5	7	1	9	3	6	2	4	8
1	5	4	2	8	3	9	6	7
9	6	3	5	4	7	8	2	1
8	2	7	6	9	1	4	3	5
7	4	8	3	6	9	5	1	2
3	9	2	1	5	4	7	8	6
6	1	5	7	2	8	3	9	4

369

2	4	1	6	5	9	3	7	8
5	7	8	3	1	4	2	9	6
3	9	6	2	8	7	4	5	1
4	6	2	9	7	8	5	1	3
7	3	9	5	6	1	8	4	2
1	8	5	4	3	2	7	6	9
8	5	3	7	9	6	1	2	4
9	2	7	1	4	3	6	8	5
6	1	4	8	2	5	9	3	7

370

3	6	4	8	1	9	2	5	7
2	8	5	7	3	6	1	9	4
1	9	7	5	2	4	8	3	6
5	1	8	2	6	7	9	4	3
4	7	2	9	8	3	5	6	1
9	3	6	1	4	5	7	8	2
8	5	3	4	7	2	6	1	9
7	4	9	6	5	1	3	2	8
6	2	1	3	9	8	4	7	5

371

9	1	6	5	7	4	8	2	3
5	7	3	6	8	2	1	4	9
8	4	2	1	9	3	5	7	6
2	3	8	4	6	7	9	5	1
4	5	7	9	3	1	6	8	2
1	6	9	2	5	8	4	3	7
7	2	1	8	4	6	3	9	5
3	9	4	7	1	5	2	6	8
6	8	5	3	2	9	7	1	4

372

9	5	1	8	6	7	3	4	2
3	7	6	5	2	4	8	9	1
8	4	2	9	1	3	7	6	5
5	2	9	1	7	8	6	3	4
1	8	3	4	5	6	2	7	9
7	6	4	2	3	9	1	5	8
6	9	5	3	8	1	4	2	7
2	1	7	6	4	5	9	8	3
4	3	8	7	9	2	5	1	6

373

7	3	8	2	4	9	1	6	5
2	5	6	1	8	3	9	7	4
4	9	1	6	5	7	8	2	3
9	4	3	8	7	1	2	5	6
6	7	5	9	2	4	3	8	1
8	1	2	5	3	6	7	4	9
5	6	7	3	9	8	4	1	2
1	8	9	4	6	2	5	3	7
3	2	4	7	1	5	6	9	8

374

4	3	9	5	2	8	7	1	6
1	2	7	6	3	4	5	9	8
8	5	6	9	1	7	2	3	4
9	7	1	2	8	6	3	4	5
5	4	3	7	9	1	8	6	2
2	6	8	4	5	3	1	7	9
3	1	5	8	6	9	4	2	7
7	9	2	3	4	5	6	8	1
6	8	4	1	7	2	9	5	3

375

1	2	7	9	6	8	5	3	4
8	6	5	4	3	7	1	2	9
4	3	9	5	2	1	8	6	7
5	1	2	6	4	3	9	7	8
9	4	8	2	7	5	3	1	6
3	7	6	1	8	9	4	5	2
6	5	4	8	1	2	7	9	3
2	9	3	7	5	4	6	8	1
7	8	1	3	9	6	2	4	5

376

9	6	7	3	5	1	4	8	2
8	4	3	2	6	9	7	1	5
5	2	1	4	7	8	6	3	9
2	7	9	8	4	6	1	5	3
4	5	8	1	3	7	9	2	6
3	1	6	9	2	5	8	4	7
6	3	2	7	8	4	5	9	1
1	8	5	6	9	2	3	7	4
7	9	4	5	1	3	2	6	8

377

3	7	1	2	6	9	8	4	5
4	5	2	3	7	8	9	6	1
8	9	6	4	5	1	7	3	2
9	6	7	1	3	5	2	8	4
5	4	8	9	2	6	3	1	7
1	2	3	7	8	4	5	9	6
2	1	5	8	4	3	6	7	9
7	8	9	6	1	2	4	5	3
6	3	4	5	9	7	1	2	8

378

9	6	2	7	8	4	3	5	1
3	8	7	5	9	1	4	2	6
5	4	1	3	2	6	7	8	9
2	5	6	1	7	3	9	4	8
4	1	8	9	5	2	6	3	7
7	9	3	4	6	8	5	1	2
8	7	5	2	4	9	1	6	3
1	2	9	6	3	5	8	7	4
6	3	4	8	1	7	2	9	5

379

9	7	1	6	2	3	5	8	4
5	6	2	4	8	1	7	3	9
4	8	3	9	5	7	1	2	6
3	1	8	7	4	5	6	9	2
2	5	6	3	1	9	8	4	7
7	9	4	8	6	2	3	1	5
1	4	7	2	3	6	9	5	8
6	2	5	1	9	8	4	7	3
8	3	9	5	7	4	2	6	1

380

7	2	4	8	3	6	9	1	5
1	3	8	5	9	2	6	7	4
9	6	5	7	1	4	2	8	3
6	8	2	1	7	3	4	5	9
4	5	1	6	8	9	7	3	2
3	7	9	4	2	5	1	6	8
5	1	7	2	4	8	3	9	6
8	4	3	9	6	1	5	2	7
2	9	6	3	5	7	8	4	1

381

4	9	8	6	5	2	3	1	7
2	3	6	7	8	1	4	9	5
5	7	1	9	3	4	2	6	8
8	5	7	1	2	6	9	4	3
6	4	3	8	7	9	5	2	1
9	1	2	3	4	5	8	7	6
3	8	9	2	6	7	1	5	4
1	6	4	5	9	8	7	3	2
7	2	5	4	1	3	6	8	9

382

2	7	9	3	5	6	4	1	8
1	5	3	4	7	8	9	2	6
4	6	8	2	1	9	5	3	7
8	2	7	1	9	5	6	4	3
3	9	5	8	6	4	1	7	2
6	4	1	7	3	2	8	9	5
5	1	6	9	2	7	3	8	4
9	8	2	5	4	3	7	6	1
7	3	4	6	8	1	2	5	9

383

2	9	3	6	8	1	4	7	5
8	7	6	9	5	4	1	3	2
5	1	4	3	2	7	9	6	8
3	2	7	5	4	8	6	1	9
4	6	1	7	9	2	8	5	3
9	8	5	1	6	3	2	4	7
7	4	8	2	3	6	5	9	1
1	5	2	4	7	9	3	8	6
6	3	9	8	1	5	7	2	4

384

9	6	1	4	2	7	3	8	5
3	8	4	1	5	6	9	7	2
7	2	5	8	9	3	6	1	4
8	1	2	3	7	5	4	9	6
5	9	3	6	4	1	7	2	8
6	4	7	2	8	9	1	5	3
1	7	6	5	3	8	2	4	9
4	5	9	7	6	2	8	3	1
2	3	8	9	1	4	5	6	7

385

6	2	9	8	7	3	1	4	5
4	3	7	2	1	5	9	6	8
1	5	8	4	9	6	2	7	3
9	4	3	7	6	2	5	8	1
5	7	6	1	3	8	4	9	2
8	1	2	5	4	9	6	3	7
3	6	5	9	2	7	8	1	4
2	9	4	3	8	1	7	5	6
7	8	1	6	5	4	3	2	9

386

6	7	4	5	3	2	8	1	9
5	2	1	4	9	8	3	6	7
3	8	9	7	1	6	2	4	5
7	9	5	6	4	3	1	8	2
4	1	8	9	2	5	7	3	6
2	3	6	8	7	1	5	9	4
1	6	3	2	5	9	4	7	8
8	4	2	3	6	7	9	5	1
9	5	7	1	8	4	6	2	3

387

6	5	2	9	3	7	8	4	1
9	4	1	6	2	8	7	3	5
8	7	3	5	1	4	9	6	2
7	3	4	1	8	6	2	5	9
2	9	8	4	5	3	1	7	6
5	1	6	2	7	9	3	8	4
1	2	7	3	4	5	6	9	8
3	6	5	8	9	2	4	1	7
4	8	9	7	6	1	5	2	3

388

8	6	7	2	4	1	3	5	9
4	9	5	8	6	3	7	2	1
2	3	1	5	9	7	6	4	8
9	1	2	3	5	8	4	6	7
6	8	3	4	7	9	2	1	5
7	5	4	6	1	2	8	9	3
5	7	8	9	2	6	1	3	4
1	4	6	7	3	5	9	8	2
3	2	9	1	8	4	5	7	6

389

9	6	5	3	1	8	2	4	7
4	3	7	2	6	9	1	8	5
1	2	8	4	5	7	3	9	6
8	5	3	9	2	4	7	6	1
2	7	1	6	8	3	9	5	4
6	4	9	1	7	5	8	2	3
3	1	6	8	4	2	5	7	9
7	9	2	5	3	6	4	1	8
5	8	4	7	9	1	6	3	2

390

6	3	1	9	7	5	4	2	8
5	9	2	8	4	3	6	1	7
4	8	7	1	2	6	5	3	9
1	7	9	5	3	4	8	6	2
8	2	4	7	6	1	9	5	3
3	6	5	2	9	8	1	7	4
9	1	8	3	5	7	2	4	6
2	4	3	6	1	9	7	8	5
7	5	6	4	8	2	3	9	1

391

8	5	7	6	1	2	9	3	4
6	4	9	7	5	3	8	1	2
3	2	1	4	8	9	7	5	6
4	8	6	9	2	5	1	7	3
9	1	2	3	7	6	4	8	5
7	3	5	1	4	8	2	6	9
5	9	8	2	6	7	3	4	1
1	7	3	5	9	4	6	2	8
2	6	4	8	3	1	5	9	7

392

4	5	9	2	1	6	8	3	7
6	1	3	8	7	4	2	5	9
2	8	7	3	9	5	4	6	1
7	3	2	9	4	8	6	1	5
9	6	8	5	3	1	7	2	4
1	4	5	7	6	2	3	9	8
8	2	4	1	5	3	9	7	6
5	9	6	4	2	7	1	8	3
3	7	1	6	8	9	5	4	2

393

6	3	1	2	4	8	5	9	7
5	7	8	1	9	3	2	6	4
2	4	9	5	6	7	8	1	3
9	2	3	7	8	4	6	5	1
8	5	7	6	3	1	9	4	2
4	1	6	9	5	2	3	7	8
1	8	5	4	2	9	7	3	6
3	9	4	8	7	6	1	2	5
7	6	2	3	1	5	4	8	9

394

7	9	1	8	5	4	2	6	3
3	2	4	7	6	1	9	5	8
5	8	6	2	9	3	7	4	1
1	3	5	6	8	2	4	7	9
9	6	2	1	4	7	8	3	5
4	7	8	9	3	5	1	2	6
8	1	7	3	2	6	5	9	4
6	4	9	5	7	8	3	1	2
2	5	3	4	1	9	6	8	7

395

9	6	7	3	1	5	2	4	8
1	4	5	2	9	8	7	3	6
2	8	3	7	4	6	5	9	1
3	5	1	6	2	9	4	8	7
6	7	4	8	3	1	9	5	2
8	2	9	5	7	4	6	1	3
5	1	8	4	6	7	3	2	9
4	3	6	9	8	2	1	7	5
7	9	2	1	5	3	8	6	4

396

8	9	6	4	2	3	7	1	5
5	3	1	7	8	9	6	4	2
2	7	4	1	6	5	8	9	3
7	2	3	8	9	4	5	6	1
1	6	5	3	7	2	9	8	4
4	8	9	5	1	6	3	2	7
3	4	2	6	5	8	1	7	9
9	1	8	2	3	7	4	5	6
6	5	7	9	4	1	2	3	8

397

8	9	7	1	5	6	4	3	2
1	4	6	3	8	2	9	7	5
2	5	3	9	7	4	1	6	8
6	1	8	7	4	5	2	9	3
3	2	4	6	9	8	7	5	1
9	7	5	2	1	3	8	4	6
5	8	9	4	6	1	3	2	7
7	3	1	5	2	9	6	8	4
4	6	2	8	3	7	5	1	9

398

6	9	3	5	8	2	1	7	4
5	1	4	9	7	6	8	2	3
2	8	7	1	3	4	9	6	5
1	5	9	2	6	3	4	8	7
3	2	8	4	1	7	6	5	9
7	4	6	8	5	9	2	3	1
4	6	2	7	9	5	3	1	8
9	7	1	3	2	8	5	4	6
8	3	5	6	4	1	7	9	2

399

3	5	8	1	7	9	6	2	4
9	1	2	6	4	8	5	3	7
6	7	4	5	3	2	9	8	1
5	2	7	9	8	6	4	1	3
8	3	1	2	5	4	7	6	9
4	6	9	7	1	3	8	5	2
7	9	5	3	6	1	2	4	8
1	8	6	4	2	7	3	9	5
2	4	3	8	9	5	1	7	6

400

9	1	3	2	4	7	6	5	8
4	6	2	9	5	8	7	3	1
7	5	8	6	1	3	2	9	4
1	7	9	8	3	5	4	6	2
3	2	5	1	6	4	8	7	9
8	4	6	7	9	2	5	1	3
2	3	4	5	7	9	1	8	6
5	9	1	4	8	6	3	2	7
6	8	7	3	2	1	9	4	5

401

6	8	9	3	1	4	7	2	5
5	3	2	9	8	7	6	1	4
1	7	4	5	2	6	9	8	3
7	6	8	4	5	3	1	9	2
4	2	5	1	9	8	3	6	7
3	9	1	7	6	2	4	5	8
9	4	6	8	3	5	2	7	1
2	5	3	6	7	1	8	4	9
8	1	7	2	4	9	5	3	6

402

7	8	3	1	4	9	5	6	2
5	1	9	7	2	6	8	4	3
2	6	4	5	3	8	9	7	1
8	4	1	6	7	2	3	9	5
3	9	5	8	1	4	7	2	6
6	7	2	9	5	3	1	8	4
1	5	6	4	8	7	2	3	9
4	3	7	2	9	1	6	5	8
9	2	8	3	6	5	4	1	7

403

1	5	4	7	6	9	2	3	8
9	6	8	3	1	2	4	7	5
2	3	7	4	5	8	9	6	1
7	8	6	9	4	5	1	2	3
3	2	1	6	8	7	5	9	4
4	9	5	1	2	3	6	8	7
5	4	2	8	7	6	3	1	9
6	7	9	5	3	1	8	4	2
8	1	3	2	9	4	7	5	6

404

2	1	3	8	5	4	9	6	7
4	6	9	7	1	3	5	2	8
5	7	8	9	6	2	1	4	3
3	5	4	6	2	8	7	9	1
6	8	7	1	4	9	2	3	5
1	9	2	5	3	7	4	8	6
8	2	6	4	7	5	3	1	9
9	4	5	3	8	1	6	7	2
7	3	1	2	9	6	8	5	4

405

4	5	3	7	2	8	9	6	1
2	8	1	9	3	6	5	4	7
7	6	9	4	1	5	2	3	8
8	3	6	2	5	7	1	9	4
5	1	4	6	9	3	8	7	2
9	2	7	1	8	4	3	5	6
3	4	8	5	6	2	7	1	9
1	7	2	3	4	9	6	8	5
6	9	5	8	7	1	4	2	3

406

5	7	1	6	4	3	9	8	2
2	8	4	9	1	5	3	6	7
6	9	3	7	8	2	5	1	4
7	2	8	3	9	1	6	4	5
3	1	9	5	6	4	7	2	8
4	5	6	2	7	8	1	9	3
1	4	7	8	3	6	2	5	9
9	6	2	4	5	7	8	3	1
8	3	5	1	2	9	4	7	6

407

4	1	3	9	8	7	5	2	6
6	5	9	1	4	2	7	8	3
7	2	8	5	6	3	4	1	9
3	8	5	4	7	1	9	6	2
9	4	6	3	2	8	1	5	7
2	7	1	6	9	5	3	4	8
5	6	7	2	1	9	8	3	4
8	3	4	7	5	6	2	9	1
1	9	2	8	3	4	6	7	5

408

9	4	8	7	5	6	2	1	3
1	7	3	8	2	4	9	6	5
2	5	6	1	3	9	8	4	7
6	1	2	4	8	3	7	5	9
3	8	4	9	7	5	1	2	6
7	9	5	6	1	2	3	8	4
5	2	7	3	6	8	4	9	1
8	3	9	5	4	1	6	7	2
4	6	1	2	9	7	5	3	8

409

9	7	8	3	1	2	4	6	5
6	4	2	7	5	8	1	3	9
1	3	5	9	6	4	7	2	8
4	2	9	8	7	1	6	5	3
3	5	1	6	4	9	8	7	2
8	6	7	5	2	3	9	4	1
2	9	3	4	8	6	5	1	7
7	8	4	1	3	5	2	9	6
5	1	6	2	9	7	3	8	4

410

9	1	2	4	5	7	6	8	3
7	4	8	9	6	3	1	5	2
6	3	5	2	1	8	9	4	7
2	5	3	7	4	1	8	9	6
4	7	1	8	9	6	3	2	5
8	6	9	3	2	5	7	1	4
5	9	6	1	3	4	2	7	8
3	2	7	5	8	9	4	6	1
1	8	4	6	7	2	5	3	9

411

7	5	4	8	9	2	6	1	3
8	9	1	3	4	6	7	5	2
3	6	2	7	5	1	8	4	9
1	7	3	2	6	4	5	9	8
9	2	6	5	3	8	1	7	4
5	4	8	9	1	7	3	2	6
6	1	5	4	8	9	2	3	7
4	3	7	6	2	5	9	8	1
2	8	9	1	7	3	4	6	5

412

9	8	4	1	2	5	3	7	6
7	2	3	9	8	6	1	5	4
6	1	5	4	3	7	2	8	9
1	7	8	6	9	3	5	4	2
3	9	6	5	4	2	8	1	7
5	4	2	7	1	8	9	6	3
4	3	9	8	7	1	6	2	5
2	6	1	3	5	4	7	9	8
8	5	7	2	6	9	4	3	1

413

8	7	9	1	6	3	5	2	4
1	3	5	9	2	4	7	6	8
4	2	6	8	5	7	3	1	9
7	9	2	4	8	5	1	3	6
6	1	4	3	9	2	8	7	5
5	8	3	7	1	6	4	9	2
9	6	1	5	7	8	2	4	3
3	5	7	2	4	9	6	8	1
2	4	8	6	3	1	9	5	7

414

2	1	6	5	3	7	8	4	9
9	7	8	4	6	1	5	2	3
4	3	5	2	8	9	7	1	6
7	8	3	9	1	4	2	6	5
6	9	1	8	2	5	4	3	7
5	4	2	3	7	6	1	9	8
8	6	9	1	5	2	3	7	4
1	5	4	7	9	3	6	8	2
3	2	7	6	4	8	9	5	1

415

2	3	7	6	8	5	9	1	4
8	5	4	7	1	9	2	3	6
1	6	9	3	4	2	7	5	8
6	9	1	8	5	4	3	7	2
4	8	5	2	3	7	6	9	1
3	7	2	1	9	6	8	4	5
7	1	8	4	2	3	5	6	9
5	2	3	9	6	1	4	8	7
9	4	6	5	7	8	1	2	3

416

3	2	7	5	8	1	6	9	4
6	4	5	9	3	7	2	1	8
9	1	8	2	4	6	7	5	3
2	5	1	4	6	3	9	8	7
7	3	6	8	9	2	5	4	1
8	9	4	7	1	5	3	6	2
4	7	2	6	5	8	1	3	9
5	8	3	1	2	9	4	7	6
1	6	9	3	7	4	8	2	5

417

8	1	5	4	7	9	6	3	2
3	2	4	8	6	5	7	9	1
7	9	6	2	3	1	5	4	8
2	5	1	9	4	6	8	7	3
4	3	9	1	8	7	2	6	5
6	8	7	3	5	2	4	1	9
9	6	2	7	1	8	3	5	4
1	7	3	5	2	4	9	8	6
5	4	8	6	9	3	1	2	7

418

6	5	9	7	4	3	2	1	8
4	3	1	5	2	8	9	7	6
7	2	8	1	9	6	4	3	5
3	7	5	2	8	9	6	4	1
8	9	6	4	1	5	3	2	7
2	1	4	6	3	7	5	8	9
9	4	7	3	5	1	8	6	2
5	6	2	8	7	4	1	9	3
1	8	3	9	6	2	7	5	4

419

8	1	9	7	3	5	2	4	6
3	5	6	2	9	4	1	7	8
2	4	7	6	8	1	5	3	9
1	6	4	9	2	7	8	5	3
7	3	2	5	4	8	6	9	1
9	8	5	1	6	3	4	2	7
6	2	8	3	5	9	7	1	4
4	9	1	8	7	2	3	6	5
5	7	3	4	1	6	9	8	2

420

9	8	6	7	2	5	1	4	3
4	2	1	3	8	9	5	7	6
7	3	5	4	1	6	8	2	9
2	5	7	8	9	4	3	6	1
8	9	4	6	3	1	7	5	2
1	6	3	5	7	2	4	9	8
6	1	8	9	4	7	2	3	5
5	4	2	1	6	3	9	8	7
3	7	9	2	5	8	6	1	4

421

1	9	6	8	5	7	4	3	2
5	2	4	3	6	1	9	8	7
3	7	8	9	2	4	6	5	1
7	6	1	5	8	3	2	9	4
9	3	2	7	4	6	5	1	8
4	8	5	1	9	2	3	7	6
8	4	9	6	1	5	7	2	3
6	1	3	2	7	9	8	4	5
2	5	7	4	3	8	1	6	9

422

9	7	1	8	5	4	2	3	6
8	6	5	2	1	3	7	4	9
2	3	4	7	6	9	8	5	1
6	1	8	4	2	7	3	9	5
4	5	7	9	3	6	1	8	2
3	9	2	1	8	5	4	6	7
1	8	9	6	4	2	5	7	3
5	4	6	3	7	1	9	2	8
7	2	3	5	9	8	6	1	4

423

4	7	1	3	2	5	9	8	6
5	2	8	6	4	9	3	1	7
3	9	6	8	7	1	2	5	4
1	3	4	7	5	2	6	9	8
9	8	7	4	6	3	1	2	5
2	6	5	1	9	8	4	7	3
6	4	9	2	8	7	5	3	1
7	1	2	5	3	6	8	4	9
8	5	3	9	1	4	7	6	2

424

8	7	6	9	4	1	2	5	3
4	3	9	5	7	2	6	1	8
5	2	1	8	6	3	9	4	7
9	1	4	3	2	7	8	6	5
2	8	7	6	9	5	4	3	1
6	5	3	4	1	8	7	2	9
7	9	2	1	5	4	3	8	6
1	6	8	2	3	9	5	7	4
3	4	5	7	8	6	1	9	2

425

1	4	8	5	6	2	9	7	3
2	3	9	7	8	4	1	6	5
6	7	5	1	9	3	2	4	8
3	6	1	4	5	8	7	9	2
9	8	2	6	7	1	5	3	4
4	5	7	3	2	9	6	8	1
5	9	3	2	4	7	8	1	6
8	1	6	9	3	5	4	2	7
7	2	4	8	1	6	3	5	9

426

5	1	4	3	9	7	2	6	8
7	3	8	4	6	2	9	5	1
6	9	2	5	1	8	3	4	7
2	8	5	7	4	3	1	9	6
4	6	9	2	8	1	7	3	5
1	7	3	6	5	9	8	2	4
9	5	1	8	2	4	6	7	3
8	4	7	9	3	6	5	1	2
3	2	6	1	7	5	4	8	9

427

2	1	4	8	5	6	7	3	9
3	9	5	1	7	2	8	6	4
6	8	7	9	4	3	1	5	2
8	6	9	2	1	4	3	7	5
5	4	2	3	8	7	6	9	1
1	7	3	6	9	5	2	4	8
7	2	8	5	3	9	4	1	6
9	3	1	4	6	8	5	2	7
4	5	6	7	2	1	9	8	3

428

5	8	9	2	3	6	4	1	7
4	6	1	9	8	7	3	2	5
3	2	7	1	5	4	6	8	9
1	5	4	8	6	2	9	7	3
2	3	6	5	7	9	8	4	1
9	7	8	3	4	1	5	6	2
8	9	2	4	1	5	7	3	6
6	1	3	7	9	8	2	5	4
7	4	5	6	2	3	1	9	8

429

1	2	8	5	4	9	6	7	3
4	3	6	8	7	1	9	2	5
9	5	7	3	2	6	1	4	8
7	6	5	9	8	4	3	1	2
8	9	3	1	5	2	4	6	7
2	1	4	6	3	7	5	8	9
6	4	2	7	9	5	8	3	1
3	7	9	4	1	8	2	5	6
5	8	1	2	6	3	7	9	4

430

7	8	3	5	9	6	4	1	2
9	6	1	3	4	2	8	5	7
5	2	4	7	8	1	6	3	9
2	4	9	1	7	8	3	6	5
3	5	6	4	2	9	7	8	1
8	1	7	6	5	3	9	2	4
6	3	5	9	1	7	2	4	8
1	7	8	2	3	4	5	9	6
4	9	2	8	6	5	1	7	3

431

2	8	9	7	6	3	1	4	5
6	3	1	8	4	5	7	2	9
7	5	4	9	1	2	3	6	8
9	2	8	4	3	6	5	7	1
5	6	3	1	9	7	2	8	4
1	4	7	5	2	8	6	9	3
8	1	2	3	7	9	4	5	6
3	7	5	6	8	4	9	1	2
4	9	6	2	5	1	8	3	7

432

6	9	2	8	3	1	4	7	5
4	7	8	2	9	5	6	3	1
1	5	3	4	6	7	9	2	8
5	8	1	3	2	6	7	9	4
7	2	4	1	5	9	3	8	6
9	3	6	7	8	4	5	1	2
8	6	5	9	7	2	1	4	3
3	4	7	5	1	8	2	6	9
2	1	9	6	4	3	8	5	7

433

5	2	9	3	6	4	7	1	8
4	6	3	8	7	1	9	5	2
8	7	1	5	2	9	4	6	3
3	9	7	1	4	2	5	8	6
2	4	8	6	9	5	1	3	7
1	5	6	7	3	8	2	9	4
6	8	2	9	5	7	3	4	1
9	1	4	2	8	3	6	7	5
7	3	5	4	1	6	8	2	9

434

2	1	4	3	5	9	8	7	6
9	7	5	8	2	6	1	4	3
8	6	3	7	1	4	9	2	5
4	8	1	6	9	5	7	3	2
7	5	9	2	4	3	6	1	8
6	3	2	1	8	7	5	9	4
1	9	6	5	3	2	4	8	7
3	4	7	9	6	8	2	5	1
5	2	8	4	7	1	3	6	9

435

6	3	5	7	9	2	8	4	1
9	7	4	1	8	5	3	2	6
2	1	8	4	3	6	7	5	9
1	8	9	3	6	4	5	7	2
5	2	7	9	1	8	6	3	4
3	4	6	5	2	7	9	1	8
7	5	2	6	4	9	1	8	3
4	6	3	8	5	1	2	9	7
8	9	1	2	7	3	4	6	5

436

8	7	4	1	9	6	5	3	2
9	1	6	2	3	5	7	4	8
5	3	2	7	8	4	6	1	9
6	4	9	8	1	7	3	2	5
1	2	7	5	6	3	9	8	4
3	5	8	9	4	2	1	7	6
7	8	1	6	2	9	4	5	3
2	9	3	4	5	1	8	6	7
4	6	5	3	7	8	2	9	1

437

8	4	1	9	2	6	5	7	3
7	5	6	1	3	4	9	2	8
2	9	3	5	7	8	4	1	6
4	7	2	8	1	3	6	5	9
3	1	5	2	6	9	8	4	7
6	8	9	7	4	5	1	3	2
5	3	8	4	9	7	2	6	1
9	2	7	6	5	1	3	8	4
1	6	4	3	8	2	7	9	5

438

9	6	1	7	8	2	4	3	5
4	5	7	9	3	1	2	8	6
3	2	8	4	6	5	1	7	9
6	7	5	3	2	4	8	9	1
1	8	9	6	5	7	3	2	4
2	4	3	8	1	9	6	5	7
8	1	6	5	7	3	9	4	2
7	3	4	2	9	6	5	1	8
5	9	2	1	4	8	7	6	3

439

8	9	2	4	5	6	1	7	3
1	7	3	9	2	8	5	6	4
5	6	4	7	3	1	2	8	9
6	4	5	3	1	7	8	9	2
7	3	1	2	8	9	6	4	5
9	2	8	5	6	4	7	3	1
2	8	9	6	4	5	3	1	7
3	1	7	8	9	2	4	5	6
4	5	6	1	7	3	9	2	8

440

8	9	5	7	3	6	1	4	2
1	3	7	4	2	9	5	8	6
2	4	6	1	5	8	7	9	3
9	7	1	2	8	5	6	3	4
6	5	8	9	4	3	2	1	7
3	2	4	6	1	7	8	5	9
5	8	2	3	6	4	9	7	1
4	6	9	8	7	1	3	2	5
7	1	3	5	9	2	4	6	8

441

3	9	8	7	5	2	6	1	4
1	6	5	8	4	3	7	2	9
4	7	2	6	9	1	8	3	5
8	5	1	9	2	6	3	4	7
6	2	3	4	1	7	9	5	8
7	4	9	5	3	8	1	6	2
2	1	7	3	8	4	5	9	6
9	8	4	1	6	5	2	7	3
5	3	6	2	7	9	4	8	1

442

9	7	3	1	4	6	5	8	2
8	6	2	5	7	9	4	1	3
4	1	5	8	3	2	7	9	6
7	3	1	2	8	4	9	6	5
2	8	6	7	9	5	1	3	4
5	9	4	3	6	1	2	7	8
6	5	7	4	1	3	8	2	9
3	4	8	9	2	7	6	5	1
1	2	9	6	5	8	3	4	7

443

2	9	7	1	5	6	3	4	8
1	5	6	3	4	8	9	7	2
4	8	3	7	2	9	6	1	5
7	2	9	6	1	5	8	3	4
3	4	8	9	7	2	5	6	1
6	1	5	8	3	4	2	9	7
8	3	4	2	9	7	1	5	6
9	7	2	5	6	1	4	8	3
5	6	1	4	8	3	7	2	9

444

7	5	3	8	9	1	6	4	2
6	4	2	5	3	7	9	1	8
9	1	8	4	2	6	3	7	5
1	8	9	2	6	4	7	5	3
4	2	6	3	7	5	1	8	9
5	3	7	9	1	8	4	2	6
3	7	5	1	8	9	2	6	4
2	6	4	7	5	3	8	9	1
8	9	1	6	4	2	5	3	7

445

6	2	9	7	1	5	8	3	4
3	7	4	8	6	2	1	9	5
8	1	5	4	9	3	6	7	2
9	4	1	3	2	6	7	5	8
7	8	6	9	5	4	2	1	3
2	5	3	1	8	7	4	6	9
4	3	2	5	7	1	9	8	6
5	9	7	6	4	8	3	2	1
1	6	8	2	3	9	5	4	7

446

8	2	5	7	3	9	4	6	1
9	6	1	2	5	4	8	3	7
7	4	3	1	8	6	5	2	9
3	7	4	8	2	5	1	9	6
2	5	8	9	6	1	3	7	4
1	9	6	4	7	3	2	8	5
5	3	9	6	1	8	7	4	2
4	8	7	5	9	2	6	1	3
6	1	2	3	4	7	9	5	8

447

5	1	6	8	3	4	9	2	7
3	8	2	7	9	1	6	5	4
7	4	9	2	5	6	3	8	1
6	3	1	4	8	7	5	9	2
2	5	4	6	1	9	8	7	3
9	7	8	3	2	5	1	4	6
8	6	7	9	4	3	2	1	5
4	2	5	1	6	8	7	3	9
1	9	3	5	7	2	4	6	8

448

6	2	4	5	7	1	9	8	3
8	5	1	2	9	3	4	7	6
9	3	7	6	8	4	5	2	1
5	4	2	1	6	7	8	3	9
3	1	6	9	5	8	2	4	7
7	9	8	3	4	2	1	6	5
1	8	9	7	2	6	3	5	4
2	7	3	4	1	5	6	9	8
4	6	5	8	3	9	7	1	2

449

4	5	7	2	1	8	3	6	9
8	3	2	5	6	9	1	4	7
6	1	9	3	4	7	8	5	2
1	4	8	9	2	6	7	3	5
2	6	5	7	3	4	9	1	8
9	7	3	1	8	5	4	2	6
7	9	6	4	5	1	2	8	3
3	8	4	6	7	2	5	9	1
5	2	1	8	9	3	6	7	4

450

1	9	6	3	2	7	5	8	4
8	2	5	6	9	4	3	1	7
3	7	4	8	5	1	6	2	9
5	8	1	9	7	3	4	6	2
4	6	9	2	1	8	7	3	5
7	3	2	5	4	6	1	9	8
9	4	3	1	8	5	2	7	6
2	1	7	4	6	9	8	5	3
6	5	8	7	3	2	9	4	1

451

7	3	4	1	9	6	8	5	2
5	9	6	3	8	2	7	4	1
1	8	2	4	5	7	3	6	9
8	4	5	9	3	1	2	7	6
9	2	7	5	6	4	1	8	3
6	1	3	7	2	8	5	9	4
3	5	8	6	1	9	4	2	7
2	7	9	8	4	3	6	1	5
4	6	1	2	7	5	9	3	8

452

8	1	4	5	3	9	7	6	2
6	5	3	7	2	1	9	4	8
9	7	2	8	4	6	3	5	1
4	9	5	3	7	2	1	8	6
2	6	8	1	9	4	5	7	3
7	3	1	6	8	5	4	2	9
1	4	6	2	5	3	8	9	7
3	8	9	4	6	7	2	1	5
5	2	7	9	1	8	6	3	4

453

3	4	9	7	2	5	1	8	6
5	6	7	9	8	1	4	2	3
8	2	1	4	3	6	9	7	5
2	7	8	5	1	4	3	6	9
1	3	6	8	7	9	5	4	2
9	5	4	3	6	2	7	1	8
6	9	5	1	4	8	2	3	7
4	8	3	2	5	7	6	9	1
7	1	2	6	9	3	8	5	4

454

1	2	6	5	4	7	8	9	3
8	3	7	2	1	9	6	4	5
9	4	5	3	6	8	1	2	7
6	9	2	1	8	3	5	7	4
4	8	3	6	7	5	2	1	9
5	7	1	4	9	2	3	6	8
7	1	9	8	3	6	4	5	2
3	5	4	9	2	1	7	8	6
2	6	8	7	5	4	9	3	1

455

8	2	5	6	1	3	9	7	4
9	3	4	8	7	2	6	1	5
7	1	6	9	5	4	8	3	2
2	7	9	1	8	5	4	6	3
6	8	3	4	2	7	5	9	1
5	4	1	3	9	6	2	8	7
4	9	8	5	3	1	7	2	6
3	6	7	2	4	9	1	5	8
1	5	2	7	6	8	3	4	9

456

6	5	4	9	8	7	3	2	1
9	7	8	3	1	2	4	6	5
3	2	1	5	4	6	7	8	9
7	4	3	8	5	9	2	1	6
1	9	6	4	2	3	5	7	8
5	8	2	7	6	1	9	3	4
8	3	5	6	7	4	1	9	2
4	1	9	2	3	8	6	5	7
2	6	7	1	9	5	8	4	3

457

9	5	3	4	2	7	6	1	8
7	2	1	8	6	9	5	3	4
4	8	6	5	1	3	9	2	7
6	4	7	2	3	8	1	9	5
8	3	2	1	9	5	4	7	6
1	9	5	6	7	4	2	8	3
3	6	9	7	4	1	8	5	2
5	1	4	3	8	2	7	6	9
2	7	8	9	5	6	3	4	1

458

8	9	5	7	3	6	4	2	1
4	2	3	1	5	8	9	7	6
7	6	1	9	2	4	5	8	3
6	5	4	8	9	1	2	3	7
2	7	8	4	6	3	1	5	9
1	3	9	5	7	2	6	4	8
5	1	2	3	8	9	7	6	4
9	8	6	2	4	7	3	1	5
3	4	7	6	1	5	8	9	2

459

6	4	9	2	8	3	7	5	1
7	5	8	4	1	9	2	3	6
2	1	3	7	6	5	4	9	8
5	2	1	3	4	8	6	7	9
3	7	4	9	2	6	1	8	5
9	8	6	5	7	1	3	2	4
8	6	5	1	3	2	9	4	7
1	3	7	8	9	4	5	6	2
4	9	2	6	5	7	8	1	3

460

9	6	8	3	7	2	5	4	1
4	1	5	6	8	9	3	7	2
3	7	2	1	5	4	8	6	9
5	2	7	8	4	3	9	1	6
1	3	6	2	9	7	4	5	8
8	4	9	5	6	1	2	3	7
6	5	1	9	3	8	7	2	4
2	9	4	7	1	5	6	8	3
7	8	3	4	2	6	1	9	5

461

3	9	4	1	2	6	5	7	8
5	6	2	4	7	8	1	3	9
1	7	8	9	5	3	2	4	6
6	8	3	2	9	7	4	5	1
4	2	1	8	3	5	6	9	7
9	5	7	6	4	1	8	2	3
7	4	6	3	1	2	9	8	5
8	3	9	5	6	4	7	1	2
2	1	5	7	8	9	3	6	4

462

3	2	4	9	7	1	6	5	8
9	7	1	8	6	5	3	2	4
5	8	6	3	2	4	1	7	9
2	6	8	5	3	7	4	9	1
4	1	5	6	9	8	2	3	7
7	9	3	4	1	2	5	8	6
1	4	2	7	5	9	8	6	3
6	5	7	1	8	3	9	4	2
8	3	9	2	4	6	7	1	5

463

5	2	1	7	8	4	9	6	3
3	6	9	1	2	5	7	4	8
8	7	4	6	3	9	5	2	1
9	4	3	8	6	7	2	1	5
6	1	7	5	9	2	3	8	4
2	5	8	3	4	1	6	7	9
4	9	5	2	7	8	1	3	6
1	3	2	4	5	6	8	9	7
7	8	6	9	1	3	4	5	2

464

5	9	2	1	7	4	3	8	6
4	3	6	9	5	8	2	7	1
8	1	7	2	6	3	4	5	9
9	2	1	3	8	5	7	6	4
7	8	3	4	2	6	9	1	5
6	5	4	7	1	9	8	2	3
1	4	8	6	9	2	5	3	7
2	6	9	5	3	7	1	4	8
3	7	5	8	4	1	6	9	2

465

2	4	8	9	6	5	1	7	3
1	3	9	7	4	8	6	2	5
7	5	6	1	3	2	9	4	8
4	8	2	3	5	1	7	6	9
6	9	5	8	7	4	3	1	2
3	1	7	6	2	9	5	8	4
9	7	4	5	8	6	2	3	1
8	6	1	2	9	3	4	5	7
5	2	3	4	1	7	8	9	6

466

8	7	5	2	6	4	3	1	9
6	4	2	3	1	9	5	7	8
3	1	9	7	8	5	4	2	6
5	2	7	8	4	3	6	9	1
4	6	8	9	5	1	2	3	7
9	3	1	6	7	2	8	4	5
7	8	3	1	2	6	9	5	4
2	5	6	4	9	7	1	8	3
1	9	4	5	3	8	7	6	2

467

6	5	1	9	3	2	8	4	7
3	8	9	4	1	7	6	5	2
7	2	4	8	6	5	1	9	3
8	3	2	6	5	9	7	1	4
4	1	7	2	8	3	5	6	9
9	6	5	7	4	1	2	3	8
5	4	6	3	2	8	9	7	1
2	9	3	1	7	6	4	8	5
1	7	8	5	9	4	3	2	6

468

8	1	9	5	4	2	7	6	3
4	7	6	8	3	9	1	2	5
2	3	5	1	7	6	9	4	8
9	8	7	3	6	5	2	1	4
5	6	3	4	2	1	8	7	9
1	2	4	7	9	8	3	5	6
3	4	1	9	5	7	6	8	2
7	9	2	6	8	4	5	3	1
6	5	8	2	1	3	4	9	7

469

9	3	6	2	1	5	4	7	8
4	1	8	9	3	7	5	2	6
7	2	5	6	4	8	3	1	9
6	7	9	8	2	4	1	3	5
1	8	2	3	5	6	7	9	4
3	5	4	1	7	9	8	6	2
2	4	7	5	6	3	9	8	1
8	6	3	4	9	1	2	5	7
5	9	1	7	8	2	6	4	3

470

9	8	7	2	3	1	6	4	5
3	2	4	6	9	5	8	1	7
1	5	6	8	7	4	2	9	3
4	6	5	7	1	2	3	8	9
2	1	9	3	6	8	7	5	4
7	3	8	4	5	9	1	6	2
5	9	3	1	2	6	4	7	8
8	7	1	5	4	3	9	2	6
6	4	2	9	8	7	5	3	1

471

7	9	1	2	3	5	4	6	8
3	4	6	9	8	7	2	5	1
5	8	2	4	1	6	9	7	3
4	3	8	1	5	2	7	9	6
9	6	5	3	7	4	8	1	2
2	1	7	8	6	9	5	3	4
1	5	9	6	4	8	3	2	7
6	7	4	5	2	3	1	8	9
8	2	3	7	9	1	6	4	5

472

6	3	8	9	7	4	2	5	1
4	2	5	3	1	8	7	6	9
9	7	1	6	5	2	4	3	8
2	9	6	8	4	3	1	7	5
1	4	7	5	6	9	8	2	3
8	5	3	1	2	7	9	4	6
5	1	2	4	9	6	3	8	7
7	8	9	2	3	5	6	1	4
3	6	4	7	8	1	5	9	2

473

3	5	2	9	1	4	8	6	7
6	9	4	8	5	7	3	1	2
7	8	1	3	6	2	9	5	4
9	7	6	4	3	1	5	2	8
8	4	3	2	9	5	6	7	1
1	2	5	7	8	6	4	3	9
4	6	8	1	2	3	7	9	5
5	1	7	6	4	9	2	8	3
2	3	9	5	7	8	1	4	6

474

1	2	3	9	8	6	5	4	7
6	4	8	7	5	1	3	9	2
9	7	5	2	4	3	1	8	6
8	6	7	3	2	4	9	1	5
4	3	2	1	9	5	7	6	8
5	1	9	8	6	7	2	3	4
7	5	1	4	3	8	6	2	9
3	9	4	6	7	2	8	5	1
2	8	6	5	1	9	4	7	3

475

5	9	1	4	2	7	8	3	6
8	4	2	3	9	6	1	7	5
6	7	3	5	1	8	9	4	2
4	2	8	9	5	1	3	6	7
1	5	9	7	6	3	2	8	4
7	3	6	8	4	2	5	1	9
9	8	4	1	7	5	6	2	3
2	1	7	6	3	9	4	5	8
3	6	5	2	8	4	7	9	1

476

2	5	6	1	3	9	4	8	7
8	4	9	6	5	7	2	3	1
1	3	7	8	4	2	6	9	5
9	1	5	3	8	4	7	2	6
7	6	4	2	9	5	3	1	8
3	2	8	7	6	1	9	5	4
6	9	3	5	7	8	1	4	2
5	7	2	4	1	3	8	6	9
4	8	1	9	2	6	5	7	3

477

7	2	3	9	8	6	5	4	1
9	4	1	7	5	2	6	3	8
8	6	5	4	1	3	2	9	7
2	5	7	6	4	1	9	8	3
6	1	4	8	3	9	7	5	2
3	8	9	5	2	7	4	1	6
5	7	6	3	9	8	1	2	4
4	3	2	1	7	5	8	6	9
1	9	8	2	6	4	3	7	5

478

1	9	6	8	4	3	7	5	2
4	2	7	1	6	5	9	3	8
5	8	3	7	2	9	6	4	1
8	6	1	5	3	4	2	9	7
9	5	2	6	7	8	4	1	3
7	3	4	2	9	1	5	8	6
3	7	9	4	1	6	8	2	5
6	1	5	9	8	2	3	7	4
2	4	8	3	5	7	1	6	9

479

1	5	2	4	6	7	9	3	8
4	7	3	9	8	1	5	2	6
6	8	9	3	5	2	1	7	4
3	2	4	6	1	9	8	5	7
9	1	5	8	7	3	6	4	2
8	6	7	2	4	5	3	9	1
2	9	6	7	3	8	4	1	5
7	4	1	5	9	6	2	8	3
5	3	8	1	2	4	7	6	9

480

2	5	9	1	6	8	7	3	4
3	8	1	4	2	7	6	9	5
7	6	4	3	9	5	1	2	8
5	2	8	7	3	6	4	1	9
6	4	7	9	8	1	3	5	2
9	1	3	5	4	2	8	7	6
1	9	2	6	7	4	5	8	3
4	3	5	8	1	9	2	6	7
8	7	6	2	5	3	9	4	1

481

5	9	4	1	3	7	2	8	6
3	2	6	8	4	9	5	1	7
8	1	7	2	5	6	4	9	3
4	7	8	9	1	3	6	5	2
9	5	2	6	8	4	7	3	1
6	3	1	7	2	5	8	4	9
1	4	9	5	6	2	3	7	8
7	6	3	4	9	8	1	2	5
2	8	5	3	7	1	9	6	4

482

2	1	5	6	7	3	8	4	9
9	8	7	4	1	2	6	3	5
4	3	6	9	8	5	7	2	1
3	7	8	2	6	1	5	9	4
1	5	9	8	3	4	2	6	7
6	2	4	7	5	9	3	1	8
5	6	3	1	9	7	4	8	2
7	9	2	3	4	8	1	5	6
8	4	1	5	2	6	9	7	3

483

8	6	3	1	2	5	4	9	7
1	5	7	9	4	6	3	2	8
9	4	2	8	7	3	1	6	5
7	9	8	6	1	4	2	5	3
2	1	5	7	3	8	9	4	6
4	3	6	5	9	2	7	8	1
6	2	4	3	5	7	8	1	9
3	8	1	2	6	9	5	7	4
5	7	9	4	8	1	6	3	2

484

7	2	4	1	5	9	8	6	3
5	6	8	3	2	7	9	1	4
1	3	9	4	6	8	2	5	7
6	8	1	5	9	4	3	7	2
9	4	5	7	3	2	1	8	6
2	7	3	8	1	6	5	4	9
4	9	2	6	8	1	7	3	5
8	5	7	9	4	3	6	2	1
3	1	6	2	7	5	4	9	8

485

2	1	4	5	3	6	8	9	7
5	7	9	1	8	2	6	4	3
8	6	3	4	9	7	1	2	5
6	4	5	2	7	9	3	8	1
3	2	7	8	6	1	9	5	4
9	8	1	3	4	5	2	7	6
7	3	2	9	1	4	5	6	8
4	9	8	6	5	3	7	1	2
1	5	6	7	2	8	4	3	9

486

8	4	2	3	5	6	9	1	7
1	7	5	2	4	9	3	6	8
3	9	6	7	1	8	4	2	5
9	5	3	8	6	1	7	4	2
4	2	8	9	7	5	6	3	1
6	1	7	4	2	3	5	8	9
2	3	1	5	9	4	8	7	6
5	6	4	1	8	7	2	9	3
7	8	9	6	3	2	1	5	4

487

7	9	4	1	5	6	8	3	2
6	1	5	3	8	2	7	9	4
3	2	8	4	9	7	5	1	6
9	4	7	8	1	3	6	2	5
5	8	2	7	6	9	1	4	3
1	3	6	5	2	4	9	7	8
8	6	3	2	7	1	4	5	9
2	7	9	6	4	5	3	8	1
4	5	1	9	3	8	2	6	7

488

8	1	3	5	7	9	2	6	4
7	2	4	8	6	1	5	3	9
9	5	6	2	4	3	7	8	1
1	4	9	7	3	8	6	2	5
3	6	2	9	5	4	1	7	8
5	7	8	6	1	2	9	4	3
2	3	5	1	8	7	4	9	6
6	8	7	4	9	5	3	1	2
4	9	1	3	2	6	8	5	7

489

2	9	6	5	3	7	1	4	8
4	8	1	2	6	9	5	7	3
3	5	7	4	1	8	6	9	2
8	6	9	1	2	4	7	3	5
5	4	2	7	9	3	8	6	1
7	1	3	6	8	5	9	2	4
1	2	4	9	5	6	3	8	7
9	7	8	3	4	1	2	5	6
6	3	5	8	7	2	4	1	9

490

5	7	4	9	2	3	1	6	8
2	3	6	1	8	7	9	4	5
9	8	1	5	6	4	7	2	3
7	1	9	6	3	8	4	5	2
3	4	5	2	9	1	6	8	7
8	6	2	4	7	5	3	9	1
6	9	7	3	5	2	8	1	4
1	2	3	8	4	6	5	7	9
4	5	8	7	1	9	2	3	6

491

1	5	4	6	3	9	2	7	8
3	6	8	7	2	1	9	4	5
9	2	7	8	5	4	1	6	3
6	8	5	3	9	7	4	1	2
4	9	2	5	1	6	3	8	7
7	1	3	2	4	8	5	9	6
8	3	9	4	7	5	6	2	1
2	7	1	9	6	3	8	5	4
5	4	6	1	8	2	7	3	9

492

7	2	6	4	3	8	5	1	9
1	8	5	9	6	2	7	3	4
3	9	4	7	1	5	2	6	8
9	3	7	1	8	4	6	5	2
4	1	2	5	7	6	9	8	3
5	6	8	3	2	9	1	4	7
8	4	9	6	5	7	3	2	1
6	7	3	2	4	1	8	9	5
2	5	1	8	9	3	4	7	6

493

8	3	1	9	2	5	6	7	4
5	6	2	1	7	4	8	9	3
7	4	9	3	8	6	2	1	5
6	8	5	4	9	2	7	3	1
9	7	3	5	1	8	4	2	6
1	2	4	6	3	7	5	8	9
2	9	6	8	4	3	1	5	7
4	1	7	2	5	9	3	6	8
3	5	8	7	6	1	9	4	2

494

8	2	3	1	5	9	7	6	4
4	7	5	3	2	6	1	9	8
1	9	6	8	7	4	5	2	3
7	5	1	9	4	3	6	8	2
6	4	2	7	1	8	3	5	9
3	8	9	2	6	5	4	7	1
2	3	7	5	9	1	8	4	6
9	6	8	4	3	7	2	1	5
5	1	4	6	8	2	9	3	7

495

5	1	6	7	3	4	2	8	9
7	3	4	9	2	8	6	1	5
8	9	2	1	6	5	7	3	4
6	8	5	2	1	9	4	7	3
9	7	1	4	5	3	8	2	6
2	4	3	6	8	7	5	9	1
4	5	8	3	9	2	1	6	7
1	2	9	5	7	6	3	4	8
3	6	7	8	4	1	9	5	2

496

4	8	3	7	2	9	6	5	1
2	1	7	5	6	8	3	4	9
5	9	6	1	4	3	8	7	2
9	5	8	4	3	1	7	2	6
3	4	1	6	7	2	9	8	5
6	7	2	9	8	5	4	1	3
7	2	4	3	1	6	5	9	8
1	3	9	8	5	4	2	6	7
8	6	5	2	9	7	1	3	4

497

8	4	9	1	3	5	2	6	7
1	3	5	7	6	2	9	8	4
2	6	7	8	9	4	5	3	1
5	1	2	4	7	3	8	9	6
3	7	6	9	1	8	4	5	2
9	8	4	2	5	6	7	1	3
6	2	1	5	8	7	3	4	9
7	9	8	3	4	1	6	2	5
4	5	3	6	2	9	1	7	8

498

3	5	2	4	7	1	8	6	9
9	8	1	3	2	6	5	4	7
6	4	7	9	5	8	2	1	3
1	7	4	2	8	3	6	9	5
5	9	6	7	1	4	3	2	8
8	2	3	6	9	5	4	7	1
2	1	8	5	4	7	9	3	6
7	6	9	8	3	2	1	5	4
4	3	5	1	6	9	7	8	2

499

4	7	9	3	8	2	6	1	5
8	6	3	4	1	5	9	7	2
5	2	1	6	7	9	4	8	3
2	9	8	1	4	6	3	5	7
3	1	5	7	9	8	2	4	6
6	4	7	2	5	3	8	9	1
1	5	2	8	6	4	7	3	9
9	3	4	5	2	7	1	6	8
7	8	6	9	3	1	5	2	4

500

1	7	5	9	6	8	2	4	3
4	8	9	3	7	2	6	1	5
6	3	2	5	1	4	7	8	9
9	2	8	6	5	1	3	7	4
3	1	4	2	8	7	9	5	6
5	6	7	4	9	3	1	2	8
8	9	3	1	2	5	4	6	7
2	5	6	7	4	9	8	3	1
7	4	1	8	3	6	5	9	2

501

6	2	3	9	8	5	4	7	1
8	7	4	6	2	1	5	3	9
1	9	5	4	7	3	2	8	6
9	5	1	3	6	2	8	4	7
4	8	7	1	5	9	6	2	3
2	3	6	8	4	7	1	9	5
3	6	8	7	1	4	9	5	2
5	4	9	2	3	6	7	1	8
7	1	2	5	9	8	3	6	4

502

2	6	4	5	1	3	9	7	8
3	7	5	9	2	8	6	4	1
8	1	9	6	4	7	2	3	5
1	5	3	8	7	6	4	2	9
6	4	2	1	3	9	5	8	7
7	9	8	2	5	4	3	1	6
4	2	6	7	9	1	8	5	3
9	3	1	4	8	5	7	6	2
5	8	7	3	6	2	1	9	4

503

3	9	6	4	8	7	5	1	2
7	8	4	1	5	2	6	3	9
5	1	2	9	6	3	8	4	7
4	6	1	2	3	8	7	9	5
2	5	9	6	7	4	3	8	1
8	3	7	5	9	1	4	2	6
1	7	8	3	2	6	9	5	4
6	4	5	8	1	9	2	7	3
9	2	3	7	4	5	1	6	8

504

5	2	4	7	1	8	9	6	3
7	3	1	6	5	9	2	4	8
9	6	8	3	2	4	5	1	7
3	8	7	5	4	1	6	2	9
6	4	9	2	3	7	1	8	5
2	1	5	9	8	6	3	7	4
1	9	6	8	7	3	4	5	2
8	5	3	4	6	2	7	9	1
4	7	2	1	9	5	8	3	6

505

5	7	8	2	9	3	1	6	4
9	1	6	4	7	5	3	2	8
2	4	3	1	6	8	7	9	5
6	9	7	3	4	2	5	8	1
3	2	1	5	8	6	4	7	9
8	5	4	7	1	9	6	3	2
7	3	2	8	5	4	9	1	6
1	6	5	9	2	7	8	4	3
4	8	9	6	3	1	2	5	7

506

6	9	8	2	5	4	7	1	3
7	1	2	9	3	8	4	6	5
5	3	4	6	7	1	8	2	9
1	7	6	4	9	5	3	8	2
2	8	3	1	6	7	9	5	4
4	5	9	3	8	2	6	7	1
3	4	1	8	2	6	5	9	7
9	6	5	7	1	3	2	4	8
8	2	7	5	4	9	1	3	6

507

2	8	3	4	1	6	5	7	9
1	7	6	5	9	3	8	4	2
4	9	5	2	7	8	3	6	1
3	4	1	6	5	2	9	8	7
7	6	2	3	8	9	4	1	5
9	5	8	7	4	1	6	2	3
6	2	9	1	3	4	7	5	8
5	3	4	8	2	7	1	9	6
8	1	7	9	6	5	2	3	4

508

3	2	4	9	7	5	1	6	8
7	9	6	4	1	8	5	3	2
8	5	1	6	3	2	7	4	9
5	7	8	2	4	1	3	9	6
4	3	9	8	6	7	2	1	5
6	1	2	5	9	3	8	7	4
2	6	3	1	8	4	9	5	7
9	8	7	3	5	6	4	2	1
1	4	5	7	2	9	6	8	3

509

4	2	7	3	1	5	6	9	8
9	1	6	7	8	2	5	3	4
3	5	8	9	4	6	2	7	1
6	8	3	5	7	1	9	4	2
5	7	9	2	3	4	1	8	6
2	4	1	6	9	8	3	5	7
1	6	4	8	5	3	7	2	9
8	9	5	1	2	7	4	6	3
7	3	2	4	6	9	8	1	5

510

4	3	9	8	5	6	1	7	2
5	6	1	3	2	7	8	9	4
2	8	7	9	1	4	6	3	5
9	1	8	4	3	5	2	6	7
3	7	5	2	6	8	4	1	9
6	4	2	1	7	9	3	5	8
1	2	4	5	9	3	7	8	6
8	9	6	7	4	1	5	2	3
7	5	3	6	8	2	9	4	1

511

1	3	9	6	7	5	4	2	8
4	7	5	9	8	2	3	6	1
8	2	6	1	3	4	5	9	7
5	8	2	3	4	7	6	1	9
6	4	3	8	9	1	2	7	5
9	1	7	2	5	6	8	4	3
2	5	1	7	6	8	9	3	4
3	6	4	5	1	9	7	8	2
7	9	8	4	2	3	1	5	6

512

3	7	9	4	2	5	8	6	1
2	8	6	3	1	9	4	5	7
4	5	1	8	7	6	3	9	2
5	3	7	9	8	1	2	4	6
9	4	8	6	3	2	7	1	5
6	1	2	5	4	7	9	3	8
7	9	4	1	6	8	5	2	3
8	6	3	2	5	4	1	7	9
1	2	5	7	9	3	6	8	4

513

8	1	6	5	2	4	9	7	3
9	7	5	3	6	1	8	2	4
4	3	2	9	8	7	6	1	5
6	9	1	8	7	3	4	5	2
7	8	3	4	5	2	1	9	6
2	5	4	1	9	6	3	8	7
5	6	9	2	4	8	7	3	1
3	2	7	6	1	9	5	4	8
1	4	8	7	3	5	2	6	9

514

6	7	3	4	8	5	1	9	2
5	9	1	6	2	3	7	8	4
4	2	8	1	9	7	3	6	5
3	6	5	2	1	9	4	7	8
7	8	4	5	3	6	9	2	1
9	1	2	7	4	8	5	3	6
8	3	6	9	5	1	2	4	7
1	4	7	3	6	2	8	5	9
2	5	9	8	7	4	6	1	3

515

3	2	7	9	1	4	8	5	6
9	1	4	8	5	6	3	2	7
8	5	6	3	2	7	9	1	4
6	3	2	7	9	1	4	8	5
7	9	1	4	8	5	6	3	2
4	8	5	6	3	2	7	9	1
5	6	3	2	7	9	1	4	8
2	7	9	1	4	8	5	6	3
1	4	8	5	6	3	2	7	9

516

1	5	6	4	3	2	7	9	8
2	8	4	9	7	6	1	3	5
9	7	3	1	5	8	6	2	4
3	2	5	6	8	7	9	4	1
4	1	7	2	9	3	8	5	6
8	6	9	5	1	4	2	7	3
7	4	1	8	2	5	3	6	9
6	9	2	3	4	1	5	8	7
5	3	8	7	6	9	4	1	2

517

1	6	7	4	8	9	2	5	3
4	5	3	7	6	2	8	1	9
8	9	2	3	5	1	7	4	6
3	1	8	6	9	7	5	2	4
5	4	6	1	2	8	3	9	7
7	2	9	5	4	3	6	8	1
9	3	5	2	7	4	1	6	8
6	8	1	9	3	5	4	7	2
2	7	4	8	1	6	9	3	5

518

9	3	5	7	4	1	6	8	2
6	1	4	5	2	8	3	9	7
2	8	7	3	9	6	1	4	5
4	7	3	1	5	2	9	6	8
1	6	2	8	7	9	4	5	3
8	5	9	6	3	4	2	7	1
7	4	8	9	1	3	5	2	6
5	2	1	4	6	7	8	3	9
3	9	6	2	8	5	7	1	4

519

7	8	9	1	4	5	6	2	3
4	2	6	3	9	7	8	5	1
3	1	5	6	8	2	4	7	9
2	5	8	4	7	1	3	9	6
9	3	7	2	6	8	1	4	5
1	6	4	9	5	3	2	8	7
5	7	2	8	1	6	9	3	4
8	9	1	7	3	4	5	6	2
6	4	3	5	2	9	7	1	8

520

2	4	8	7	6	3	9	5	1
3	7	6	5	1	9	8	2	4
1	9	5	4	8	2	6	7	3
5	8	1	9	4	6	7	3	2
9	2	3	1	7	5	4	6	8
4	6	7	2	3	8	5	1	9
8	3	2	6	9	7	1	4	5
6	1	9	3	5	4	2	8	7
7	5	4	8	2	1	3	9	6

521

1	4	9	2	6	3	7	8	5
5	3	2	8	7	9	1	6	4
6	8	7	1	5	4	3	9	2
9	7	6	4	1	2	5	3	8
8	2	5	3	9	7	4	1	6
4	1	3	5	8	6	2	7	9
3	5	1	6	2	8	9	4	7
7	6	4	9	3	5	8	2	1
2	9	8	7	4	1	6	5	3

522

1	2	3	4	9	6	7	5	8
6	9	8	7	5	2	3	1	4
5	4	7	8	3	1	6	9	2
2	7	5	1	8	4	9	3	6
8	1	4	9	6	3	2	7	5
9	3	6	2	7	5	8	4	1
3	6	9	5	1	8	4	2	7
4	8	1	3	2	7	5	6	9
7	5	2	6	4	9	1	8	3

523

5	9	6	8	1	3	2	7	4
4	8	2	6	5	7	9	1	3
7	1	3	4	9	2	8	6	5
1	3	8	5	7	9	6	4	2
2	5	9	1	4	6	3	8	7
6	7	4	2	3	8	5	9	1
8	2	5	7	6	1	4	3	9
9	4	1	3	8	5	7	2	6
3	6	7	9	2	4	1	5	8

524

8	7	5	1	6	2	3	4	9
4	1	9	8	3	7	2	6	5
2	3	6	5	9	4	8	1	7
3	9	8	6	5	1	7	2	4
7	6	4	3	2	8	9	5	1
5	2	1	7	4	9	6	8	3
6	4	7	9	8	5	1	3	2
9	5	3	2	1	6	4	7	8
1	8	2	4	7	3	5	9	6

525

9	6	8	7	3	1	2	4	5
2	3	4	9	6	5	7	1	8
1	5	7	2	4	8	9	6	3
6	4	2	8	1	3	5	9	7
5	9	3	6	7	2	4	8	1
7	8	1	4	5	9	6	3	2
3	1	6	5	9	7	8	2	4
8	7	9	3	2	4	1	5	6
4	2	5	1	8	6	3	7	9

526

4	7	8	6	5	9	3	1	2
3	5	6	1	2	4	7	8	9
2	9	1	7	3	8	4	5	6
9	3	4	5	8	2	1	6	7
1	8	5	3	7	6	9	2	4
6	2	7	4	9	1	8	3	5
8	6	3	2	4	7	5	9	1
7	1	9	8	6	5	2	4	3
5	4	2	9	1	3	6	7	8

527

6	2	5	9	1	7	4	3	8
9	1	7	4	3	8	5	6	2
4	3	8	5	6	2	7	9	1
3	8	4	6	2	5	9	1	7
1	7	9	3	8	4	6	2	5
2	5	6	1	7	9	3	8	4
5	6	2	7	9	1	8	4	3
7	9	1	8	4	3	2	5	6
8	4	3	2	5	6	1	7	9

528

7	5	8	6	2	3	4	1	9
4	2	3	5	1	9	6	8	7
9	6	1	8	7	4	2	5	3
3	7	4	2	5	1	9	6	8
6	8	5	9	3	7	1	4	2
1	9	2	4	8	6	3	7	5
5	3	9	1	4	8	7	2	6
8	4	6	7	9	2	5	3	1
2	1	7	3	6	5	8	9	4

529

6	9	2	3	1	7	8	4	5
7	5	1	4	6	8	3	2	9
3	4	8	2	9	5	6	7	1
5	3	9	6	7	2	1	8	4
1	8	4	9	5	3	7	6	2
2	7	6	1	8	4	5	9	3
4	2	7	5	3	6	9	1	8
8	1	3	7	4	9	2	5	6
9	6	5	8	2	1	4	3	7

530

4	5	3	6	2	7	1	9	8
1	2	6	3	9	8	4	5	7
9	8	7	5	1	4	6	3	2
3	6	8	4	7	5	9	2	1
2	7	1	9	3	6	5	8	4
5	9	4	1	8	2	3	7	6
6	4	2	8	5	9	7	1	3
8	1	9	7	6	3	2	4	5
7	3	5	2	4	1	8	6	9

531

3	9	5	4	8	1	2	6	7
4	1	2	6	7	5	3	9	8
7	6	8	3	2	9	4	5	1
9	2	4	8	1	3	6	7	5
1	8	6	7	5	4	9	2	3
5	3	7	2	9	6	1	8	4
8	5	1	9	3	2	7	4	6
2	4	3	5	6	7	8	1	9
6	7	9	1	4	8	5	3	2

532

1	4	7	8	3	6	5	9	2
3	6	2	9	5	1	4	7	8
5	9	8	7	4	2	3	1	6
2	1	3	6	8	5	9	4	7
6	7	5	4	1	9	8	2	3
9	8	4	2	7	3	6	5	1
4	3	1	5	6	7	2	8	9
8	2	6	1	9	4	7	3	5
7	5	9	3	2	8	1	6	4

533

4	7	2	8	1	3	6	9	5
9	5	3	2	6	4	8	1	7
6	8	1	9	5	7	3	4	2
8	1	4	5	9	2	7	3	6
3	9	5	7	8	6	1	2	4
2	6	7	3	4	1	9	5	8
5	4	6	1	3	8	2	7	9
7	3	8	4	2	9	5	6	1
1	2	9	6	7	5	4	8	3

534

9	8	4	1	7	3	5	6	2
2	6	5	8	4	9	3	1	7
7	3	1	2	5	6	4	9	8
1	7	3	4	2	8	6	5	9
4	5	9	3	6	7	2	8	1
8	2	6	5	9	1	7	4	3
5	1	2	7	8	4	9	3	6
3	9	7	6	1	5	8	2	4
6	4	8	9	3	2	1	7	5

535

7	5	9	3	2	6	4	8	1
6	3	8	1	5	4	7	2	9
2	1	4	9	8	7	6	5	3
5	7	2	4	1	8	3	9	6
9	6	1	7	3	5	2	4	8
8	4	3	6	9	2	1	7	5
1	8	6	2	7	9	5	3	4
4	2	5	8	6	3	9	1	7
3	9	7	5	4	1	8	6	2

536

1	8	2	5	3	7	9	4	6
5	9	7	4	6	8	3	1	2
6	4	3	2	9	1	5	7	8
3	1	4	7	5	2	8	6	9
7	5	9	1	8	6	4	2	3
2	6	8	3	4	9	7	5	1
9	3	1	6	7	5	2	8	4
4	2	5	8	1	3	6	9	7
8	7	6	9	2	4	1	3	5

537

5	4	8	3	6	2	9	1	7
7	3	1	5	9	4	6	2	8
6	9	2	7	8	1	3	5	4
3	6	7	2	5	9	4	8	1
4	8	5	6	1	7	2	9	3
1	2	9	4	3	8	7	6	5
8	1	4	9	2	3	5	7	6
2	5	3	1	7	6	8	4	9
9	7	6	8	4	5	1	3	2

538

4	5	7	1	6	9	3	8	2
3	9	6	2	5	8	1	4	7
8	2	1	7	3	4	6	9	5
7	8	3	5	4	6	9	2	1
9	1	4	3	7	2	8	5	6
5	6	2	9	8	1	4	7	3
1	3	9	8	2	7	5	6	4
2	4	8	6	1	5	7	3	9
6	7	5	4	9	3	2	1	8

539

5	4	9	6	3	1	8	2	7
3	1	6	2	7	8	4	9	5
7	8	2	9	5	4	1	6	3
1	2	3	7	8	9	6	5	4
8	9	7	5	4	6	2	3	1
4	6	5	3	1	2	9	7	8
9	5	8	4	6	3	7	1	2
6	3	4	1	2	7	5	8	9
2	7	1	8	9	5	3	4	6

540

1	9	5	6	8	4	7	3	2
8	4	6	2	3	7	1	9	5
3	2	7	9	1	5	4	6	8
9	3	4	1	6	2	8	5	7
6	7	1	5	9	8	3	2	4
5	8	2	7	4	3	6	1	9
7	1	8	3	5	9	2	4	6
2	6	9	4	7	1	5	8	3
4	5	3	8	2	6	9	7	1

541

9	3	4	6	5	1	2	8	7
5	1	2	8	7	3	6	4	9
6	8	7	9	2	4	1	3	5
3	5	6	1	8	9	4	7	2
2	9	1	3	4	7	5	6	8
7	4	8	2	6	5	9	1	3
1	7	9	5	3	6	8	2	4
8	6	3	4	9	2	7	5	1
4	2	5	7	1	8	3	9	6

542

7	8	1	2	5	6	9	3	4
3	4	5	9	8	1	7	2	6
9	2	6	4	7	3	8	5	1
8	9	2	1	4	7	3	6	5
5	3	4	8	6	2	1	9	7
1	6	7	3	9	5	2	4	8
4	1	9	6	2	8	5	7	3
2	7	8	5	3	4	6	1	9
6	5	3	7	1	9	4	8	2

543

5	7	9	4	1	8	6	2	3
2	3	8	6	5	9	4	1	7
4	1	6	2	7	3	9	8	5
6	9	1	5	3	4	2	7	8
3	5	4	7	8	2	1	6	9
8	2	7	1	9	6	3	5	4
1	8	3	9	6	7	5	4	2
9	4	5	8	2	1	7	3	6
7	6	2	3	4	5	8	9	1

544

3	2	8	9	5	4	1	6	7
6	5	1	7	2	3	4	8	9
9	4	7	1	6	8	5	3	2
2	9	4	5	3	6	7	1	8
8	6	5	2	7	1	9	4	3
1	7	3	4	8	9	2	5	6
7	8	9	6	4	5	3	2	1
5	3	2	8	1	7	6	9	4
4	1	6	3	9	2	8	7	5

545

8	6	1	2	9	5	7	4	3
5	2	3	4	7	6	8	9	1
4	9	7	1	8	3	2	6	5
9	1	8	5	3	2	6	7	4
7	3	5	6	4	9	1	2	8
6	4	2	8	1	7	5	3	9
1	8	6	9	2	4	3	5	7
2	7	4	3	5	1	9	8	6
3	5	9	7	6	8	4	1	2

546

5	2	7	4	3	6	9	8	1
8	9	3	1	7	5	4	6	2
4	6	1	2	9	8	7	5	3
7	8	9	3	4	2	5	1	6
1	3	5	8	6	7	2	9	4
6	4	2	5	1	9	3	7	8
3	7	4	6	5	1	8	2	9
2	5	6	9	8	3	1	4	7
9	1	8	7	2	4	6	3	5

547

1	6	2	7	4	9	8	3	5
5	7	8	6	2	3	9	1	4
3	4	9	5	8	1	7	6	2
7	8	4	3	6	5	1	2	9
2	5	6	9	1	8	3	4	7
9	3	1	2	7	4	6	5	8
8	2	5	1	9	6	4	7	3
6	9	3	4	5	7	2	8	1
4	1	7	8	3	2	5	9	6

548

2	5	9	1	4	3	8	7	6
4	6	1	9	8	7	2	5	3
7	3	8	6	5	2	9	4	1
9	8	6	4	7	1	3	2	5
3	1	4	2	6	5	7	9	8
5	2	7	8	3	9	6	1	4
6	7	5	3	9	4	1	8	2
8	9	2	5	1	6	4	3	7
1	4	3	7	2	8	5	6	9

549

8	3	2	9	5	7	4	1	6
7	4	9	3	1	6	5	8	2
1	5	6	4	8	2	7	3	9
6	2	4	5	7	3	8	9	1
9	1	3	2	4	8	6	5	7
5	8	7	6	9	1	2	4	3
2	6	1	8	3	5	9	7	4
4	7	8	1	2	9	3	6	5
3	9	5	7	6	4	1	2	8

550

9	2	1	5	8	3	4	6	7
4	6	7	2	9	1	3	5	8
8	3	5	4	6	7	1	2	9
7	4	6	8	2	5	9	3	1
3	8	9	7	1	6	5	4	2
1	5	2	9	3	4	8	7	6
5	1	8	3	7	2	6	9	4
2	9	4	6	5	8	7	1	3
6	7	3	1	4	9	2	8	5

551

5	6	8	9	3	2	4	1	7
1	7	4	8	5	6	2	9	3
3	2	9	1	7	4	8	5	6
9	3	2	4	1	7	6	8	5
8	5	6	2	9	3	7	4	1
4	1	7	6	8	5	3	2	9
7	4	1	5	6	8	9	3	2
2	9	3	7	4	1	5	6	8
6	8	5	3	2	9	1	7	4

552

7	5	2	4	8	9	3	6	1
9	3	8	6	7	1	2	5	4
4	6	1	3	2	5	7	8	9
1	4	6	8	9	3	5	7	2
5	2	7	1	6	4	8	9	3
8	9	3	2	5	7	1	4	6
3	7	9	5	4	2	6	1	8
2	8	4	7	1	6	9	3	5
6	1	5	9	3	8	4	2	7

553

8	9	4	2	5	6	1	3	7
1	2	7	4	3	9	8	5	6
6	3	5	1	7	8	4	9	2
9	8	1	6	2	3	7	4	5
7	6	2	8	4	5	9	1	3
4	5	3	7	9	1	6	2	8
3	1	6	5	8	4	2	7	9
5	7	8	9	1	2	3	6	4
2	4	9	3	6	7	5	8	1

554

5	8	7	1	2	4	6	9	3
2	6	1	7	3	9	8	4	5
9	3	4	5	6	8	1	2	7
1	7	9	8	4	5	3	6	2
4	2	6	3	7	1	5	8	9
3	5	8	6	9	2	7	1	4
8	1	2	9	5	3	4	7	6
6	9	3	4	1	7	2	5	8
7	4	5	2	8	6	9	3	1

555

1	7	9	3	8	4	6	2	5
5	3	8	6	2	7	4	1	9
4	6	2	5	1	9	7	3	8
2	5	4	9	3	1	8	7	6
9	8	3	7	5	6	1	4	2
7	1	6	8	4	2	5	9	3
6	4	5	2	7	3	9	8	1
8	2	7	1	9	5	3	6	4
3	9	1	4	6	8	2	5	7

556

5	2	7	4	8	3	1	9	6
6	3	9	1	5	7	4	2	8
1	8	4	6	2	9	3	7	5
3	1	5	2	9	6	8	4	7
7	4	8	5	3	1	2	6	9
9	6	2	7	4	8	5	1	3
4	9	3	8	6	2	7	5	1
8	5	1	9	7	4	6	3	2
2	7	6	3	1	5	9	8	4

557

4	5	2	9	7	3	8	1	6
6	1	8	2	4	5	9	7	3
9	7	3	6	1	8	5	2	4
3	8	1	7	6	9	4	5	2
2	6	9	5	8	4	1	3	7
5	4	7	1	3	2	6	8	9
8	3	5	4	9	7	2	6	1
1	2	4	3	5	6	7	9	8
7	9	6	8	2	1	3	4	5

558

7	1	4	9	5	2	6	8	3
6	5	9	8	3	7	1	2	4
3	2	8	6	4	1	7	5	9
5	7	2	1	9	4	3	6	8
1	4	6	3	7	8	5	9	2
8	9	3	2	6	5	4	7	1
4	6	1	5	8	9	2	3	7
9	3	7	4	2	6	8	1	5
2	8	5	7	1	3	9	4	6

559

8	3	6	7	1	2	5	9	4
7	1	9	5	8	4	2	6	3
2	5	4	6	3	9	1	7	8
1	4	7	9	5	6	8	3	2
5	9	3	2	4	8	6	1	7
6	2	8	1	7	3	4	5	9
4	8	5	3	9	1	7	2	6
3	6	1	4	2	7	9	8	5
9	7	2	8	6	5	3	4	1

560

1	7	8	5	9	2	3	4	6
9	3	6	1	7	4	5	8	2
4	2	5	6	3	8	9	7	1
5	8	3	7	4	1	2	6	9
7	1	4	9	2	6	8	3	5
6	9	2	3	8	5	7	1	4
3	5	7	4	6	9	1	2	8
8	6	1	2	5	7	4	9	3
2	4	9	8	1	3	6	5	7

561

8	2	6	5	3	9	1	7	4
3	7	9	4	1	6	5	2	8
1	5	4	8	7	2	9	3	6
4	6	2	9	5	7	3	8	1
5	9	1	6	8	3	7	4	2
7	3	8	1	2	4	6	5	9
6	1	3	2	4	5	8	9	7
9	4	7	3	6	8	2	1	5
2	8	5	7	9	1	4	6	3

562

6	7	8	2	1	4	5	3	9
3	9	5	8	6	7	4	2	1
4	2	1	9	5	3	6	7	8
8	6	7	4	2	1	9	5	3
1	4	2	3	9	5	8	6	7
5	3	9	7	8	6	1	4	2
2	1	4	5	3	9	7	8	6
7	8	6	1	4	2	3	9	5
9	5	3	6	7	8	2	1	4

563

4	6	8	1	2	9	3	5	7
3	5	1	8	6	7	4	2	9
9	7	2	3	4	5	6	8	1
6	2	4	5	1	3	7	9	8
5	8	3	9	7	6	2	1	4
7	1	9	2	8	4	5	6	3
1	4	7	6	5	8	9	3	2
2	3	5	7	9	1	8	4	6
8	9	6	4	3	2	1	7	5

564

4	9	1	7	8	6	3	5	2
2	5	7	3	1	4	9	6	8
6	3	8	9	2	5	4	7	1
7	8	3	2	4	1	6	9	5
9	2	4	6	5	3	1	8	7
5	1	6	8	7	9	2	3	4
3	7	5	1	6	2	8	4	9
8	6	2	4	9	7	5	1	3
1	4	9	5	3	8	7	2	6

565

6	2	7	1	3	9	8	4	5
8	3	1	6	5	4	7	2	9
4	9	5	2	8	7	6	1	3
1	4	8	5	7	2	9	3	6
5	7	2	3	9	6	4	8	1
9	6	3	8	4	1	5	7	2
7	5	6	4	2	3	1	9	8
3	8	9	7	1	5	2	6	4
2	1	4	9	6	8	3	5	7

566

2	1	4	6	8	9	7	3	5
6	9	8	7	5	3	4	2	1
5	7	3	2	4	1	8	9	6
1	8	9	4	6	2	3	5	7
7	2	6	3	9	5	1	8	4
3	4	5	8	1	7	9	6	2
4	6	2	9	7	8	5	1	3
8	5	7	1	3	6	2	4	9
9	3	1	5	2	4	6	7	8

567

5	9	6	8	1	7	2	3	4
3	1	8	2	9	4	5	6	7
2	4	7	6	5	3	1	9	8
4	7	2	5	6	1	3	8	9
8	6	5	3	4	9	7	2	1
9	3	1	7	2	8	4	5	6
1	5	4	9	8	2	6	7	3
7	2	9	4	3	6	8	1	5
6	8	3	1	7	5	9	4	2

568

7	4	5	9	2	6	1	8	3
2	9	8	1	7	3	4	6	5
3	6	1	5	8	4	2	7	9
8	2	7	6	1	9	5	3	4
9	5	3	7	4	2	6	1	8
4	1	6	8	3	5	7	9	2
1	3	4	2	9	7	8	5	6
5	7	2	3	6	8	9	4	1
6	8	9	4	5	1	3	2	7

569

6	1	2	9	7	5	4	8	3
4	8	7	3	2	6	9	5	1
3	9	5	4	8	1	2	7	6
9	7	1	2	5	4	3	6	8
8	3	6	7	1	9	5	2	4
5	2	4	8	6	3	1	9	7
1	6	8	5	4	2	7	3	9
7	5	3	1	9	8	6	4	2
2	4	9	6	3	7	8	1	5

570

6	7	3	4	2	9	5	8	1
9	1	8	7	6	5	2	4	3
5	4	2	3	8	1	9	6	7
8	9	4	6	1	3	7	5	2
2	3	7	8	5	4	1	9	6
1	5	6	2	9	7	4	3	8
4	6	5	1	7	8	3	2	9
3	8	1	9	4	2	6	7	5
7	2	9	5	3	6	8	1	4

571

6	9	4	1	5	3	2	7	8
8	1	7	9	2	4	3	6	5
5	2	3	6	7	8	1	4	9
1	4	5	3	6	7	8	9	2
2	3	9	4	8	5	6	1	7
7	6	8	2	9	1	4	5	3
4	7	1	5	3	2	9	8	6
3	5	6	8	1	9	7	2	4
9	8	2	7	4	6	5	3	1

572

2	4	8	3	5	1	7	9	6
5	7	3	6	9	4	1	8	2
6	9	1	8	7	2	3	5	4
1	8	2	7	6	9	5	4	3
3	5	4	1	2	8	6	7	9
7	6	9	4	3	5	8	2	1
4	3	6	2	8	7	9	1	5
8	2	5	9	1	6	4	3	7
9	1	7	5	4	3	2	6	8

573

1	4	8	6	2	5	7	3	9
5	2	6	9	3	7	1	4	8
7	3	9	8	4	1	5	2	6
2	6	1	5	9	3	4	8	7
3	9	5	7	8	4	2	6	1
4	8	7	1	6	2	3	9	5
9	5	2	3	7	8	6	1	4
8	7	3	4	1	6	9	5	2
6	1	4	2	5	9	8	7	3

574

2	7	1	3	8	4	6	5	9
3	6	8	5	9	7	4	1	2
9	4	5	6	1	2	8	3	7
7	5	4	1	2	6	9	8	3
6	1	2	9	3	8	5	7	4
8	3	9	4	7	5	2	6	1
1	8	3	2	6	9	7	4	5
4	2	6	7	5	1	3	9	8
5	9	7	8	4	3	1	2	6

575

7	9	2	1	5	3	6	4	8
1	3	4	8	6	7	9	2	5
6	5	8	9	2	4	3	1	7
3	8	6	2	9	1	7	5	4
2	7	9	4	8	5	1	3	6
4	1	5	7	3	6	2	8	9
5	2	3	6	7	8	4	9	1
9	6	1	5	4	2	8	7	3
8	4	7	3	1	9	5	6	2

576

7	6	5	3	4	2	8	1	9
3	9	4	1	7	8	2	6	5
1	2	8	9	5	6	4	3	7
6	5	3	8	1	7	9	4	2
8	7	1	2	9	4	3	5	6
2	4	9	5	6	3	1	7	8
5	1	6	4	2	9	7	8	3
4	3	2	7	8	5	6	9	1
9	8	7	6	3	1	5	2	4

577

3	5	4	8	9	6	7	1	2
7	6	9	2	1	5	8	4	3
8	1	2	4	3	7	5	6	9
6	9	8	7	5	2	4	3	1
2	7	5	1	4	3	9	8	6
1	4	3	9	6	8	2	5	7
9	8	6	3	7	4	1	2	5
4	3	1	5	2	9	6	7	8
5	2	7	6	8	1	3	9	4

578

7	4	9	8	2	1	6	3	5
1	2	3	6	5	7	8	4	9
8	6	5	3	9	4	7	1	2
2	7	4	5	1	8	3	9	6
9	1	6	4	3	2	5	8	7
5	3	8	9	7	6	1	2	4
6	8	7	2	4	3	9	5	1
4	9	1	7	8	5	2	6	3
3	5	2	1	6	9	4	7	8

579

6	3	7	9	2	5	4	8	1
4	8	1	3	7	6	2	9	5
9	5	2	1	8	4	7	3	6
3	9	6	7	5	1	8	4	2
7	2	5	4	6	8	3	1	9
8	1	4	2	3	9	6	5	7
2	6	9	5	4	3	1	7	8
1	7	3	8	9	2	5	6	4
5	4	8	6	1	7	9	2	3

580

3	5	8	6	2	9	4	7	1
1	4	7	8	3	5	9	6	2
2	9	6	7	1	4	5	8	3
5	6	3	2	9	7	8	1	4
4	8	1	3	5	6	7	2	9
9	7	2	1	4	8	6	3	5
6	2	5	9	7	1	3	4	8
8	3	4	5	6	2	1	9	7
7	1	9	4	8	3	2	5	6

581

5	7	2	4	9	3	8	6	1
1	6	3	8	5	7	9	2	4
8	4	9	6	2	1	7	3	5
7	1	8	3	4	6	2	5	9
6	2	5	7	1	9	3	4	8
9	3	4	2	8	5	1	7	6
3	5	6	9	7	8	4	1	2
2	9	1	5	3	4	6	8	7
4	8	7	1	6	2	5	9	3

582

2	7	5	3	1	6	4	9	8
4	1	3	9	8	2	6	7	5
8	9	6	5	4	7	3	2	1
9	4	8	2	3	1	5	6	7
1	3	2	6	7	5	9	8	4
5	6	7	4	9	8	1	3	2
3	2	9	7	5	4	8	1	6
7	5	1	8	6	9	2	4	3
6	8	4	1	2	3	7	5	9

583

7	5	3	2	8	9	4	1	6
6	9	1	4	3	7	8	2	5
2	4	8	1	6	5	9	3	7
5	1	9	3	7	4	6	8	2
4	3	7	6	2	8	1	5	9
8	2	6	9	5	1	7	4	3
9	7	4	5	1	3	2	6	8
3	8	2	7	4	6	5	9	1
1	6	5	8	9	2	3	7	4

584

6	5	1	7	3	2	8	4	9
8	3	4	5	9	6	1	2	7
7	2	9	1	8	4	5	6	3
3	6	2	9	4	5	7	8	1
4	1	8	2	7	3	6	9	5
9	7	5	8	6	1	4	3	2
5	8	3	4	1	9	2	7	6
1	9	7	6	2	8	3	5	4
2	4	6	3	5	7	9	1	8

585

8	5	3	4	6	7	2	1	9
9	6	7	1	2	3	4	5	8
4	2	1	5	9	8	7	3	6
6	9	5	2	8	1	3	7	4
7	4	2	3	5	6	9	8	1
3	1	8	7	4	9	6	2	5
2	3	6	8	1	4	5	9	7
1	7	9	6	3	5	8	4	2
5	8	4	9	7	2	1	6	3

586

6	9	7	4	8	1	5	2	3
3	2	1	9	5	7	4	6	8
5	4	8	2	6	3	1	7	9
2	6	4	1	9	8	7	3	5
7	5	9	6	3	2	8	1	4
1	8	3	7	4	5	2	9	6
8	1	5	3	7	6	9	4	2
4	7	6	8	2	9	3	5	1
9	3	2	5	1	4	6	8	7

587

5	6	9	4	2	3	7	1	8
2	4	1	8	9	7	5	6	3
3	7	8	1	5	6	4	2	9
8	2	7	6	1	9	3	4	5
6	9	5	3	4	2	8	7	1
4	1	3	5	7	8	2	9	6
9	5	2	7	3	1	6	8	4
7	8	4	9	6	5	1	3	2
1	3	6	2	8	4	9	5	7

588

7	4	5	3	8	2	9	1	6
6	1	8	5	9	4	2	3	7
9	2	3	7	6	1	4	8	5
1	3	7	8	4	6	5	2	9
2	8	6	9	5	3	1	7	4
4	5	9	1	2	7	8	6	3
3	7	2	4	1	9	6	5	8
8	6	4	2	3	5	7	9	1
5	9	1	6	7	8	3	4	2

589

8	9	7	5	2	3	4	1	6
6	4	2	1	9	7	8	5	3
1	5	3	6	4	8	2	9	7
4	7	6	2	3	5	1	8	9
2	3	5	9	8	1	6	7	4
9	8	1	7	6	4	5	3	2
3	6	4	8	1	9	7	2	5
5	2	8	3	7	6	9	4	1
7	1	9	4	5	2	3	6	8

590

1	8	9	7	3	2	4	6	5
2	7	4	5	8	6	3	9	1
3	5	6	1	4	9	8	2	7
8	4	7	3	9	1	2	5	6
9	2	5	4	6	7	1	3	8
6	3	1	8	2	5	7	4	9
4	1	8	6	5	3	9	7	2
7	6	2	9	1	4	5	8	3
5	9	3	2	7	8	6	1	4

591

8	7	6	4	2	3	5	9	1
9	5	4	1	6	7	3	2	8
2	1	3	9	8	5	6	4	7
7	6	1	5	9	2	4	8	3
3	4	2	7	1	8	9	6	5
5	9	8	3	4	6	1	7	2
6	3	7	8	5	9	2	1	4
4	2	5	6	7	1	8	3	9
1	8	9	2	3	4	7	5	6

592

8	9	6	1	2	4	3	5	7
3	5	7	8	9	6	4	1	2
2	4	1	3	5	7	6	9	8
4	2	5	9	7	1	8	6	3
1	8	3	4	6	2	9	7	5
7	6	9	5	8	3	2	4	1
5	3	8	6	1	9	7	2	4
6	7	4	2	3	5	1	8	9
9	1	2	7	4	8	5	3	6

593

3	2	1	5	6	8	7	4	9
8	5	6	9	7	4	1	3	2
4	9	7	2	1	3	6	8	5
9	1	3	6	8	2	4	5	7
5	7	4	1	3	9	8	2	6
2	6	8	7	4	5	3	9	1
6	4	5	3	9	7	2	1	8
7	3	9	8	2	1	5	6	4
1	8	2	4	5	6	9	7	3

594

9	1	8	3	7	6	2	5	4
3	2	7	4	5	9	6	8	1
4	6	5	2	8	1	3	9	7
5	9	1	6	3	8	7	4	2
6	8	2	7	9	4	5	1	3
7	3	4	1	2	5	8	6	9
1	7	9	8	6	2	4	3	5
8	5	3	9	4	7	1	2	6
2	4	6	5	1	3	9	7	8

595

7	1	8	3	6	2	9	4	5
4	6	3	5	1	9	2	8	7
2	5	9	4	8	7	6	3	1
5	9	6	8	3	1	4	7	2
1	8	4	7	2	6	3	5	9
3	2	7	9	4	5	8	1	6
9	4	2	1	5	8	7	6	3
8	7	5	6	9	3	1	2	4
6	3	1	2	7	4	5	9	8

596

2	1	8	5	6	7	3	4	9
4	6	9	8	2	3	7	5	1
5	3	7	4	1	9	8	6	2
7	4	6	1	9	5	2	8	3
9	8	1	2	3	4	6	7	5
3	2	5	6	7	8	1	9	4
8	7	2	9	4	1	5	3	6
6	5	4	3	8	2	9	1	7
1	9	3	7	5	6	4	2	8

597

7	6	1	3	8	5	4	2	9
9	3	8	2	4	6	1	7	5
2	5	4	1	9	7	8	6	3
4	1	3	7	2	9	5	8	6
8	2	6	5	3	4	7	9	1
5	9	7	8	6	1	2	3	4
1	4	9	6	7	8	3	5	2
3	7	5	9	1	2	6	4	8
6	8	2	4	5	3	9	1	7

598

9	2	8	1	6	7	4	3	5
4	3	1	9	5	8	6	7	2
7	6	5	3	4	2	1	9	8
1	7	4	5	2	3	8	6	9
8	9	2	6	7	1	3	5	4
6	5	3	8	9	4	7	2	1
3	8	7	2	1	9	5	4	6
2	1	6	4	3	5	9	8	7
5	4	9	7	8	6	2	1	3

599

4	6	2	8	9	3	1	7	5
3	7	5	1	4	2	6	9	8
8	1	9	5	7	6	4	2	3
9	4	6	7	1	5	8	3	2
5	2	8	6	3	4	7	1	9
7	3	1	9	2	8	5	6	4
6	9	4	3	8	1	2	5	7
2	5	7	4	6	9	3	8	1
1	8	3	2	5	7	9	4	6

600

6	1	4	7	5	2	3	9	8
9	7	5	3	6	8	2	1	4
8	2	3	9	1	4	5	6	7
7	3	8	5	2	6	1	4	9
4	9	2	1	3	7	8	5	6
5	6	1	8	4	9	7	2	3
1	5	9	6	8	3	4	7	2
3	4	6	2	7	1	9	8	5
2	8	7	4	9	5	6	3	1

601

3	7	9	4	5	8	6	1	2
6	4	8	2	3	1	7	5	9
1	2	5	6	7	9	3	4	8
9	8	3	1	6	5	4	2	7
5	1	2	7	8	4	9	6	3
7	6	4	9	2	3	1	8	5
4	3	7	5	1	2	8	9	6
2	9	6	8	4	7	5	3	1
8	5	1	3	9	6	2	7	4

602

2	3	5	4	6	9	8	7	1
4	9	6	1	7	8	2	3	5
1	7	8	5	3	2	6	4	9
8	1	2	9	5	7	4	6	3
7	5	3	6	1	4	9	8	2
6	4	9	2	8	3	5	1	7
5	6	4	7	9	1	3	2	8
9	8	7	3	2	6	1	5	4
3	2	1	8	4	5	7	9	6

603

2	4	5	7	8	6	9	3	1
8	9	1	4	3	5	2	7	6
3	7	6	9	2	1	4	5	8
5	1	9	3	6	7	8	2	4
7	2	3	8	1	4	5	6	9
4	6	8	2	5	9	3	1	7
9	3	2	6	7	8	1	4	5
1	8	7	5	4	2	6	9	3
6	5	4	1	9	3	7	8	2

604

7	1	9	2	6	5	3	8	4
5	4	2	8	3	1	7	9	6
6	8	3	7	4	9	1	5	2
1	3	7	6	8	4	9	2	5
4	2	5	9	1	3	6	7	8
8	9	6	5	2	7	4	3	1
9	6	4	3	5	2	8	1	7
2	7	8	1	9	6	5	4	3
3	5	1	4	7	8	2	6	9

605

7	2	6	1	5	9	4	8	3
5	1	8	6	3	4	7	2	9
3	4	9	8	2	7	5	1	6
6	8	7	9	1	5	3	4	2
1	9	5	3	4	2	8	6	7
2	3	4	7	8	6	9	5	1
9	6	1	5	7	8	2	3	4
8	7	2	4	6	3	1	9	5
4	5	3	2	9	1	6	7	8

606

5	4	6	2	8	1	9	7	3
1	7	3	9	5	6	4	2	8
9	2	8	4	7	3	1	6	5
2	8	1	3	4	9	6	5	7
3	9	4	5	6	7	8	1	2
7	6	5	1	2	8	3	4	9
6	5	7	8	3	4	2	9	1
8	1	2	6	9	5	7	3	4
4	3	9	7	1	2	5	8	6

607

7	6	9	3	1	4	8	5	2
1	3	8	7	5	2	9	4	6
4	2	5	9	6	8	3	7	1
8	7	1	6	2	9	5	3	4
2	9	3	4	8	5	6	1	7
5	4	6	1	7	3	2	9	8
9	8	7	2	3	1	4	6	5
3	1	2	5	4	6	7'	8	9
6	5	4	8	9	7	1	2	3

608

9	4	8	7	5	6	3	1	2
5	2	3	1	9	4	8	7	6
1	7	6	8	2	3	5	4	9
4	5	9	2	3	1	6	8	7
2	3	1	6	7	8	4	9	5
6	8	7	9	4	5	2	3	1
8	9	5	3	1	2	7	6	4
7	6	2	4	8	9	1	5	3
3	1	4	5	6	7	9	2	8

609

7	6	4	3	9	8	1	5	2
2	5	3	1	6	4	7	8	9
8	1	9	7	2	5	4	3	6
3	4	1	9	8	2	6	7	5
5	8	2	6	7	3	9	1	4
6	9	7	5	4	1	8	2	3
1	2	6	4	3	7	5	9	8
4	7	8	2	5	9	3	6	1
9	3	5	8	1	6	2	4	7

610

9	1	4	7	6	2	3	5	8
2	7	6	3	5	8	9	1	4
8	5	3	9	1	4	6	2	7
3	8	9	5	4	7	2	6	1
5	4	1	2	8	6	7	3	9
6	2	7	1	3	9	4	8	5
4	6	2	8	7	5	1	9	3
7	3	5	6	9	1	8	4	2
1	9	8	4	2	3	5	7	6

611

5	2	4	6	7	1	9	3	8
6	7	3	2	8	9	5	4	1
9	8	1	5	3	4	7	2	6
1	9	2	4	5	7	8	6	3
3	6	7	8	9	2	4	1	5
8	4	5	3	1	6	2	7	9
4	5	9	7	6	3	1	8	2
2	1	6	9	4	8	3	5	7
7	3	8	1	2	5	6	9	4

612

8	2	3	1	9	4	6	7	5
4	1	5	7	6	3	8	9	2
9	7	6	2	5	8	3	4	1
3	4	7	6	2	9	5	1	8
6	9	1	4	8	5	2	3	7
5	8	2	3	1	7	4	6	9
2	6	9	8	4	1	7	5	3
1	3	4	5	7	2	9	8	6
7	5	8	9	3	6	1	2	4

613

7	8	3	1	6	4	2	5	9
4	5	2	3	9	8	7	6	1
6	1	9	5	7	2	8	4	3
3	9	4	2	5	6	1	7	8
1	7	8	4	3	9	5	2	6
2	6	5	8	1	7	9	3	4
5	3	6	9	2	1	4	8	7
8	2	1	7	4	3	6	9	5
9	4	7	6	8	5	3	1	2

614

5	4	8	2	9	1	3	6	7
6	9	2	3	8	7	5	1	4
3	1	7	5	6	4	2	9	8
8	7	9	1	3	2	4	5	6
2	5	1	7	4	6	8	3	9
4	6	3	9	5	8	7	2	1
1	2	6	4	7	3	9	8	5
7	3	5	8	1	9	6	4	2
9	8	4	6	2	5	1	7	3

615

4	2	6	7	8	3	1	5	9
5	3	9	2	6	1	4	7	8
1	7	8	4	9	5	2	6	3
2	6	7	5	4	8	9	3	1
9	1	4	6	3	7	8	2	5
3	8	5	1	2	9	6	4	7
6	5	3	9	1	4	7	8	2
7	4	1	8	5	2	3	9	6
8	9	2	3	7	6	5	1	4

616

4	8	1	6	3	9	2	7	5
2	3	5	4	7	8	6	9	1
9	6	7	2	5	1	3	8	4
5	4	8	9	2	7	1	3	6
7	9	2	1	6	3	5	4	8
3	1	6	8	4	5	9	2	7
1	7	3	5	9	4	8	6	2
6	5	4	3	8	2	7	1	9
8	2	9	7	1	6	4	5	3

617

5	8	4	9	6	1	2	7	3
7	1	3	4	5	2	9	6	8
2	9	6	8	7	3	4	5	1
1	7	2	3	8	5	6	4	9
3	5	9	6	2	4	1	8	7
4	6	8	1	9	7	5	3	2
9	4	5	7	1	8	3	2	6
8	3	1	2	4	6	7	9	5
6	2	7	5	3	9	8	1	4

618

4	8	3	9	2	6	7	5	1
2	7	6	5	1	4	8	3	9
9	5	1	8	3	7	4	2	6
7	2	8	1	4	3	9	6	5
6	1	5	7	9	8	2	4	3
3	9	4	6	5	2	1	7	8
1	3	7	2	6	9	5	8	4
5	6	2	4	8	1	3	9	7
8	4	9	3	7	5	6	1	2

619

1	2	5	8	3	4	6	7	9
9	6	4	2	7	5	1	8	3
8	3	7	6	1	9	2	5	4
3	9	1	5	8	2	7	4	6
7	5	6	9	4	3	8	1	2
4	8	2	1	6	7	3	9	5
5	1	9	3	2	8	4	6	7
6	4	3	7	5	1	9	2	8
2	7	8	4	9	6	5	3	1

620

8	6	5	3	9	7	2	1	4
4	2	3	1	6	8	7	5	9
1	9	7	4	5	2	3	6	8
7	1	9	6	8	5	4	2	3
6	5	8	2	4	3	1	9	7
3	4	2	9	7	1	6	8	5
9	3	6	5	2	4	8	7	1
5	7	1	8	3	6	9	4	2
2	8	4	7	1	9	5	3	6

621

4	3	1	6	9	7	5	8	2
6	9	7	8	2	5	1	3	4
2	5	8	1	4	3	6	9	7
1	8	4	5	3	2	9	7	6
3	7	5	9	1	6	4	2	8
9	6	2	7	8	4	3	5	1
8	1	6	2	5	9	7	4	3
5	2	3	4	7	1	8	6	9
7	4	9	3	6	8	2	1	5

622

8	7	9	2	5	6	1	4	3
5	6	1	4	3	9	7	2	8
2	4	3	8	1	7	6	9	5
7	1	8	6	4	3	2	5	9
6	3	4	5	9	2	8	1	7
9	5	2	1	7	8	4	3	6
4	9	7	3	8	1	5	6	2
1	8	6	9	2	5	3	7	4
3	2	5	7	6	4	9	8	1

623

8	7	2	4	3	6	1	5	9
6	5	4	9	7	1	3	2	8
1	3	9	2	5	8	6	4	7
4	9	6	8	2	7	5	1	3
3	8	7	1	4	5	9	6	2
2	1	5	6	9	3	7	8	4
9	2	1	7	6	4	8	3	5
5	4	8	3	1	9	2	7	6
7	6	3	5	8	2	4	9	1

624

5	3	6	9	2	4	7	1	8
2	4	1	7	8	3	9	6	5
9	8	7	5	1	6	3	2	4
3	7	9	1	4	8	6	5	2
4	6	5	2	9	7	1	8	3
8	1	2	6	3	5	4	9	7
1	9	3	4	5	2	8	7	6
7	2	4	8	6	1	5	3	9
6	5	8	3	7	9	2	4	1

625

9	1	2	3	5	6	8	7	4
7	5	8	2	1	4	6	3	9
3	6	4	7	9	8	2	1	5
6	3	5	9	8	2	7	4	1
8	7	9	1	4	3	5	6	2
2	4	1	5	6	7	9	8	3
1	2	3	8	7	9	4	5	6
5	8	6	4	2	1	3	9	7
4	9	7	6	3	5	1	2	8

626

9	5	2	6	4	7	3	1	8
3	6	8	2	5	1	4	9	7
1	4	7	8	3	9	2	5	6
4	2	1	3	7	6	9	8	5
5	8	6	4	9	2	1	7	3
7	3	9	5	1	8	6	2	4
6	7	4	1	2	5	8	3	9
8	1	5	9	6	3	7	4	2
2	9	3	7	8	4	5	6	1

627

2	1	8	3	9	6	4	5	7
3	6	4	5	8	7	1	9	2
5	7	9	2	4	1	6	3	8
6	3	7	8	1	2	5	4	9
9	8	2	4	6	5	3	7	1
1	4	5	9	7	3	2	8	6
7	5	1	6	3	8	9	2	4
4	2	6	7	5	9	8	1	3
8	9	3	1	2	4	7	6	5

628

5	8	7	6	9	1	2	4	3
9	6	4	2	5	3	7	1	8
1	3	2	4	7	8	9	6	5
4	7	1	5	3	2	8	9	6
6	9	8	7	1	4	3	5	2
2	5	3	8	6	9	1	7	4
7	4	9	3	8	6	5	2	1
3	1	6	9	2	5	4	8	7
8	2	5	1	4	7	6	3	9

629

2	4	9	8	3	6	7	5	1
7	8	6	1	5	4	2	9	3
5	3	1	9	2	7	8	4	6
6	2	3	4	7	5	9	1	8
9	5	8	6	1	3	4	7	2
4	1	7	2	9	8	3	6	5
8	9	5	7	6	2	1	3	4
1	6	4	3	8	9	5	2	7
3	7	2	5	4	1	6	8	9

630

1	5	3	8	9	2	4	7	6
7	4	9	3	6	1	5	2	8
8	6	2	5	4	7	3	1	9
9	7	6	2	1	5	8	3	4
5	2	4	9	3	8	7	6	1
3	1	8	4	7	6	9	5	2
2	3	1	7	8	4	6	9	5
4	9	5	6	2	3	1	8	7
6	8	7	1	5	9	2	4	3

631

8	6	9	5	4	2	3	1	7
2	7	4	3	1	6	5	9	8
1	5	3	7	8	9	4	2	6
7	2	5	6	3	1	9	8	4
3	1	6	8	9	4	7	5	2
4	9	8	2	5	7	1	6	3
5	4	2	9	7	8	6	3	1
9	8	1	4	6	3	2	7	5
6	3	7	1	2	5	8	4	9

632

9	1	8	5	7	3	4	6	2
3	2	6	8	1	4	7	5	9
5	4	7	6	9	2	8	3	1
8	9	4	1	2	6	3	7	5
6	7	2	9	3	5	1	4	8
1	5	3	7	4	8	9	2	6
4	3	1	2	6	9	5	8	7
7	6	5	4	8	1	2	9	3
2	8	9	3	5	7	6	1	4

633

8	1	3	5	9	4	6	7	2
5	4	9	2	7	6	3	1	8
6	7	2	1	3	8	9	5	4
1	5	8	3	4	2	7	6	9
3	9	4	6	8	7	1	2	5
7	2	6	9	1	5	8	4	3
2	3	1	7	5	9	4	8	6
9	8	5	4	6	1	2	3	7
4	6	7	8	2	3	5	9	1

634

6	7	5	9	4	3	2	1	8
4	1	3	2	5	8	7	6	9
2	8	9	7	1	6	3	5	4
1	3	2	8	6	7	4	9	5
7	5	6	4	9	2	8	3	1
8	9	4	5	3	1	6	7	2
9	4	7	3	8	5	1	2	6
5	2	1	6	7	4	9	8	3
3	6	8	1	2	9	5	4	7

635

3	5	7	8	6	4	1	9	2
4	6	2	5	9	1	3	8	7
9	1	8	2	7	3	6	4	5
7	2	9	4	5	6	8	3	1
1	4	3	7	8	9	2	5	6
5	8	6	1	3	2	4	7	9
8	7	1	3	2	5	9	6	4
2	9	5	6	4	8	7	1	3
6	3	4	9	1	7	5	2	8

636

8	2	6	7	5	1	9	3	4
1	4	5	6	9	3	7	8	2
9	7	3	4	2	8	1	5	6
6	5	7	3	8	4	2	1	9
3	8	1	2	7	9	6	4	5
2	9	4	1	6	5	8	7	3
7	3	2	8	4	6	5	9	1
4	6	9	5	1	7	3	2	8
5	1	8	9	3	2	4	6	7

637

6	9	2	5	1	7	8	4	3
7	3	8	9	4	6	2	1	5
5	1	4	8	3	2	9	7	6
8	7	3	4	5	1	6	9	2
1	4	5	2	6	9	7	3	8
2	6	9	7	8	3	1	5	4
9	5	6	3	7	8	4	2	1
3	2	1	6	9	4	5	8	7
4	8	7	1	2	5	3	6	9

638

1	6	7	9	5	8	3	2	4
3	2	4	7	1	6	8	9	5
9	5	8	3	2	4	7	1	6
7	1	6	8	9	5	4	3	2
8	9	5	4	3	2	6	7	1
4	3	2	6	7	1	5	8	9
5	8	9	2	4	3	1	6	7
6	7	1	5	8	9	2	4	3
2	4	3	1	6	7	9	5	8

639

3	9	4	7	8	1	5	2	6
8	5	6	4	2	9	3	1	7
2	1	7	6	3	5	9	4	8
9	7	8	5	4	3	2	6	1
1	3	2	9	6	8	4	7	5
4	6	5	1	7	2	8	3	9
5	2	3	8	1	7	6	9	4
6	8	1	3	9	4	7	5	2
7	4	9	2	5	6	1	8	3

640

8	4	6	7	3	9	1	2	5
3	1	2	4	8	5	7	6	9
5	7	9	1	6	2	3	4	8
7	9	3	5	1	4	6	8	2
1	6	8	2	9	3	4	5	7
4	2	5	8	7	6	9	1	3
9	3	4	6	5	8	2	7	1
2	5	1	3	4	7	8	9	6
6	8	7	9	2	1	5	3	4

641

7	5	9	8	2	6	4	3	1
4	2	8	1	3	5	6	7	9
3	6	1	7	9	4	2	8	5
6	9	2	3	4	1	7	5	8
1	8	7	9	5	2	3	6	4
5	3	4	6	8	7	9	1	2
9	4	6	5	1	3	8	2	7
8	1	3	2	7	9	5	4	6
2	7	5	4	6	8	1	9	3

642

9	4	6	1	7	3	2	8	5
8	1	7	2	4	5	6	9	3
3	5	2	9	6	8	7	4	1
2	7	9	5	1	4	8	3	6
1	6	3	8	9	7	5	2	4
4	8	5	6	3	2	1	7	9
6	3	1	7	8	9	4	5	2
7	2	4	3	5	6	9	1	8
5	9	8	4	2	1	3	6	7

643

1	8	4	6	5	9	3	2	7
5	3	9	8	7	2	4	1	6
7	2	6	1	3	4	5	9	8
6	4	5	2	8	7	1	3	9
2	7	8	9	1	3	6	4	5
3	9	1	4	6	5	7	8	2
8	1	3	5	2	6	9	7	4
9	6	2	7	4	1	8	5	3
4	5	7	3	9	8	2	6	1

644

9	3	5	7	8	1	4	2	6
2	7	1	6	4	9	5	3	8
6	4	8	3	5	2	9	7	1
7	8	2	5	1	3	6	9	4
5	1	3	4	9	6	2	8	7
4	9	6	2	7	8	3	1	5
8	6	9	1	3	5	7	4	2
1	5	4	9	2	7	8	6	3
3	2	7	8	6	4	1	5	9

645

3	2	5	6	1	7	8	9	4
4	8	1	9	3	5	7	6	2
6	7	9	2	8	4	5	1	3
5	3	7	1	6	9	4	2	8
8	9	2	7	4	3	6	5	1
1	6	4	5	2	8	3	7	9
2	4	6	3	5	1	9	8	7
9	5	3	8	7	2	1	4	6
7	1	8	4	9	6	2	3	5

646

1	4	3	5	7	8	6	9	2
6	5	9	3	2	1	4	7	8
8	7	2	9	4	6	1	5	3
9	6	4	8	1	5	2	3	7
2	1	7	4	9	3	8	6	5
3	8	5	2	6	7	9	4	1
7	2	6	1	3	9	5	8	4
4	9	8	7	5	2	3	1	6
5	3	1	6	8	4	7	2	9

647

8	5	1	9	2	6	4	7	3
6	7	2	1	3	4	5	8	9
4	3	9	8	5	7	6	1	2
2	1	5	6	4	3	8	9	7
9	8	3	5	7	1	2	6	4
7	4	6	2	9	8	1	3	5
1	9	4	7	6	5	3	2	8
3	2	8	4	1	9	7	5	6
5	6	7	3	8	2	9	4	1

648

2	1	7	3	8	6	5	9	4
8	5	3	9	7	4	6	2	1
6	9	4	5	1	2	3	8	7
7	8	1	4	6	9	2	3	5
4	2	9	1	5	3	7	6	8
3	6	5	7	2	8	4	1	9
9	4	8	6	3	5	1	7	2
5	7	6	2	9	1	8	4	3
1	3	2	8	4	7	9	5	6

649

5	3	9	7	8	1	6	2	4
6	8	1	4	2	9	5	3	7
2	4	7	5	6	3	1	9	8
9	1	4	3	7	5	2	8	6
8	7	6	1	9	2	3	4	5
3	2	5	8	4	6	9	7	1
1	5	8	2	3	4	7	6	9
4	6	2	9	1	7	8	5	3
7	9	3	6	5	8	4	1	2

650

1	8	4	6	9	3	5	7	2
5	7	6	4	1	2	9	3	8
3	2	9	8	7	5	4	1	6
2	4	1	3	6	8	7	9	5
6	3	8	7	5	9	2	4	1
7	9	5	2	4	1	6	8	3
4	1	2	5	8	7	3	6	9
8	6	3	9	2	4	1	5	7
9	5	7	1	3	6	8	2	4

651

2	3	1	6	5	9	4	8	7
4	5	8	1	3	7	9	6	2
9	6	7	8	2	4	5	3	1
8	1	4	2	6	3	7	9	5
7	2	5	4	9	8	6	1	3
3	9	6	5	7	1	2	4	8
6	7	3	9	1	5	8	2	4
1	4	2	7	8	6	3	5	9
5	8	9	3	4	2	1	7	6

652

4	5	3	9	2	8	1	6	7
8	9	2	6	7	1	3	5	4
7	1	6	3	4	5	2	8	9
2	7	8	4	1	9	6	3	5
3	6	9	8	5	2	7	4	1
5	4	1	7	3	6	9	2	8
1	8	5	2	6	7	4	9	3
6	3	7	5	9	4	8	1	2
9	2	4	1	8	3	5	7	6

653

1	2	8	3	7	4	9	6	5
5	7	3	2	9	6	4	8	1
6	4	9	5	8	1	2	3	7
7	6	2	1	3	8	5	4	9
8	9	4	7	5	2	3	1	6
3	1	5	6	4	9	7	2	8
2	8	7	9	6	3	1	5	4
9	3	6	4	1	5	8	7	2
4	5	1	8	2	7	6	9	3

654

1	2	7	3	6	5	4	8	9
9	5	6	8	4	1	7	3	2
4	8	3	7	9	2	6	1	5
7	9	2	5	8	4	1	6	3
8	4	5	6	1	3	2	9	7
3	6	1	9	2	7	5	4	8
2	1	8	4	7	9	3	5	6
5	7	9	1	3	6	8	2	4
6	3	4	2	5	8	9	7	1

655

3	8	9	5	7	4	1	6	2
6	2	1	9	3	8	4	5	7
7	4	5	6	2	1	9	3	8
4	5	7	2	1	6	3	8	9
8	9	3	7	4	5	6	2	1
2	1	6	3	8	9	5	7	4
1	6	2	8	9	3	7	4	5
5	7	4	1	6	2	8	9	3
9	3	8	4	5	7	2	1	6

656

6	4	7	3	1	9	2	5	8
9	1	3	8	5	2	4	7	6
2	5	8	6	7	4	1	3	9
4	7	6	9	3	1	5	8	2
1	3	9	2	8	5	7	6	4
5	8	2	4	6	7	3	9	1
7	6	4	1	9	3	8	2	5
3	9	1	5	2	8	6	4	7
8	2	5	7	4	6	9	1	3

657

7	8	3	6	5	4	1	2	9
5	4	6	1	9	2	3	7	8
9	1	2	7	3	8	6	4	5
8	3	7	9	6	1	2	5	4
2	5	9	8	4	3	7	1	6
4	6	1	5	2	7	8	9	3
1	9	4	2	8	6	5	3	7
3	2	8	4	7	5	9	6	1
6	7	5	3	1	9	4	8	2

658

4	2	8	1	5	3	6	7	9
1	3	5	9	6	7	2	8	4
9	7	6	2	4	8	5	1	3
3	6	7	5	9	1	8	4	2
2	1	9	8	7	4	3	6	5
8	5	4	6	3	2	7	9	1
6	4	2	3	8	9	1	5	7
7	8	3	4	1	5	9	2	6
5	9	1	7	2	6	4	3	8

659

2	9	1	3	5	6	4	8	7
7	4	3	8	1	2	9	6	5
8	6	5	4	9	7	1	3	2
4	1	2	9	7	8	6	5	3
9	7	8	6	3	5	2	1	4
3	5	6	2	4	1	8	7	9
1	3	4	5	6	9	7	2	8
5	8	7	1	2	4	3	9	6
6	2	9	7	8	3	5	4	1

660

3	5	8	9	6	1	2	4	7
2	4	9	3	8	7	1	5	6
1	6	7	4	2	5	8	3	9
9	8	5	2	1	4	7	6	3
4	3	1	7	5	6	9	2	8
7	2	6	8	9	3	5	1	4
5	9	4	1	3	8	6	7	2
6	7	2	5	4	9	3	8	1
8	1	3	6	7	2	4	9	5

661

7	6	5	3	1	2	9	4	8
3	4	8	9	5	7	2	1	6
9	1	2	4	8	6	3	5	7
2	7	1	8	6	5	4	3	9
8	9	6	1	3	4	5	7	2
5	3	4	2	7	9	6	8	1
4	2	7	5	9	1	8	6	3
1	5	3	6	2	8	7	9	4
6	8	9	7	4	3	1	2	5

662

7	1	8	4	2	9	5	3	6
5	9	6	3	1	8	4	7	2
3	2	4	5	6	7	9	8	1
6	4	3	7	5	1	2	9	8
2	8	5	6	9	4	7	1	3
1	7	9	8	3	2	6	5	4
9	6	1	2	8	5	3	4	7
4	5	2	1	7	3	8	6	9
8	3	7	9	4	6	1	2	5

663

7	2	8	1	6	4	3	5	9
5	9	4	3	8	7	6	1	2
6	3	1	2	5	9	4	8	7
1	4	7	5	3	8	2	9	6
3	6	5	9	4	2	1	7	8
2	8	9	6	7	1	5	3	4
9	7	3	4	1	6	8	2	5
4	5	2	8	9	3	7	6	1
8	1	6	7	2	5	9	4	3

664

2	9	7	4	3	6	1	8	5
1	3	8	7	5	2	9	4	6
6	5	4	8	9	1	2	3	7
8	7	1	6	4	5	3	2	9
9	6	5	2	8	3	7	1	4
4	2	3	1	7	9	5	6	8
5	1	9	3	6	4	8	7	2
3	8	6	9	2	7	4	5	1
7	4	2	5	1	8	6	9	3

665

1	4	3	2	8	7	5	6	9
7	9	8	5	3	6	2	1	4
6	5	2	4	9	1	8	3	7
4	2	7	9	6	8	3	5	1
9	8	1	3	5	4	6	7	2
5	3	6	7	1	2	4	9	8
3	7	5	8	2	9	1	4	6
8	6	9	1	4	5	7	2	3
2	1	4	6	7	3	9	8	5

666

9	3	2	7	6	4	1	5	8
5	7	4	8	1	2	6	9	3
8	6	1	3	5	9	2	4	7
1	5	9	2	3	8	7	6	4
2	8	7	9	4	6	3	1	5
3	4	6	1	7	5	8	2	9
7	9	3	5	2	1	4	8	6
4	1	5	6	8	7	9	3	2
6	2	8	4	9	3	5	7	1

667

2	6	8	5	9	1	4	7	3
1	5	4	3	2	7	9	6	8
7	9	3	8	4	6	2	1	5
4	2	1	6	8	9	5	3	7
5	8	7	1	3	4	6	2	9
9	3	6	7	5	2	1	8	4
6	4	2	9	7	3	8	5	1
3	1	5	4	6	8	7	9	2
8	7	9	2	1	5	3	4	6

668

7	4	1	9	2	3	5	6	8
2	8	3	5	6	7	4	1	9
6	9	5	4	1	8	7	2	3
8	2	7	3	9	6	1	5	4
3	6	4	1	7	5	8	9	2
5	1	9	8	4	2	6	3	7
1	7	2	6	3	4	9	8	5
9	3	8	7	5	1	2	4	6
4	5	6	2	8	9	3	7	1

669

2	5	9	1	4	8	6	3	7
6	1	8	3	7	5	9	2	4
7	3	4	9	2	6	5	1	8
9	6	2	7	8	3	1	4	5
5	4	1	2	6	9	7	8	3
3	8	7	5	1	4	2	6	9
4	9	3	6	5	1	8	7	2
1	2	5	8	3	7	4	9	6
8	7	6	4	9	2	3	5	1

670

4	6	9	3	8	2	7	1	5
5	3	7	9	6	1	8	4	2
1	8	2	5	4	7	3	9	6
3	1	8	7	5	6	9	2	4
9	2	4	1	3	8	5	6	7
6	7	5	2	9	4	1	3	8
2	4	3	8	7	9	6	5	1
7	9	1	6	2	5	4	8	3
8	5	6	4	1	3	2	7	9

671

6	1	4	9	3	8	2	7	5
3	5	9	2	7	4	1	6	8
8	2	7	6	5	1	3	4	9
4	6	5	8	1	3	7	9	2
7	8	2	4	9	5	6	1	3
1	9	3	7	2	6	8	5	4
9	4	8	1	6	2	5	3	7
5	7	1	3	8	9	4	2	6
2	3	6	5	4	7	9	8	1

672

1	4	9	7	8	2	6	3	5
7	3	8	9	5	6	1	4	2
6	5	2	4	1	3	8	7	9
2	1	5	8	9	7	3	6	4
4	7	6	2	3	5	9	1	8
9	8	3	1	6	4	2	5	7
3	9	4	6	7	8	5	2	1
8	6	7	5	2	1	4	9	3
5	2	1	3	4	9	7	8	6

673

2	7	5	4	6	9	3	8	1
8	9	1	2	5	3	6	4	7
3	6	4	1	8	7	9	2	5
4	1	3	5	7	2	8	6	9
7	5	9	8	3	6	4	1	2
6	8	2	9	4	1	5	7	3
1	4	6	3	2	5	7	9	8
9	3	7	6	1	8	2	5	4
5	2	8	7	9	4	1	3	6

674

2	1	9	6	7	5	3	4	8
3	7	5	4	8	9	1	6	2
4	8	6	2	1	3	7	9	5
1	5	3	9	4	7	2	8	6
9	6	7	8	3	2	5	1	4
8	2	4	5	6	1	9	7	3
7	4	1	3	2	8	6	5	9
6	9	2	1	5	4	8	3	7
5	3	8	7	9	6	4	2	1

675

4	1	2	5	9	6	3	8	7
9	3	6	7	4	8	1	2	5
5	7	8	1	3	2	6	4	9
8	4	7	6	2	5	9	3	1
2	9	3	4	7	1	5	6	8
6	5	1	3	8	9	2	7	4
7	6	4	9	5	3	8	1	2
3	8	9	2	1	7	4	5	6
1	2	5	8	6	4	7	9	3

676

8	3	7	1	2	4	9	5	6
6	5	9	7	3	8	2	1	4
1	4	2	6	5	9	8	3	7
9	6	8	4	7	5	1	2	3
5	7	3	2	6	1	4	9	8
2	1	4	8	9	3	7	6	5
4	9	5	3	8	2	6	7	1
7	2	1	5	4	6	3	8	9
3	8	6	9	1	7	5	4	2

677

3	7	2	8	6	9	1	5	4
9	5	6	4	2	1	8	7	3
1	8	4	7	3	5	6	9	2
5	6	7	9	4	3	2	1	8
4	9	3	1	8	2	5	6	7
8	2	1	5	7	6	3	4	9
7	3	9	6	1	8	4	2	5
6	4	8	2	5	7	9	3	1
2	1	5	3	9	4	7	8	6

678

1	5	6	2	7	9	3	4	8
4	8	7	1	6	3	9	2	5
2	9	3	4	5	8	6	7	1
9	7	2	3	4	1	8	5	6
5	6	4	8	9	7	2	1	3
8	3	1	6	2	5	7	9	4
7	1	9	5	3	6	4	8	2
3	4	8	7	1	2	5	6	9
6	2	5	9	8	4	1	3	7

679

9	2	5	3	6	7	4	1	8
1	7	3	4	2	8	5	9	6
6	8	4	9	5	1	2	3	7
3	6	7	2	1	9	8	4	5
5	4	9	7	8	3	6	2	1
2	1	8	6	4	5	9	7	3
8	5	2	1	3	4	7	6	9
4	9	1	5	7	6	3	8	2
7	3	6	8	9	2	1	5	4

680

8	4	7	3	5	6	1	2	9
6	2	9	1	7	8	4	3	5
5	1	3	9	2	4	6	7	8
7	8	1	4	6	3	9	5	2
4	3	6	5	9	2	7	8	1
9	5	2	7	8	1	3	4	6
1	7	8	2	4	9	5	6	3
3	6	4	8	1	5	2	9	7
2	9	5	6	3	7	8	1	4

681

5	9	6	4	1	8	7	3	2
8	1	3	7	5	2	9	4	6
7	4	2	9	3	6	5	1	8
2	3	9	5	6	1	4	8	7
4	6	8	3	9	7	1	2	5
1	7	5	8	2	4	3	6	9
3	8	4	2	7	9	6	5	1
6	2	7	1	4	5	8	9	3
9	5	1	6	8	3	2	7	4

682

8	4	1	6	3	7	5	9	2
3	2	9	4	5	1	6	7	8
5	7	6	2	9	8	4	3	1
2	9	3	5	7	4	8	1	6
6	5	8	3	1	9	7	2	4
7	1	4	8	6	2	3	5	9
9	3	7	1	4	6	2	8	5
4	8	5	9	2	3	1	6	7
1	6	2	7	8	5	9	4	3

683

2	6	8	1	4	9	5	7	3
9	7	3	5	2	8	4	6	1
5	4	1	6	3	7	9	8	2
4	3	5	8	9	2	7	1	6
1	8	7	4	6	5	2	3	9
6	2	9	7	1	3	8	4	5
7	9	6	2	8	1	3	5	4
3	5	4	9	7	6	1	2	8
8	1	2	3	5	4	6	9	7

684

9	4	8	2	5	7	1	3	6
3	5	6	8	1	4	7	9	2
1	2	7	6	3	9	5	4	8
6	1	5	9	8	2	3	7	4
2	3	9	7	4	5	8	6	1
8	7	4	1	6	3	2	5	9
4	8	2	3	7	6	9	1	5
5	9	3	4	2	1	6	8	7
7	6	1	5	9	8	4	2	3

685

7	5	8	1	6	4	2	3	9
1	4	3	2	9	5	6	8	7
9	2	6	8	7	3	4	5	1
3	7	5	4	2	6	9	1	8
4	6	1	3	8	9	7	2	5
2	8	9	7	5	1	3	6	4
6	1	4	9	3	8	5	7	2
5	9	7	6	1	2	8	4	3
8	3	2	5	4	7	1	9	6

686

5	3	6	7	9	2	1	4	8
2	1	8	6	3	4	9	7	5
7	9	4	1	5	8	2	6	3
9	8	7	4	1	6	5	3	2
1	4	3	2	8	5	6	9	7
6	2	5	9	7	3	8	1	4
3	6	9	8	2	7	4	5	1
8	5	1	3	4	9	7	2	6
4	7	2	5	6	1	3	8	9

687

9	1	6	2	5	4	3	7	8
4	5	2	8	7	3	6	9	1
3	7	8	1	9	6	2	4	5
7	8	3	6	1	9	4	5	2
5	2	4	3	8	7	9	1	6
1	6	9	4	2	5	7	8	3
6	9	1	5	4	2	8	3	7
2	4	5	7	3	8	1	6	9
8	3	7	9	6	1	5	2	4

688

9	7	5	8	4	3	6	1	2
3	6	4	1	5	2	9	7	8
2	1	8	9	7	6	4	3	5
1	9	6	2	3	8	5	4	7
5	2	7	4	1	9	8	6	3
8	4	3	7	6	5	1	2	9
4	5	1	3	8	7	2	9	6
7	8	2	6	9	4	3	5	1
6	3	9	5	2	1	7	8	4

689

7	1	4	9	6	5	2	8	3
8	6	9	3	1	2	5	4	7
5	3	2	8	4	7	6	9	1
3	2	6	4	9	1	8	7	5
1	4	8	7	5	6	9	3	2
9	5	7	2	8	3	4	1	6
2	8	5	1	3	4	7	6	9
4	7	3	6	2	9	1	5	8
6	9	1	5	7	8	3	2	4

690

7	9	3	1	2	5	8	4	6
6	2	4	3	9	8	1	7	5
1	8	5	4	7	6	2	3	9
4	1	7	2	5	3	9	6	8
8	3	2	6	4	9	7	5	1
5	6	9	7	8	1	3	2	4
9	5	6	8	3	2	4	1	7
3	4	8	5	1	7	6	9	2
2	7	1	9	6	4	5	8	3

691

5	8	2	9	1	6	4	7	3
9	1	3	7	4	2	5	8	6
6	7	4	5	3	8	1	2	9
4	3	7	2	9	1	8	6	5
2	9	1	6	8	5	3	4	7
8	6	5	3	7	4	2	9	1
7	2	9	8	5	3	6	1	4
1	5	8	4	6	7	9	3	2
3	4	6	1	2	9	7	5	8

692

2	4	5	9	3	8	7	1	6
8	7	1	2	6	5	4	9	3
6	9	3	4	1	7	5	8	2
3	5	6	7	2	1	9	4	8
9	1	8	3	5	4	2	6	7
4	2	7	6	8	9	1	3	5
7	6	9	5	4	3	8	2	1
1	3	4	8	7	2	6	5	9
5	8	2	1	9	6	3	7	4

693

5	9	4	6	8	7	2	1	3
8	3	7	1	2	4	5	9	6
1	6	2	5	9	3	7	8	4
6	7	8	3	4	1	9	2	5
4	1	3	2	5	9	6	7	8
9	2	5	8	7	6	4	3	1
7	8	6	9	3	5	1	4	2
2	5	9	4	1	8	3	6	7
3	4	1	7	6	2	8	5	9

694

3	1	2	6	5	4	7	9	8
5	7	6	8	9	2	3	1	4
9	4	8	1	3	7	6	2	5
6	3	4	5	8	9	1	7	2
1	9	7	2	4	3	8	5	6
2	8	5	7	1	6	9	4	3
7	2	3	9	6	5	4	8	1
4	5	1	3	7	8	2	6	9
8	6	9	4	2	1	5	3	7

695

9	7	5	8	1	2	4	3	6
2	1	8	4	3	6	5	9	7
4	3	6	5	7	9	1	8	2
3	8	9	7	4	5	6	2	1
5	6	1	3	2	8	7	4	9
7	2	4	9	6	1	3	5	8
6	9	2	1	5	4	8	7	3
8	4	7	6	9	3	2	1	5
1	5	3	2	8	7	9	6	4

696

8	5	4	7	1	9	3	6	2
3	9	1	2	6	5	4	7	8
7	2	6	3	4	8	5	9	1
2	4	9	1	7	3	8	5	6
5	3	7	4	8	6	1	2	9
6	1	8	5	9	2	7	3	4
4	8	2	6	3	7	9	1	5
9	7	5	8	2	1	6	4	3
1	6	3	9	5	4	2	8	7

697

8	7	5	9	4	6	3	1	2
2	4	3	8	1	5	9	6	7
9	1	6	7	3	2	4	5	8
5	3	7	2	8	1	6	9	4
4	2	9	6	7	3	5	8	1
1	6	8	5	9	4	7	2	3
6	5	1	3	2	7	8	4	9
7	9	4	1	5	8	2	3	6
3	8	2	4	6	9	1	7	5

698

7	6	9	3	8	2	4	5	1
3	2	5	6	4	1	9	7	8
8	1	4	5	7	9	2	3	6
2	3	8	9	5	4	6	1	7
9	5	7	1	6	8	3	4	2
1	4	6	2	3	7	5	8	9
6	8	3	7	9	5	1	2	4
5	7	2	4	1	6	8	9	3
4	9	1	8	2	3	7	6	5

699

8	9	1	2	6	3	5	7	4
6	3	5	7	4	9	2	1	8
2	7	4	8	5	1	3	9	6
4	1	7	5	2	6	8	3	9
5	8	3	9	1	4	6	2	7
9	6	2	3	7	8	1	4	5
3	4	8	6	9	2	7	5	1
7	2	9	1	8	5	4	6	3
1	5	6	4	3	7	9	8	2

700

7	6	2	3	9	8	4	5	1
1	4	5	6	2	7	9	8	3
9	8	3	5	1	4	7	6	2
4	5	1	2	7	6	8	3	9
8	3	9	1	4	5	6	2	7
6	2	7	9	8	3	5	1	4
3	9	8	4	5	1	2	7	6
2	7	6	8	3	9	1	4	5
5	1	4	7	6	2	3	9	8

701

7	5	9	6	3	2	8	1	4
2	4	3	7	8	1	5	6	9
6	1	8	4	9	5	7	3	2
3	7	1	9	5	8	4	2	6
9	6	2	3	7	4	1	5	8
5	8	4	1	2	6	3	9	7
8	2	7	5	6	3	9	4	1
1	9	5	2	4	7	6	8	3
4	3	6	8	1	9	2	7	5

702

7	8	5	3	1	6	9	2	4
4	3	1	9	2	7	8	6	5
9	2	6	8	4	5	7	3	1
1	7	9	2	6	3	5	4	8
8	5	2	4	7	9	6	1	3
3	6	4	1	5	8	2	7	9
6	1	7	5	8	4	3	9	2
5	4	3	7	9	2	1	8	6
2	9	8	6	3	1	4	5	7

703

4	7	8	3	5	1	9	2	6
3	6	5	2	8	9	7	4	1
9	2	1	4	7	6	5	3	8
2	9	6	7	1	3	8	5	4
1	8	3	5	2	4	6	7	9
5	4	7	6	9	8	3	1	2
8	5	9	1	3	2	4	6	7
7	1	4	9	6	5	2	8	3
6	3	2	8	4	7	1	9	5

704

5	9	1	6	3	2	4	8	7
2	7	4	8	1	5	9	6	3
8	3	6	9	7	4	5	2	1
1	4	2	3	5	8	7	9	6
7	6	5	4	9	1	8	3	2
3	8	9	7	2	6	1	5	4
6	2	8	1	4	9	3	7	5
9	1	3	5	6	7	2	4	8
4	5	7	2	8	3	6	1	9

705

6	8	7	9	1	5	4	2	3
3	2	1	8	4	7	9	5	6
4	9	5	2	3	6	8	1	7
2	5	6	3	8	1	7	9	4
9	1	3	5	7	4	2	6	8
8	7	4	6	9	2	1	3	5
5	6	9	4	2	8	3	7	1
1	3	8	7	5	9	6	4	2
7	4	2	1	6	3	5	8	9

706

1	4	6	2	9	8	5	3	7
3	8	7	1	6	5	2	4	9
5	2	9	7	4	3	1	6	8
4	1	8	9	2	6	7	5	3
6	7	5	8	3	4	9	2	1
2	9	3	5	7	1	6	8	4
9	6	1	3	8	2	4	7	5
7	3	4	6	5	9	8	1	2
8	5	2	4	1	7	3	9	6

707

1	3	5	2	8	9	7	6	4
6	4	7	1	3	5	8	2	9
9	8	2	7	4	6	1	3	5
2	6	3	9	5	8	4	7	1
4	1	9	6	7	3	2	5	8
5	7	8	4	1	2	6	9	3
3	9	4	8	6	7	5	1	2
8	5	6	3	2	1	9	4	7
7	2	1	5	9	4	3	8	6

708

9	6	2	8	3	4	7	1	5
5	8	4	7	6	1	2	3	9
3	7	1	5	9	2	6	4	8
4	3	8	2	1	5	9	6	7
1	9	6	3	8	7	5	2	4
2	5	7	6	4	9	1	8	3
7	1	5	4	2	3	8	9	6
8	2	3	9	5	6	4	7	1
6	4	9	1	7	8	3	5	2

709

3	8	9	1	2	7	6	5	4
4	2	7	5	3	6	9	1	8
6	5	1	4	9	8	2	7	3
8	4	6	9	7	2	5	3	1
1	9	5	3	8	4	7	2	6
7	3	2	6	1	5	4	8	9
9	6	8	7	5	1	3	4	2
5	1	3	2	4	9	8	6	7
2	7	4	8	6	3	1	9	5

710

5	1	9	4	2	6	7	8	3
7	3	6	9	8	5	4	1	2
4	2	8	7	3	1	5	6	9
1	6	4	3	5	7	9	2	8
9	8	7	2	6	4	1	3	5
3	5	2	1	9	8	6	4	7
8	7	1	5	4	3	2	9	6
2	4	3	6	7	9	8	5	1
6	9	5	8	1	2	3	7	4

711

7	4	1	6	9	8	3	5	2
8	3	5	4	7	2	6	9	1
6	9	2	5	1	3	4	8	7
9	1	3	2	8	4	5	7	6
2	7	8	1	5	6	9	3	4
5	6	4	9	3	7	2	1	8
4	8	9	7	2	5	1	6	3
1	2	7	3	6	9	8	4	5
3	5	6	8	4	1	7	2	9

712

2	1	7	5	3	8	6	9	4
3	4	5	6	9	2	1	8	7
8	6	9	4	7	1	5	2	3
5	7	4	3	8	6	2	1	9
1	9	8	7	2	5	4	3	6
6	3	2	9	1	4	8	7	5
4	8	3	1	6	7	9	5	2
9	2	6	8	5	3	7	4	1
7	5	1	2	4	9	3	6	8

713

1	2	3	7	4	8	6	9	5
4	7	6	5	1	9	3	8	2
8	9	5	3	2	6	1	7	4
7	1	4	8	3	2	5	6	9
2	3	8	6	9	5	7	4	1
5	6	9	1	7	4	2	3	8
6	4	1	2	8	3	9	5	7
3	8	7	9	5	1	4	2	6
9	5	2	4	6	7	8	1	3

714

3	5	9	8	1	7	2	6	4
8	4	6	2	5	3	7	1	9
2	7	1	9	6	4	8	5	3
6	9	8	5	7	1	4	3	2
5	2	7	4	3	8	1	9	6
1	3	4	6	9	2	5	7	8
7	1	2	3	8	6	9	4	5
9	8	3	1	4	5	6	2	7
4	6	5	7	2	9	3	8	1

715

4	9	1	8	5	7	6	3	2
6	5	3	1	4	2	8	7	9
2	7	8	3	9	6	5	4	1
7	2	4	6	1	9	3	5	8
3	6	9	5	7	8	2	1	4
1	8	5	2	3	4	7	9	6
5	1	6	4	8	3	9	2	7
8	3	7	9	2	1	4	6	5
9	4	2	7	6	5	1	8	3

716

2	5	4	9	1	8	6	3	7
7	6	8	5	3	4	1	9	2
9	3	1	2	6	7	4	8	5
1	8	2	4	7	9	3	5	6
4	9	3	6	5	2	7	1	8
5	7	6	1	8	3	2	4	9
8	2	7	3	4	5	9	6	1
6	4	9	8	2	1	5	7	3
3	1	5	7	9	6	8	2	4

717

4	2	3	9	5	6	1	8	7
6	9	8	1	7	3	5	2	4
1	5	7	4	8	2	9	6	3
7	4	2	6	1	8	3	5	9
8	6	1	3	9	5	7	4	2
5	3	9	2	4	7	6	1	8
9	7	4	5	2	1	8	3	6
3	8	5	7	6	4	2	9	1
2	1	6	8	3	9	4	7	5

718

7	6	5	3	2	9	4	1	8
8	9	1	4	5	7	6	3	2
4	2	3	6	1	8	7	9	5
2	4	7	5	6	1	9	8	3
1	3	8	7	9	4	2	5	6
9	5	6	2	8	3	1	7	4
3	8	2	1	7	6	5	4	9
5	1	4	9	3	2	8	6	7
6	7	9	8	4	5	3	2	1

719

4	7	5	3	2	8	9	6	1
9	2	8	6	1	5	3	7	4
3	1	6	9	4	7	2	8	5
7	5	1	8	9	4	6	3	2
6	9	2	7	3	1	4	5	8
8	3	4	5	6	2	1	9	7
1	6	7	2	5	3	8	4	9
5	4	9	1	8	6	7	2	3
2	8	3	4	7	9	5	1	6

720

7	3	6	9	1	4	2	8	5
4	5	8	6	2	3	9	7	1
1	2	9	8	7	5	3	6	4
9	4	3	1	8	2	6	5	7
6	1	2	3	5	7	4	9	8
8	7	5	4	6	9	1	2	3
2	8	1	5	3	6	7	4	9
5	9	7	2	4	1	8	3	6
3	6	4	7	9	8	5	1	2

721

9	6	8	5	1	4	3	7	2
3	2	1	8	7	6	5	9	4
5	7	4	3	9	2	8	1	6
1	8	2	9	4	3	6	5	7
4	3	6	7	2	5	9	8	1
7	5	9	1	6	8	2	4	3
2	4	5	6	8	7	1	3	9
8	9	7	2	3	1	4	6	5
6	1	3	4	5	9	7	2	8

722

9	6	8	2	5	1	7	4	3
3	5	1	4	9	7	8	2	6
7	4	2	3	8	6	5	1	9
1	9	5	7	2	4	3	6	8
2	8	4	9	6	3	1	5	7
6	3	7	8	1	5	4	9	2
8	7	6	1	4	2	9	3	5
4	2	9	5	3	8	6	7	1
5	1	3	6	7	9	2	8	4

723

7	9	4	3	8	2	1	5	6
3	8	6	4	1	5	9	2	7
1	5	2	9	7	6	3	8	4
6	2	3	1	5	4	7	9	8
5	4	1	8	9	7	2	6	3
8	7	9	6	2	3	4	1	5
2	3	8	7	6	9	5	4	1
9	1	7	5	4	8	6	3	2
4	6	5	2	3	1	8	7	9

724

5	2	6	1	3	8	4	7	9
8	3	7	6	9	4	2	1	5
9	4	1	5	2	7	8	3	6
3	9	8	4	6	1	7	5	2
7	5	2	3	8	9	6	4	1
6	1	4	7	5	2	3	9	8
2	8	3	9	7	5	1	6	4
1	7	5	2	4	6	9	8	3
4	6	9	8	1	3	5	2	7

725

7	5	2	4	3	6	9	8	1
9	4	6	8	1	5	2	7	3
8	3	1	7	9	2	4	6	5
2	1	5	3	6	8	7	9	4
6	9	4	2	7	1	5	3	8
3	8	7	9	5	4	6	1	2
4	7	9	5	8	3	1	2	6
1	2	3	6	4	9	8	5	7
5	6	8	1	2	7	3	4	9

726

6	2	5	3	1	4	9	7	8
8	4	3	7	6	9	5	1	2
1	9	7	5	8	2	6	3	4
9	3	4	6	2	5	1	8	7
5	6	1	8	4	7	2	9	3
7	8	2	1	9	3	4	6	5
2	7	9	4	3	6	8	5	1
4	5	8	9	7	1	3	2	6
3	1	6	2	5	8	7	4	9

727

4	8	7	1	9	5	6	2	3
9	3	1	6	8	2	4	7	5
5	2	6	7	3	4	8	9	1
2	5	9	4	1	3	7	8	6
7	4	3	8	2	6	5	1	9
1	6	8	5	7	9	2	3	4
8	1	4	9	6	7	3	5	2
3	9	5	2	4	8	1	6	7
6	7	2	3	5	1	9	4	8

728

7	4	2	5	9	6	8	1	3
1	9	6	3	8	4	7	5	2
5	8	3	1	7	2	6	9	4
8	6	5	4	3	7	1	2	9
9	2	4	6	1	8	5	3	7
3	7	1	2	5	9	4	6	8
4	3	8	9	6	5	2	7	1
6	1	7	8	2	3	9	4	5
2	5	9	7	4	1	3	8	6

729

1	3	4	6	2	9	7	8	5
6	9	5	8	4	7	2	1	3
8	7	2	1	5	3	9	4	6
9	2	1	4	3	8	6	5	7
4	5	6	2	7	1	8	3	9
7	8	3	5	9	6	1	2	4
2	6	7	3	1	4	5	9	8
5	4	8	9	6	2	3	7	1
3	1	9	7	8	5	4	6	2

730

4	1	8	2	6	3	7	9	5
9	7	2	5	8	1	4	3	6
3	6	5	9	7	4	8	1	2
8	2	3	4	9	6	1	5	7
6	5	9	1	2	7	3	4	8
7	4	1	3	5	8	6	2	9
5	8	4	7	3	9	2	6	1
1	9	7	6	4	2	5	8	3
2	3	6	8	1	5	9	7	4

731

1	2	6	8	4	9	7	3	5
9	5	3	6	1	7	4	2	8
4	7	8	2	3	5	9	1	6
3	1	7	5	9	4	8	6	2
6	8	4	7	2	3	1	5	9
2	9	5	1	6	8	3	7	4
5	4	1	3	8	2	6	9	7
8	3	2	9	7	6	5	4	1
7	6	9	4	5	1	2	8	3

732

9	8	7	4	5	1	3	2	6
1	3	4	8	2	6	9	7	5
6	2	5	7	3	9	1	8	4
7	9	3	6	1	8	5	4	2
5	1	2	3	7	4	6	9	8
4	6	8	5	9	2	7	3	1
2	5	9	1	4	7	8	6	3
8	4	1	9	6	3	2	5	7
3	7	6	2	8	5	4	1	9

733

2	3	6	9	7	4	8	5	1
4	7	9	8	5	1	3	6	2
8	5	1	6	2	3	9	7	4
3	6	2	1	4	5	7	9	8
5	8	7	2	9	6	1	4	3
1	9	4	3	8	7	5	2	6
9	1	5	4	6	8	2	3	7
6	2	8	7	3	9	4	1	5
7	4	3	5	1	2	6	8	9

734

7	9	6	8	5	1	2	4	3
5	1	3	9	2	4	7	6	8
2	4	8	6	7	3	9	5	1
6	2	9	7	1	8	4	3	5
3	8	7	4	9	5	6	1	2
4	5	1	2	3	6	8	9	7
9	6	5	3	8	7	1	2	4
1	7	2	5	4	9	3	8	6
8	3	4	1	6	2	5	7	9

735

1	5	7	2	3	9	4	6	8
9	8	4	6	1	5	3	7	2
2	3	6	8	4	7	5	1	9
3	7	1	4	6	8	9	2	5
8	2	5	7	9	1	6	4	3
4	6	9	3	5	2	7	8	1
7	1	3	9	2	6	8	5	4
5	4	8	1	7	3	2	9	6
6	9	2	5	8	4	1	3	7

736

2	8	4	3	1	7	6	9	5
3	6	9	4	8	5	2	7	1
1	7	5	2	6	9	3	4	8
9	2	1	5	4	6	8	3	7
4	3	6	7	2	8	1	5	9
7	5	8	9	3	1	4	2	6
6	9	2	1	7	3	5	8	4
5	1	3	8	9	4	7	6	2
8	4	7	6	5	2	9	1	3

737

5	8	3	2	9	7	4	1	6
7	4	9	1	3	6	5	8	2
1	6	2	4	8	5	9	7	3
2	3	4	9	1	8	6	5	7
8	1	7	5	6	3	2	9	4
6	9	5	7	4	2	8	3	1
9	2	8	3	7	4	1	6	5
3	5	1	6	2	9	7	4	8
4	7	6	8	5	1	3	2	9

738

9	6	5	1	7	2	3	8	4
7	3	2	4	8	5	9	6	1
8	4	1	6	9	3	7	2	5
2	9	3	5	4	7	6	1	8
1	5	7	8	3	6	2	4	9
6	8	4	2	1	9	5	3	7
4	7	9	3	6	8	1	5	2
5	1	6	9	2	4	8	7	3
3	2	8	7	5	1	4	9	6

739

4	5	2	1	8	9	3	6	7
3	9	8	7	6	4	2	1	5
7	6	1	2	5	3	4	9	8
9	4	3	5	1	8	7	2	6
5	2	7	9	4	6	8	3	1
1	8	6	3	2	7	5	4	9
2	3	9	8	7	1	6	5	4
6	7	5	4	9	2	1	8	3
8	1	4	6	3	5	9	7	2

740

9	6	4	3	8	1	7	5	2
2	5	3	9	6	7	8	1	4
1	7	8	5	4	2	9	6	3
5	9	7	2	1	3	4	8	6
4	2	6	8	5	9	3	7	1
3	8	1	6	7	4	5	2	9
6	3	2	7	9	8	1	4	5
8	4	5	1	3	6	2	9	7
7	1	9	4	2	5	6	3	8

741

2	4	3	8	9	6	1	7	5
9	5	6	1	7	3	4	8	2
8	7	1	2	4	5	3	6	9
5	1	4	7	6	9	2	3	8
7	2	8	3	1	4	9	5	6
6	3	9	5	8	2	7	4	1
1	6	5	9	3	7	8	2	4
4	9	7	6	2	8	5	1	3
3	8	2	4	5	1	6	9	7

742

4	6	2	7	8	9	1	5	3
9	3	8	6	1	5	7	2	4
7	5	1	2	3	4	6	9	8
2	9	3	4	7	8	5	6	1
6	1	5	9	2	3	8	4	7
8	4	7	5	6	1	9	3	2
3	2	6	8	5	7	4	1	9
5	7	9	1	4	2	3	8	6
1	8	4	3	9	6	2	7	5

743

4	3	6	7	8	2	5	9	1
1	5	9	6	4	3	2	7	8
8	2	7	9	1	5	3	6	4
3	9	4	8	2	6	7	1	5
2	6	8	1	5	7	9	4	3
5	7	1	4	3	9	6	8	2
6	4	2	5	7	8	1	3	9
9	1	3	2	6	4	8	5	7
7	8	5	3	9	1	4	2	6

744

1	9	3	2	4	5	7	8	6
8	6	5	7	1	9	4	3	2
2	7	4	6	8	3	1	5	9
7	1	2	4	5	6	8	9	3
5	8	9	1	3	2	6	4	7
3	4	6	8	9	7	2	1	5
6	3	8	5	2	4	9	7	1
4	5	7	9	6	1	3	2	8
9	2	1	3	7	8	5	6	4

745

2	8	3	4	7	9	6	1	5
9	1	5	8	6	3	7	2	4
4	6	7	2	1	5	8	3	9
1	4	9	5	8	7	2	6	3
5	7	8	3	2	6	4	9	1
6	3	2	9	4	1	5	7	8
3	9	6	7	5	8	1	4	2
8	2	1	6	9	4	3	5	7
7	5	4	1	3	2	9	8	6

746

5	8	1	6	7	4	9	2	3
7	9	2	5	3	1	6	4	8
6	4	3	9	8	2	5	1	7
2	3	7	4	6	8	1	5	9
1	6	9	2	5	7	8	3	4
4	5	8	1	9	3	7	6	2
8	1	6	3	2	9	4	7	5
9	2	5	7	4	6	3	8	1
3	7	4	8	1	5	2	9	6

747

9	5	7	2	6	8	3	1	4
8	3	1	5	7	4	2	9	6
4	2	6	1	9	3	5	8	7
6	1	9	7	3	5	4	2	8
7	4	3	6	8	2	1	5	9
2	8	5	4	1	9	7	6	3
3	9	4	8	5	1	6	7	2
1	6	8	3	2	7	9	4	5
5	7	2	9	4	6	8	3	1

748

9	4	8	7	3	1	5	6	2
1	5	2	9	8	6	3	7	4
6	3	7	2	5	4	8	1	9
5	1	4	3	7	8	9	2	6
8	7	6	1	9	2	4	3	5
3	2	9	6	4	5	7	8	1
7	6	3	5	1	9	2	4	8
4	9	1	8	2	3	6	5	7
2	8	5	4	6	7	1	9	3

749

5	3	2	1	6	9	8	4	7
4	1	9	3	7	8	6	2	5
7	6	8	4	2	5	3	9	1
3	9	7	8	4	2	5	1	6
6	8	1	9	5	7	4	3	2
2	4	5	6	1	3	9	7	8
9	2	3	7	8	6	1	5	4
1	5	6	2	9	4	7	8	3
8	7	4	5	3	1	2	6	9

750

3	5	9	4	1	7	8	2	6
2	7	4	3	8	6	1	5	9
6	8	1	9	5	2	3	7	4
5	3	2	8	6	9	7	4	1
1	4	7	2	3	5	6	9	8
8	9	6	7	4	1	2	3	5
7	1	3	6	9	4	5	8	2
4	6	8	5	2	3	9	1	7
9	2	5	1	7	8	4	6	3

751

1	6	2	3	7	5	8	9	4
4	3	8	6	2	9	5	1	7
9	5	7	8	4	1	6	2	3
6	4	9	2	5	3	1	7	8
5	2	1	7	9	8	3	4	6
8	7	3	4	1	6	9	5	2
7	8	5	9	3	2	4	6	1
2	9	6	1	8	4	7	3	5
3	1	4	5	6	7	2	8	9

752

1	4	6	2	7	8	3	5	9
5	2	9	3	6	4	1	7	8
3	7	8	5	9	1	6	2	4
9	3	5	7	1	2	4	8	6
7	8	2	4	3	6	5	9	1
6	1	4	9	8	5	7	3	2
2	6	3	8	4	7	9	1	5
4	5	7	1	2	9	8	6	3
8	9	1	6	5	3	2	4	7

753

9	8	1	2	6	4	3	7	5
7	6	4	3	5	8	9	2	1
2	5	3	9	1	7	8	4	6
6	7	8	4	2	5	1	9	3
5	4	9	1	8	3	7	6	2
1	3	2	7	9	6	5	8	4
8	1	6	5	4	9	2	3	7
4	2	7	8	3	1	6	5	9
3	9	5	6	7	2	4	1	8

754

4	6	9	2	8	3	1	5	7
5	3	2	9	7	1	4	6	8
1	8	7	6	4	5	2	9	3
8	7	4	3	5	2	6	1	9
3	2	1	7	9	6	5	8	4
6	9	5	8	1	4	7	3	2
7	1	6	4	3	8	9	2	5
2	4	3	5	6	9	8	7	1
9	5	8	1	2	7	3	4	6

755

3	6	8	2	5	9	4	7	1
7	5	4	3	6	1	9	8	2
2	9	1	4	7	8	5	6	3
8	4	7	1	2	5	6	3	9
9	3	6	7	8	4	2	1	5
5	1	2	6	9	3	7	4	8
6	7	9	8	1	2	3	5	4
4	8	5	9	3	6	1	2	7
1	2	3	5	4	7	8	9	6

756

7	9	4	5	6	1	8	3	2
1	6	5	2	3	8	4	7	9
3	2	8	4	9	7	1	6	5
2	8	3	7	4	9	6	5	1
9	4	7	1	5	6	3	2	8
6	5	1	8	2	3	7	9	4
5	1	6	3	8	2	9	4	7
8	3	2	9	7	4	5	1	6
4	7	9	6	1	5	2	8	3

757

6	9	3	7	2	4	5	1	8
7	5	2	1	6	8	9	3	4
8	4	1	3	5	9	7	6	2
4	3	7	6	1	5	8	2	9
5	1	9	8	4	2	6	7	3
2	6	8	9	7	3	4	5	1
1	2	4	5	9	6	3	8	7
9	8	6	2	3	7	1	4	5
3	7	5	4	8	1	2	9	6

758

8	7	2	5	4	9	1	6	3
5	3	4	7	1	6	9	2	8
6	9	1	3	8	2	7	4	5
3	2	7	9	5	4	8	1	6
9	4	5	1	6	8	2	3	7
1	6	8	2	3	7	5	9	4
7	5	9	4	2	3	6	8	1
2	8	3	6	7	1	4	5	9
4	1	6	8	9	5	3	7	2

759

5	7	3	2	1	8	6	4	9
6	4	2	3	9	5	8	7	1
1	9	8	7	6	4	3	5	2
3	5	7	6	4	2	9	1	8
9	8	1	5	3	7	4	2	6
2	6	4	1	8	9	7	3	5
8	3	5	4	2	6	1	9	7
7	1	6	9	5	3	2	8	4
4	2	9	8	7	1	5	6	3

760

6	2	5	3	9	7	1	4	8
3	7	4	8	1	6	2	5	9
1	9	8	2	5	4	7	3	6
4	3	9	6	7	1	5	8	2
5	6	2	4	8	9	3	7	1
7	8	1	5	2	3	6	9	4
9	5	7	1	6	8	4	2	3
2	1	3	9	4	5	8	6	7
8	4	6	7	3	2	9	1	5

761

8	4	3	5	1	2	6	9	7
6	9	2	3	7	8	4	1	5
7	1	5	9	4	6	8	3	2
3	5	8	7	9	1	2	6	4
2	7	4	8	6	3	9	5	1
1	6	9	4	2	5	7	8	3
4	3	6	1	8	7	5	2	9
9	2	1	6	5	4	3	7	8
5	8	7	2	3	9	1	4	6

762

2	7	5	1	3	4	8	6	9
6	9	8	5	2	7	4	1	3
4	1	3	9	8	6	2	7	5
8	6	9	7	5	2	3	4	1
3	4	1	6	9	8	5	2	7
5	2	7	4	1	3	9	8	6
1	3	4	8	6	9	7	5	2
7	5	2	3	4	1	6	9	8
9	8	6	2	7	5	1	3	4

763

7	4	9	2	6	3	8	5	1
8	2	3	1	5	4	9	6	7
6	1	5	7	9	8	4	2	3
2	5	4	9	8	7	1	3	6
9	8	7	6	3	1	5	4	2
1	3	6	5	4	2	7	9	8
4	7	1	3	2	9	6	8	5
5	9	2	8	1	6	3	7	4
3	6	8	4	7	5	2	1	9

764

7	2	1	4	9	3	8	5	6
3	5	8	7	6	2	9	4	1
9	4	6	8	5	1	7	3	2
5	8	7	1	2	6	4	9	3
1	9	3	5	4	7	2	6	8
2	6	4	9	3	8	5	1	7
8	1	5	3	7	9	6	2	4
6	7	9	2	1	4	3	8	5
4	3	2	6	8	5	1	7	9

765

5	8	1	4	3	6	2	7	9
7	9	4	5	1	2	3	6	8
3	2	6	9	7	8	4	1	5
8	1	9	6	5	3	7	2	4
2	3	7	8	4	9	6	5	1
6	4	5	1	2	7	8	9	3
9	5	2	3	6	4	1	8	7
4	7	8	2	9	1	5	3	6
1	6	3	7	8	5	9	4	2

766

1	3	7	6	2	5	9	4	8
2	6	4	3	8	9	5	7	1
9	5	8	1	4	7	2	6	3
8	7	1	4	9	2	6	3	5
5	4	2	8	3	6	7	1	9
6	9	3	7	5	1	4	8	2
7	2	6	9	1	8	3	5	4
4	8	9	5	6	3	1	2	7
3	1	5	2	7	4	8	9	6

767

3	4	8	1	5	7	6	2	9
2	1	5	9	4	6	3	7	8
7	9	6	3	2	8	4	5	1
1	2	9	4	7	3	8	6	5
4	8	3	6	9	5	7	1	2
5	6	7	2	8	1	9	3	4
8	7	1	5	6	9	2	4	3
9	3	4	7	1	2	5	8	6
6	5	2	8	3	4	1	9	7

768

3	6	1	9	4	8	2	5	7
2	9	5	7	1	6	4	3	8
8	7	4	3	5	2	6	1	9
9	2	8	4	6	1	3	7	5
5	1	3	2	8	7	9	6	4
7	4	6	5	3	9	8	2	1
4	3	2	8	7	5	1	9	6
1	8	7	6	9	3	5	4	2
6	5	9	1	2	4	7	8	3

769

2	4	1	6	8	7	5	9	3
7	9	6	3	1	5	4	8	2
8	5	3	2	9	4	7	1	6
5	2	8	1	7	3	9	6	4
4	3	7	9	5	6	8	2	1
1	6	9	8	4	2	3	7	5
9	1	2	5	3	8	6	4	7
6	7	5	4	2	9	1	3	8
3	8	4	7	6	1	2	5	9

770

1	5	2	7	4	3	8	9	6
7	6	3	2	9	8	5	4	1
4	9	8	6	5	1	3	7	2
5	1	6	8	7	9	4	2	3
3	2	4	1	6	5	7	8	9
9	8	7	4	3	2	6	1	5
8	4	1	3	2	6	9	5	7
2	3	5	9	8	7	1	6	4
6	7	9	5	1	4	2	3	8

771

8	7	3	5	4	1	2	6	9
1	4	5	9	6	2	8	7	3
2	6	9	3	7	8	1	4	5
4	5	8	1	9	6	7	3	2
6	9	1	2	3	7	4	5	8
7	3	2	8	5	4	6	9	1
9	1	4	6	2	3	5	8	7
3	2	6	7	8	5	9	1	4
5	8	7	4	1	9	3	2	6

772

1	4	3	5	8	2	6	7	9
6	2	9	7	3	4	8	1	5
7	8	5	9	6	1	4	3	2
9	7	2	1	5	6	3	8	4
8	5	1	4	7	3	9	2	6
3	6	4	8	2	9	7	5	1
4	3	8	2	9	5	1	6	7
2	1	7	6	4	8	5	9	3
5	9	6	3	1	7	2	4	8

773

4	2	7	9	6	3	8	1	5
8	3	9	5	1	4	7	6	2
5	1	6	8	7	2	3	9	4
6	8	3	4	5	7	1	2	9
2	9	1	3	8	6	4	5	7
7	4	5	2	9	1	6	8	3
3	6	4	1	2	9	5	7	8
1	5	2	7	3	8	9	4	6
9	7	8	6	4	5	2	3	1

774

7	4	3	9	2	6	5	1	8
2	6	8	1	5	4	7	9	3
1	9	5	7	8	3	4	6	2
4	8	7	5	6	9	2	3	1
3	1	2	8	4	7	9	5	6
9	5	6	2	3	1	8	7	4
5	3	4	6	9	8	1	2	7
8	7	9	3	1	2	6	4	5
6	2	1	4	7	5	3	8	9

775

1	8	2	6	9	4	3	5	7
7	4	9	1	3	5	2	6	8
5	6	3	8	7	2	9	1	4
6	3	1	7	4	8	5	2	9
2	7	8	9	5	1	6	4	3
9	5	4	2	6	3	8	7	1
4	1	5	3	8	6	7	9	2
8	2	7	5	1	9	4	3	6
3	9	6	4	2	7	1	8	5

776

5	7	9	6	1	8	3	2	4
6	1	8	2	4	3	7	9	5
4	2	3	9	5	7	6	1	8
3	9	2	4	7	6	5	8	1
7	5	4	8	3	1	9	6	2
8	6	1	5	2	9	4	7	3
1	8	7	3	6	4	2	5	9
2	4	6	1	9	5	8	3	7
9	3	5	7	8	2	1	4	6

777

3	7	8	9	4	2	1	5	6
2	5	1	6	8	7	3	4	9
4	9	6	5	1	3	2	8	7
8	3	5	4	7	6	9	2	1
1	6	9	8	2	5	7	3	4
7	2	4	1	3	9	5	6	8
9	1	3	2	6	4	8	7	5
5	4	2	7	9	8	6	1	3
6	8	7	3	5	1	4	9	2

778

6	7	3	5	9	8	2	4	1
2	4	1	7	3	6	9	8	5
8	5	9	1	2	4	6	7	3
1	2	4	6	7	3	5	9	8
3	6	7	8	5	9	1	2	4
9	8	5	4	1	2	3	6	7
4	1	2	3	6	7	8	5	9
5	9	8	2	4	1	7	3	6
7	3	6	9	8	5	4	1	2

779

7	5	9	8	6	1	2	4	3
1	2	3	9	5	4	7	8	6
6	4	8	7	3	2	1	5	9
8	9	6	4	7	5	3	1	2
2	3	7	6	1	8	5	9	4
5	1	4	2	9	3	6	7	8
3	7	2	5	8	9	4	6	1
4	8	5	1	2	6	9	3	7
9	6	1	3	4	7	8	2	5

780

4	1	9	7	5	6	8	2	3
2	3	5	4	8	9	6	7	1
8	7	6	2	3	1	4	9	5
9	5	2	6	7	3	1	8	4
3	6	7	1	4	8	9	5	2
1	4	8	9	2	5	7	3	6
6	2	4	3	9	7	5	1	8
7	8	3	5	1	4	2	6	9
5	9	1	8	6	2	3	4	7

781

5	1	3	9	2	6	4	7	8
2	9	6	4	8	7	5	1	3
8	4	7	5	3	1	2	9	6
7	8	4	3	1	5	6	2	9
6	2	9	8	7	4	3	5	1
3	5	1	2	6	9	8	4	7
1	3	5	6	9	2	7	8	4
9	6	2	7	4	8	1	3	5
4	7	8	1	5	3	9	6	2

782

7	8	3	2	1	5	6	4	9
9	5	1	6	4	3	2	8	7
4	2	6	7	9	8	5	1	3
8	1	4	9	3	6	7	5	2
5	7	9	4	8	2	1	3	6
3	6	2	5	7	1	8	9	4
6	9	8	3	5	7	4	2	1
2	4	5	1	6	9	3	7	8
1	3	7	8	2	4	9	6	5

783

9	1	2	6	3	7	4	8	5
5	8	4	2	9	1	6	3	7
6	3	7	5	8	4	1	2	9
7	4	8	3	5	6	9	1	2
2	5	6	1	4	9	8	7	3
1	9	3	8	7	2	5	4	6
4	7	1	9	6	3	2	5	8
8	2	9	7	1	5	3	6	4
3	6	5	4	2	8	7	9	1

784

1	8	3	6	9	2	4	7	5
4	5	2	1	8	7	6	9	3
7	6	9	5	4	3	1	2	8
3	7	4	2	6	1	5	8	9
5	1	6	8	3	9	2	4	7
2	9	8	4	7	5	3	1	6
6	4	5	9	1	8	7	3	2
8	2	7	3	5	4	9	6	1
9	3	1	7	2	6	8	5	4

785

2	1	4	6	8	7	9	5	3
5	3	6	9	4	1	8	2	7
9	8	7	2	5	3	1	6	4
4	6	9	7	3	2	5	8	1
3	7	1	5	9	8	6	4	2
8	5	2	1	6	4	3	7	9
7	9	5	3	2	6	4	1	8
1	4	3	8	7	5	2	9	6
6	2	8	4	1	9	7	3	5

786

3	4	7	2	8	5	9	1	6
5	9	6	7	4	1	3	2	8
8	1	2	3	6	9	5	4	7
4	5	1	9	7	6	8	3	2
9	6	3	8	5	2	4	7	1
2	7	8	1	3	4	6	5	9
6	3	9	4	2	7	1	8	5
1	2	4	5	9	8	7	6	3
7	8	5	6	1	3	2	9	4

787

1	5	6	3	8	7	2	9	4
9	7	8	1	4	2	6	3	5
4	3	2	6	9	5	1	7	8
5	6	3	4	2	9	7	8	1
8	1	7	5	6	3	4	2	9
2	4	9	8	7	1	3	5	6
7	2	1	9	5	6	8	4	3
6	8	5	2	3	4	9	1	7
3	9	4	7	1	8	5	6	2

788

9	5	4	7	3	2	6	8	1
7	3	2	6	8	1	9	5	4
6	8	1	9	5	4	7	3	2
4	7	3	2	6	8	1	9	5
2	6	8	1	9	5	4	7	3
1	9	5	4	7	3	2	6	8
3	2	6	8	1	9	5	4	7
8	1	9	5	4	7	3	2	6
5	4	7	3	2	6	8	1	9

789

5	8	4	3	6	2	7	9	1
2	6	9	7	1	4	3	8	5
7	3	1	5	8	9	2	4	6
9	5	6	1	2	3	8	7	4
3	7	8	6	4	5	1	2	9
4	1	2	8	9	7	6	5	3
8	9	7	4	3	1	5	6	2
6	2	3	9	5	8	4	1	7
1	4	5	2	7	6	9	3	8

790

6	2	5	7	8	3	9	4	1
4	9	7	2	6	1	3	8	5
1	3	8	5	4	9	6	7	2
9	1	3	8	7	2	5	6	4
2	7	4	6	1	5	8	9	3
5	8	6	3	9	4	2	1	7
8	4	2	9	5	7	1	3	6
7	5	9	1	3	6	4	2	8
3	6	1	4	2	8	7	5	9

791

3	7	5	4	6	8	9	2	1
1	4	9	3	5	2	8	6	7
6	8	2	9	7	1	3	5	4
7	3	8	6	1	9	5	4	2
9	6	1	5	2	4	7	3	8
5	2	4	7	8	3	1	9	6
4	1	6	8	9	5	2	7	3
8	9	3	2	4	7	6	1	5
2	5	7	1	3	6	4	8	9

792

2	1	8	3	7	9	5	4	6
4	6	9	5	1	2	7	3	8
5	3	7	4	6	8	1	2	9
7	8	4	6	2	5	3	9	1
6	9	2	1	8	3	4	5	7
1	5	3	7	9	4	6	8	2
8	4	6	9	3	7	2	1	5
9	7	5	2	4	1	8	6	3
3	2	1	8	5	6	9	7	4

793

9	3	1	4	6	7	5	2	8
5	2	6	3	8	9	1	7	4
7	4	8	2	1	5	9	6	3
1	5	4	8	7	3	2	9	6
6	8	2	1	9	4	3	5	7
3	9	7	6	5	2	4	8	1
4	7	5	9	3	6	8	1	2
8	6	3	5	2	1	7	4	9
2	1	9	7	4	8	6	3	5

794

3	9	1	6	5	2	8	7	4
8	4	2	3	7	9	5	1	6
5	6	7	4	8	1	2	3	9
7	3	8	5	9	6	1	4	2
9	2	5	8	1	4	7	6	3
6	1	4	2	3	7	9	8	5
4	5	6	7	2	8	3	9	1
2	7	9	1	6	3	4	5	8
1	8	3	9	4	5	6	2	7

795

2	1	4	3	7	5	9	6	8
3	8	9	1	6	2	7	5	4
5	6	7	4	8	9	2	3	1
1	2	6	9	4	7	3	8	5
4	9	8	5	3	6	1	2	7
7	5	3	2	1	8	4	9	6
6	3	1	8	9	4	5	7	2
9	7	5	6	2	1	8	4	3
8	4	2	7	5	3	6	1	9

796

3	8	6	5	7	2	4	9	1
9	1	2	4	8	6	7	3	5
7	5	4	1	9	3	8	2	6
8	2	7	6	3	9	5	1	4
5	9	1	2	4	8	6	7	3
4	6	3	7	5	1	2	8	9
2	3	5	9	6	7	1	4	8
6	7	9	8	1	4	3	5	2
1	4	8	3	2	5	9	6	7

797

3	8	6	1	9	2	4	5	7
1	2	4	5	8	7	9	6	3
9	7	5	6	4	3	8	1	2
5	9	3	7	1	8	2	4	6
6	1	7	2	5	4	3	9	8
8	4	2	3	6	9	1	7	5
4	3	8	9	7	5	6	2	1
2	5	1	4	3	6	7	8	9
7	6	9	8	2	1	5	3	4

798

4	5	8	2	7	3	1	9	6
6	7	2	8	1	9	3	5	4
3	1	9	4	6	5	2	8	7
8	9	4	6	3	2	7	1	5
2	3	1	7	5	8	6	4	9
7	6	5	9	4	1	8	2	3
1	8	7	3	9	4	5	6	2
9	2	6	5	8	7	4	3	1
5	4	3	1	2	6	9	7	8

799

2	9	1	6	7	3	8	5	4
3	6	7	4	8	5	9	1	2
4	8	5	9	1	2	7	3	6
7	3	6	5	4	8	2	9	1
1	2	9	3	6	7	4	8	5
5	4	8	2	9	1	6	7	3
6	7	3	8	5	4	1	2	9
8	5	4	1	2	9	3	6	7
9	1	2	7	3	6	5	4	8

800

3	2	6	5	1	8	4	9	7
5	9	4	6	2	7	3	8	1
1	7	8	9	3	4	5	2	6
8	1	5	2	7	3	6	4	9
2	4	3	1	9	6	8	7	5
7	6	9	4	8	5	2	1	3
4	5	2	7	6	1	9	3	8
9	3	1	8	5	2	7	6	4
6	8	7	3	4	9	1	5	2

801

4	3	6	8	9	2	5	7	1
7	2	1	6	4	5	3	9	8
8	5	9	3	1	7	2	6	4
3	4	8	5	7	6	1	2	9
9	6	5	2	3	1	4	8	7
1	7	2	9	8	4	6	5	3
2	9	4	7	6	3	8	1	5
6	1	7	4	5	8	9	3	2
5	8	3	1	2	9	7	4	6

802

6	2	9	8	5	4	1	3	7
8	5	7	2	1	3	6	4	9
1	4	3	6	9	7	5	8	2
9	6	1	3	7	8	2	5	4
5	8	4	1	2	6	7	9	3
3	7	2	5	4	9	8	1	6
2	1	6	4	3	5	9	7	8
7	3	5	9	8	2	4	6	1
4	9	8	7	6	1	3	2	5

803

7	3	9	5	8	4	2	6	1
5	1	4	3	2	6	9	7	8
6	2	8	9	1	7	3	4	5
8	6	1	4	7	3	5	9	2
3	4	2	8	9	5	6	1	7
9	7	5	2	6	1	8	3	4
2	8	3	1	4	9	7	5	6
4	9	7	6	5	2	1	8	3
1	5	6	7	3	8	4	2	9

804

4	5	3	9	6	1	8	7	2
6	9	8	4	7	2	3	1	5
2	1	7	5	3	8	4	9	6
1	8	2	7	9	4	6	5	3
3	4	6	1	8	5	7	2	9
5	7	9	6	2	3	1	8	4
9	6	4	8	5	7	2	3	1
8	3	5	2	1	6	9	4	7
7	2	1	3	4	9	5	6	8

805

7	4	3	9	8	2	5	1	6
6	8	2	3	1	5	9	4	7
5	1	9	6	4	7	8	2	3
8	7	4	2	9	1	6	3	5
3	6	1	5	7	8	2	9	4
2	9	5	4	6	3	1	7	8
1	5	8	7	3	9	4	6	2
4	2	7	1	5	6	3	8	9
9	3	6	8	2	4	7	5	1

806

9	5	7	6	4	1	2	8	3
4	6	3	7	8	2	9	1	5
8	2	1	3	5	9	4	7	6
1	7	5	9	3	6	8	2	4
3	4	9	2	1	8	5	6	7
2	8	6	5	7	4	3	9	1
5	3	2	8	6	7	1	4	9
6	1	8	4	9	3	7	5	2
7	9	4	1	2	5	6	3	8

807

4	3	2	9	7	5	6	8	1
1	5	9	8	3	6	4	2	7
6	7	8	1	2	4	3	9	5
3	6	5	2	1	8	7	4	9
7	2	4	5	9	3	1	6	8
9	8	1	4	6	7	2	5	3
2	1	7	6	5	9	8	3	4
8	9	3	7	4	2	5	1	6
5	4	6	3	8	1	9	7	2

808

4	1	8	7	5	2	3	9	6
6	7	2	3	1	9	4	8	5
3	5	9	4	8	6	1	2	7
2	9	6	5	3	4	8	7	1
5	8	4	1	2	7	6	3	9
1	3	7	9	6	8	5	4	2
8	6	5	2	7	3	9	1	4
9	2	1	8	4	5	7	6	3
7	4	3	6	9	1	2	5	8

809

7	9	8	1	4	6	5	2	3
6	3	2	8	9	5	4	1	7
1	4	5	7	3	2	8	9	6
8	1	4	5	2	3	7	6	9
3	6	7	4	8	9	2	5	1
5	2	9	6	1	7	3	4	8
9	7	3	2	6	4	1	8	5
4	5	1	9	7	8	6	3	2
2	8	6	3	5	1	9	7	4

810

5	7	3	6	1	9	8	4	2
6	2	8	4	3	7	9	5	1
9	4	1	5	8	2	3	7	6
3	1	7	9	6	8	5	2	4
8	5	4	2	7	1	6	3	9
2	9	6	3	4	5	7	1	8
7	3	9	8	2	4	1	6	5
1	8	2	7	5	6	4	9	3
4	6	5	1	9	3	2	8	7

811

5	4	8	1	3	9	2	7	6
3	9	7	8	2	6	4	5	1
6	1	2	4	7	5	3	9	8
9	8	3	5	1	2	7	6	4
4	2	1	7	6	3	5	8	9
7	6	5	9	8	4	1	2	3
1	7	6	3	5	8	9	4	2
2	3	4	6	9	7	8	1	5
8	5	9	2	4	1	6	3	7

812

9	2	7	4	6	1	8	3	5
4	3	1	8	5	7	6	9	2
5	6	8	9	2	3	7	4	1
2	8	6	5	1	4	9	7	3
7	5	3	2	9	8	1	6	4
1	4	9	3	7	6	5	2	8
3	7	4	1	8	9	2	5	6
8	9	2	6	4	5	3	1	7
6	1	5	7	3	2	4	8	9

813

7	4	6	3	2	9	1	5	8
9	3	2	5	8	1	4	6	7
8	5	1	6	7	4	2	9	3
5	1	4	9	6	8	3	7	2
6	8	7	2	5	3	9	4	1
3	2	9	4	1	7	6	8	5
2	6	3	8	9	5	7	1	4
1	9	8	7	4	2	5	3	6
4	7	5	1	3	6	8	2	9

814

8	5	9	1	6	3	4	2	7
2	7	6	4	9	5	1	3	8
1	3	4	7	2	8	6	9	5
5	9	7	6	8	1	3	4	2
3	6	8	2	7	4	9	5	1
4	2	1	3	5	9	7	8	6
6	8	5	9	4	7	2	1	3
9	1	2	8	3	6	5	7	4
7	4	3	5	1	2	8	6	9

815

7	9	3	1	8	2	5	6	4
1	8	6	5	4	3	9	7	2
4	2	5	9	6	7	3	1	8
6	3	2	7	9	5	8	4	1
5	1	8	4	3	6	7	2	9
9	4	7	2	1	8	6	3	5
3	7	9	8	2	4	1	5	6
8	6	4	3	5	1	2	9	7
2	5	1	6	7	9	4	8	3

816

3	4	9	1	2	8	5	7	6
6	5	8	3	4	7	9	2	1
7	2	1	9	6	5	3	8	4
2	8	7	6	5	3	4	1	9
4	6	5	7	9	1	2	3	8
1	9	3	2	8	4	6	5	7
8	1	6	5	3	9	7	4	2
9	3	4	8	7	2	1	6	5
5	7	2	4	1	6	8	9	3

817

1	6	4	9	3	5	2	7	8
7	8	9	1	6	2	3	4	5
2	5	3	4	7	8	9	6	1
6	4	7	5	9	1	8	2	3
3	2	5	7	8	4	6	1	9
9	1	8	6	2	3	4	5	7
5	3	1	8	4	6	7	9	2
8	7	6	2	5	9	1	3	4
4	9	2	3	1	7	5	8	6

818

6	3	5	2	9	1	7	4	8
1	7	4	6	8	3	2	9	5
2	8	9	7	4	5	6	3	1
4	2	3	8	7	6	1	5	9
7	9	1	4	5	2	8	6	3
8	5	6	3	1	9	4	2	7
5	4	2	1	3	8	9	7	6
3	6	8	9	2	7	5	1	4
9	1	7	5	6	4	3	8	2

819

2	1	7	6	9	5	4	3	8
8	6	4	3	7	1	9	5	2
5	3	9	2	4	8	1	7	6
1	5	3	4	2	6	8	9	7
6	9	2	5	8	7	3	1	4
7	4	8	1	3	9	6	2	5
9	7	5	8	6	3	2	4	1
3	2	6	7	1	4	5	8	9
4	8	1	9	5	2	7	6	3

820

8	4	1	9	3	6	5	2	7
9	7	2	5	4	1	3	6	8
6	3	5	8	2	7	1	9	4
4	6	8	2	5	3	9	7	1
5	2	7	1	9	4	6	8	3
3	1	9	6	7	8	2	4	5
1	8	3	4	6	2	7	5	9
7	9	6	3	8	5	4	1	2
2	5	4	7	1	9	8	3	6

821

5	9	3	1	2	6	8	7	4
1	6	7	8	4	3	9	2	5
2	8	4	9	7	5	1	6	3
6	5	9	7	8	4	3	1	2
4	3	1	6	5	2	7	9	8
7	2	8	3	9	1	5	4	6
3	4	2	5	1	7	6	8	9
9	1	5	4	6	8	2	3	7
8	7	6	2	3	9	4	5	1

822

7	5	9	1	4	8	3	6	2
6	3	4	2	7	9	8	1	5
2	8	1	6	5	3	9	4	7
5	6	8	4	3	7	1	2	9
3	9	2	5	6	1	4	7	8
1	4	7	9	8	2	6	5	3
9	2	5	8	1	6	7	3	4
4	7	6	3	9	5	2	8	1
8	1	3	7	2	4	5	9	6

823

8	9	6	5	3	7	2	1	4
5	2	4	8	9	1	6	3	7
3	7	1	6	4	2	8	5	9
1	8	5	3	6	4	9	7	2
6	4	2	7	1	9	3	8	5
9	3	7	2	5	8	4	6	1
2	6	3	9	7	5	1	4	8
4	5	8	1	2	3	7	9	6
7	1	9	4	8	6	5	2	3

824

8	7	2	4	9	1	5	6	3
6	1	5	3	2	8	9	7	4
4	3	9	7	5	6	2	8	1
9	2	1	6	8	3	7	4	5
3	8	4	5	1	7	6	9	2
7	5	6	2	4	9	1	3	8
2	4	7	8	6	5	3	1	9
1	6	8	9	3	2	4	5	7
5	9	3	1	7	4	8	2	6

825

6	4	3	5	8	1	7	9	2
5	9	1	2	7	6	4	8	3
7	8	2	9	4	3	1	5	6
9	5	7	1	3	4	6	2	8
1	6	8	7	2	9	3	4	5
3	2	4	8	6	5	9	1	7
4	7	5	6	1	8	2	3	9
8	3	6	4	9	2	5	7	1
2	1	9	3	5	7	8	6	4

826

6	2	7	8	4	9	3	1	5
4	8	9	1	3	5	6	7	2
3	1	5	7	6	2	4	9	8
9	6	1	5	8	3	7	2	4
2	5	4	9	1	7	8	3	6
8	7	3	4	2	6	1	5	9
7	4	2	3	5	8	9	6	1
5	9	8	6	7	1	2	4	3
1	3	6	2	9	4	5	8	7

827

4	8	1	2	6	9	3	7	5
2	6	7	1	5	3	4	8	9
9	3	5	4	8	7	6	1	2
5	7	4	6	3	2	1	9	8
6	1	8	7	9	5	2	3	4
3	9	2	8	1	4	7	5	6
8	4	3	9	2	1	5	6	7
1	2	9	5	7	6	8	4	3
7	5	6	3	4	8	9	2	1

828

9	5	4	2	7	3	6	1	8
1	8	2	4	9	6	7	3	5
7	6	3	5	8	1	2	9	4
3	1	9	8	2	7	5	4	6
5	4	8	1	6	9	3	7	2
6	2	7	3	5	4	1	8	9
8	3	5	7	4	2	9	6	1
2	9	1	6	3	8	4	5	7
4	7	6	9	1	5	8	2	3

829

5	9	7	1	8	2	4	6	3
2	1	3	7	4	6	8	5	9
4	6	8	3	5	9	7	1	2
7	4	2	9	3	1	5	8	6
9	5	1	6	7	8	3	2	4
3	8	6	5	2	4	1	9	7
1	3	4	2	9	5	6	7	8
8	2	5	4	6	7	9	3	1
6	7	9	8	1	3	2	4	5

830

2	9	6	7	8	4	1	5	3
7	5	1	6	3	2	8	9	4
8	3	4	9	1	5	7	2	6
9	7	3	5	2	6	4	8	1
4	8	5	3	9	1	2	6	7
1	6	2	8	4	7	5	3	9
3	1	8	4	5	9	6	7	2
6	2	9	1	7	8	3	4	5
5	4	7	2	6	3	9	1	8

831

7	1	2	6	3	8	9	5	4
5	8	4	2	7	9	3	1	6
3	6	9	1	5	4	2	8	7
6	2	3	9	4	5	1	7	8
8	5	1	3	2	7	4	6	9
4	9	7	8	6	1	5	2	3
1	7	5	4	8	3	6	9	2
9	3	6	7	1	2	8	4	5
2	4	8	5	9	6	7	3	1

832

1	5	6	8	7	3	9	4	2
7	3	4	6	2	9	8	5	1
2	9	8	5	1	4	3	6	7
3	8	7	2	5	1	6	9	4
5	6	9	7	4	8	1	2	3
4	1	2	3	9	6	5	7	8
6	7	1	4	8	5	2	3	9
9	4	3	1	6	2	7	8	5
8	2	5	9	3	7	4	1	6

833

7	9	3	5	2	6	4	8	1
1	6	4	7	9	8	5	3	2
5	8	2	3	1	4	7	9	6
4	5	8	9	3	1	2	6	7
3	7	9	6	5	2	8	1	4
6	2	1	4	8	7	9	5	3
2	1	5	8	7	3	6	4	9
8	3	6	2	4	9	1	7	5
9	4	7	1	6	5	3	2	8

834

9	2	8	7	3	4	1	6	5
7	1	4	5	9	6	2	3	8
3	6	5	1	2	8	9	7	4
1	9	7	2	4	5	6	8	3
2	5	3	8	6	1	7	4	9
4	8	6	3	7	9	5	2	1
6	3	9	4	5	2	8	1	7
5	4	1	6	8	7	3	9	2
8	7	2	9	1	3	4	5	6

835

2	6	9	3	1	5	7	4	8
8	3	4	9	7	6	1	5	2
1	7	5	4	2	8	9	6	3
7	4	8	1	5	3	2	9	6
9	1	6	7	8	2	5	3	4
5	2	3	6	9	4	8	1	7
6	5	7	8	3	1	4	2	9
4	9	2	5	6	7	3	8	1
3	8	1	2	4	9	6	7	5

836

3	9	2	5	6	1	7	4	8
6	4	5	8	7	9	2	1	3
7	1	8	3	4	2	5	6	9
1	3	6	2	9	8	4	7	5
8	2	7	4	1	5	3	9	6
9	5	4	6	3	7	8	2	1
5	8	1	9	2	4	6	3	7
2	6	9	7	8	3	1	5	4
4	7	3	1	5	6	9	8	2

837

2	3	9	1	4	6	5	8	7
7	4	6	3	5	8	2	9	1
1	8	5	9	2	7	4	3	6
8	2	4	7	6	1	9	5	3
6	9	3	5	8	4	1	7	2
5	7	1	2	9	3	6	4	8
3	6	8	4	1	9	7	2	5
9	1	2	8	7	5	3	6	4
4	5	7	6	3	2	8	1	9

838

1	8	7	6	3	9	2	5	4
6	4	2	8	5	7	3	1	9
3	9	5	2	1	4	6	8	7
4	2	8	3	9	1	5	7	6
7	6	3	5	2	8	9	4	1
9	5	1	7	4	6	8	3	2
5	3	6	1	7	2	4	9	8
8	1	9	4	6	5	7	2	3
2	7	4	9	8	3	1	6	5

839

7	8	1	2	9	5	4	6	3
3	2	6	1	7	4	9	5	8
5	9	4	6	3	8	1	7	2
4	1	5	3	2	6	7	8	9
2	3	7	8	4	9	6	1	5
8	6	9	7	5	1	3	2	4
6	5	3	4	1	2	8	9	7
9	7	8	5	6	3	2	4	1
1	4	2	9	8	7	5	3	6

840

9	3	8	1	4	6	5	2	7
6	7	2	5	3	8	1	4	9
4	1	5	9	2	7	8	3	6
3	9	6	4	1	5	2	7	8
7	5	1	3	8	2	6	9	4
8	2	4	6	7	9	3	1	5
2	6	3	7	5	4	9	8	1
1	4	9	8	6	3	7	5	2
5	8	7	2	9	1	4	6	3

841

6	3	8	5	9	4	1	7	2
2	9	5	7	8	1	4	6	3
7	1	4	6	3	2	5	9	8
4	2	6	9	1	7	8	3	5
8	7	1	3	6	5	2	4	9
3	5	9	2	4	8	6	1	7
9	8	3	1	5	6	7	2	4
5	6	7	4	2	3	9	8	1
1	4	2	8	7	9	3	5	6

842

4	9	5	8	6	3	1	7	2
6	2	3	7	5	1	4	8	9
7	8	1	2	9	4	3	5	6
8	6	2	5	3	7	9	4	1
5	4	9	1	8	2	7	6	3
1	3	7	9	4	6	5	2	8
2	1	6	3	7	5	8	9	4
3	7	8	4	2	9	6	1	5
9	5	4	6	1	8	2	3	7

843

1	5	7	6	4	9	3	2	8
3	9	6	8	2	7	1	4	5
4	8	2	5	3	1	6	7	9
7	1	4	9	5	2	8	6	3
2	3	9	7	6	8	5	1	4
5	6	8	4	1	3	2	9	7
8	2	1	3	7	4	9	5	6
6	4	3	2	9	5	7	8	1
9	7	5	1	8	6	4	3	2

844

6	7	1	8	2	5	3	4	9
8	9	3	4	7	6	2	1	5
5	4	2	3	9	1	6	7	8
4	3	8	1	5	9	7	2	6
1	2	7	6	4	8	5	9	3
9	5	6	7	3	2	1	8	4
7	6	4	2	8	3	9	5	1
2	1	5	9	6	4	8	3	7
3	8	9	5	1	7	4	6	2

845

7	2	8	6	5	1	3	4	9
3	9	4	2	8	7	6	5	1
1	6	5	3	4	9	7	8	2
6	3	1	8	2	4	5	9	7
5	8	9	7	1	3	4	2	6
2	4	7	5	9	6	1	3	8
9	7	6	4	3	2	8	1	5
8	1	3	9	6	5	2	7	4
4	5	2	1	7	8	9	6	3

846

7	2	9	6	3	8	1	4	5
5	3	6	2	4	1	9	8	7
4	8	1	7	9	5	2	3	6
6	9	3	4	7	2	5	1	8
1	4	7	5	8	6	3	9	2
8	5	2	9	1	3	6	7	4
9	6	8	3	2	7	4	5	1
2	7	4	1	5	9	8	6	3
3	1	5	8	6	4	7	2	9

847

3	5	4	6	7	8	1	9	2
6	1	7	4	9	2	8	3	5
2	9	8	3	5	1	7	6	4
7	4	3	2	8	6	5	1	9
8	2	9	1	3	5	6	4	7
5	6	1	7	4	9	3	2	8
4	8	5	9	1	3	2	7	6
1	7	2	8	6	4	9	5	3
9	3	6	5	2	7	4	8	1

848

3	6	7	5	4	8	2	9	1
4	1	8	9	2	7	5	3	6
9	2	5	6	1	3	4	8	7
2	7	1	3	8	6	9	4	5
8	9	6	4	5	1	7	2	3
5	4	3	7	9	2	1	6	8
1	5	2	8	3	9	6	7	4
6	8	9	1	7	4	3	5	2
7	3	4	2	6	5	8	1	9

849

5	7	8	3	9	1	4	2	6
9	4	3	7	6	2	1	8	5
6	1	2	4	5	8	3	7	9
2	6	7	5	3	9	8	4	1
3	8	4	6	1	7	5	9	2
1	5	9	2	8	4	6	3	7
8	2	1	9	4	5	7	6	3
7	3	5	8	2	6	9	1	4
4	9	6	1	7	3	2	5	8

850

3	4	9	1	8	5	6	7	2
5	6	2	4	9	7	8	3	1
8	1	7	3	6	2	4	5	9
1	8	6	2	7	4	3	9	5
2	9	5	8	3	1	7	4	6
4	7	3	6	5	9	1	2	8
7	2	8	9	1	3	5	6	4
6	3	4	5	2	8	9	1	7
9	5	1	7	4	6	2	8	3

851

8	7	4	6	1	2	3	9	5
2	5	6	3	9	8	1	4	7
1	9	3	4	7	5	6	2	8
4	6	7	2	3	1	5	8	9
9	3	2	5	8	6	7	1	4
5	8	1	9	4	7	2	6	3
7	4	8	1	2	3	9	5	6
3	2	5	8	6	9	4	7	1
6	1	9	7	5	4	8	3	2

852

6	1	5	2	4	3	7	9	8
8	2	9	5	7	1	3	6	4
4	3	7	9	6	8	2	5	1
3	5	1	4	8	7	6	2	9
7	6	2	1	9	5	4	8	3
9	8	4	3	2	6	1	7	5
1	9	6	7	5	4	8	3	2
2	4	8	6	3	9	5	1	7
5	7	3	8	1	2	9	4	6

853

5	9	6	4	7	2	1	3	8
4	1	8	3	6	9	2	7	5
2	3	7	1	8	5	6	9	4
3	6	1	5	2	4	7	8	9
8	5	4	6	9	7	3	1	2
9	7	2	8	1	3	4	5	6
6	8	5	7	4	1	9	2	3
7	2	3	9	5	6	8	4	1
1	4	9	2	3	8	5	6	7

854

1	8	5	9	3	4	2	7	6
4	7	9	2	1	6	8	5	3
6	3	2	8	5	7	1	4	9
7	2	6	1	9	5	4	3	8
8	5	1	3	4	2	9	6	7
3	9	4	6	7	8	5	1	2
5	1	8	7	2	3	6	9	4
2	4	3	5	6	9	7	8	1
9	6	7	4	8	1	3	2	5

855

5	6	9	8	2	7	3	4	1
1	4	2	6	9	3	8	7	5
7	8	3	1	4	5	6	9	2
2	9	1	4	7	8	5	3	6
3	5	4	9	6	1	2	8	7
6	7	8	3	5	2	9	1	4
9	1	6	2	8	4	7	5	3
8	3	5	7	1	6	4	2	9
4	2	7	5	3	9	1	6	8

856

5	9	8	6	4	7	2	3	1
2	7	3	5	1	9	4	8	6
6	1	4	2	3	8	9	7	5
3	2	5	9	6	1	7	4	8
9	4	6	8	7	5	1	2	3
1	8	7	4	2	3	5	6	9
7	3	2	1	9	6	8	5	4
4	5	1	3	8	2	6	9	7
8	6	9	7	5	4	3	1	2

857

1	8	2	9	7	3	4	5	6
9	4	3	5	6	2	1	8	7
5	7	6	1	4	8	3	9	2
3	6	8	2	9	1	7	4	5
7	9	5	8	3	4	6	2	1
2	1	4	7	5	6	8	3	9
6	3	1	4	2	9	5	7	8
4	2	7	6	8	5	9	1	3
8	5	9	3	1	7	2	6	4

858

5	9	2	4	7	3	8	1	6
4	6	8	9	2	1	3	5	7
1	3	7	8	6	5	2	4	9
9	1	4	6	8	2	7	3	5
2	8	3	5	4	7	6	9	1
7	5	6	1	3	9	4	2	8
3	2	9	7	5	6	1	8	4
6	4	5	2	1	8	9	7	3
8	7	1	3	9	4	5	6	2

859

7	8	6	2	3	4	1	9	5
3	5	1	7	6	9	8	2	4
9	4	2	1	8	5	6	7	3
8	9	5	3	1	6	7	4	2
6	1	7	4	5	2	3	8	9
2	3	4	8	9	7	5	1	6
1	7	9	6	4	3	2	5	8
5	6	8	9	2	1	4	3	7
4	2	3	5	7	8	9	6	1

860

7	6	1	9	8	4	2	5	3
3	8	2	7	1	5	4	6	9
9	4	5	3	2	6	7	1	8
1	7	9	4	3	8	6	2	5
4	2	3	5	6	9	8	7	1
8	5	6	2	7	1	9	3	4
5	3	4	6	9	2	1	8	7
6	1	7	8	4	3	5	9	2
2	9	8	1	5	7	3	4	6

861

1	7	8	6	9	3	4	5	2
2	9	3	4	5	7	6	1	8
4	6	5	2	8	1	9	3	7
8	2	7	1	6	4	5	9	3
9	4	6	3	7	5	2	8	1
5	3	1	9	2	8	7	4	6
7	8	4	5	3	6	1	2	9
3	5	2	7	1	9	8	6	4
6	1	9	8	4	2	3	7	5

862

7	4	1	5	8	6	2	3	9
6	8	5	2	3	9	1	7	4
2	3	9	4	1	7	5	8	6
1	7	4	3	5	2	9	6	8
8	9	3	7	6	1	4	5	2
5	6	2	8	9	4	7	1	3
3	2	6	9	7	5	8	4	1
9	1	7	6	4	8	3	2	5
4	5	8	1	2	3	6	9	7

863

9	8	6	1	5	3	7	4	2
2	1	7	6	4	8	3	5	9
4	3	5	9	7	2	8	1	6
3	9	1	8	6	7	5	2	4
6	4	8	2	3	5	9	7	1
7	5	2	4	9	1	6	8	3
1	6	9	7	8	4	2	3	5
8	2	3	5	1	9	4	6	7
5	7	4	3	2	6	1	9	8

864

1	7	4	8	9	3	2	6	5
3	2	5	7	6	4	8	1	9
8	9	6	1	5	2	7	4	3
7	3	9	5	2	1	4	8	6
4	8	2	6	3	9	5	7	1
6	5	1	4	8	7	9	3	2
2	4	8	9	1	6	3	5	7
5	6	3	2	7	8	1	9	4
9	1	7	3	4	5	6	2	8

865

5	3	6	4	7	1	2	8	9
2	1	8	3	9	5	4	6	7
4	7	9	2	6	8	5	3	1
3	4	2	9	8	6	1	7	5
6	5	7	1	3	4	9	2	8
8	9	1	5	2	7	6	4	3
7	8	4	6	1	9	3	5	2
1	2	5	8	4	3	7	9	6
9	6	3	7	5	2	8	1	4

866

3	1	6	7	9	2	4	5	8
7	9	8	4	5	6	1	3	2
5	4	2	8	1	3	7	6	9
9	7	3	1	2	5	6	8	4
1	6	4	9	8	7	5	2	3
2	8	5	3	6	4	9	1	7
4	2	1	5	7	8	3	9	6
6	5	7	2	3	9	8	4	1
8	3	9	6	4	1	2	7	5

867

7	6	9	1	8	3	5	4	2
5	2	8	7	4	6	3	9	1
1	4	3	9	2	5	7	6	8
6	8	7	2	5	9	1	3	4
3	1	2	8	6	4	9	7	5
9	5	4	3	1	7	2	8	6
2	9	6	4	7	1	8	5	3
8	3	5	6	9	2	4	1	7
4	7	1	5	3	8	6	2	9

868

5	7	2	9	6	1	3	4	8
6	9	1	4	3	8	5	7	2
3	8	4	2	5	7	6	1	9
8	1	5	6	9	3	7	2	4
9	2	3	1	7	4	8	5	6
4	6	7	5	8	2	1	9	3
2	4	8	7	1	6	9	3	5
7	5	6	3	4	9	2	8	1
1	3	9	8	2	5	4	6	7

869

2	5	1	6	4	7	3	9	8
9	7	4	3	2	8	1	6	5
3	8	6	5	9	1	2	4	7
6	3	9	4	8	5	7	1	2
4	2	5	7	1	6	8	3	9
8	1	7	2	3	9	4	5	6
5	6	8	1	7	3	9	2	4
7	4	3	9	6	2	5	8	1
1	9	2	8	5	4	6	7	3

870

5	2	8	9	3	7	1	4	6
9	4	6	1	5	2	3	8	7
3	7	1	6	8	4	9	2	5
1	8	9	3	7	5	2	6	4
2	6	5	4	1	9	7	3	8
4	3	7	8	2	6	5	9	1
8	5	4	7	9	3	6	1	2
6	9	2	5	4	1	8	7	3
7	1	3	2	6	8	4	5	9

871

4	9	8	2	7	1	3	6	5
7	2	3	5	9	6	4	1	8
6	1	5	8	4	3	9	2	7
3	8	1	7	6	5	2	9	4
5	6	9	4	8	2	7	3	1
2	7	4	3	1	9	5	8	6
9	4	7	6	2	8	1	5	3
8	5	2	1	3	4	6	7	9
1	3	6	9	5	7	8	4	2

872

8	9	7	2	4	1	6	3	5
3	2	6	7	8	5	4	1	9
1	5	4	9	3	6	8	7	2
9	7	8	4	6	3	5	2	1
2	1	3	8	5	9	7	6	4
6	4	5	1	7	2	3	9	8
5	6	2	3	9	8	1	4	7
4	3	9	5	1	7	2	8	6
7	8	1	6	2	4	9	5	3

873

5	2	7	6	9	4	1	3	8
8	9	6	5	1	3	7	4	2
1	4	3	2	8	7	9	6	5
6	3	1	8	4	2	5	9	7
4	7	8	9	6	5	3	2	1
2	5	9	7	3	1	4	8	6
7	6	5	3	2	9	8	1	4
9	1	2	4	7	8	6	5	3
3	8	4	1	5	6	2	7	9

874

3	8	1	7	9	6	4	5	2
5	9	2	4	1	8	3	6	7
6	7	4	2	3	5	1	8	9
2	6	3	9	5	1	8	7	4
8	4	5	3	2	7	6	9	1
9	1	7	8	6	4	5	2	3
4	3	8	6	7	2	9	1	5
1	2	9	5	8	3	7	4	6
7	5	6	1	4	9	2	3	8

875

6	3	4	5	2	7	1	9	8
5	7	1	4	9	8	6	2	3
2	9	8	6	1	3	5	7	4
1	6	3	8	4	2	9	5	7
7	8	9	3	5	6	4	1	2
4	5	2	9	7	1	3	8	6
3	1	6	2	8	5	7	4	9
9	2	5	7	3	4	8	6	1
8	4	7	1	6	9	2	3	5

876

6	7	8	1	5	3	2	4	9
4	5	2	8	9	7	1	6	3
1	3	9	4	2	6	8	5	7
3	1	4	5	8	2	7	9	6
9	6	5	3	7	1	4	2	8
8	2	7	9	6	4	3	1	5
5	4	3	6	1	8	9	7	2
7	9	1	2	3	5	6	8	4
2	8	6	7	4	9	5	3	1

877

2	8	5	9	3	6	4	1	7
3	1	6	4	7	5	2	9	8
7	9	4	8	2	1	5	3	6
6	5	7	1	8	9	3	4	2
1	3	9	2	4	7	6	8	5
8	4	2	5	6	3	9	7	1
4	6	1	3	5	8	7	2	9
5	2	8	7	9	4	1	6	3
9	7	3	6	1	2	8	5	4

878

4	3	1	9	6	7	8	2	5
7	5	2	1	8	4	6	3	9
9	8	6	5	3	2	7	1	4
6	4	5	2	1	9	3	7	8
1	9	8	7	5	3	2	4	6
3	2	7	8	4	6	5	9	1
8	1	9	3	7	5	4	6	2
5	7	4	6	2	1	9	8	3
2	6	3	4	9	8	1	5	7

879

7	4	8	9	1	3	2	6	5
3	2	1	6	5	4	7	8	9
6	9	5	8	7	2	3	1	4
4	7	9	3	2	8	1	5	6
1	8	2	5	9	6	4	7	3
5	3	6	1	4	7	9	2	8
2	6	7	4	3	5	8	9	1
9	5	3	2	8	1	6	4	7
8	1	4	7	6	9	5	3	2

880

5	7	4	3	9	8	6	2	1
3	1	2	5	7	6	8	4	9
9	8	6	1	2	4	7	3	5
7	2	5	4	8	3	9	1	6
4	6	8	9	1	5	3	7	2
1	3	9	7	6	2	4	5	8
2	9	7	6	4	1	5	8	3
8	4	3	2	5	9	1	6	7
6	5	1	8	3	7	2	9	4

881

8	1	4	3	6	9	7	2	5
6	7	9	1	5	2	3	8	4
3	5	2	8	4	7	1	6	9
7	9	3	6	1	4	8	5	2
1	8	6	2	7	5	9	4	3
4	2	5	9	3	8	6	1	7
5	3	8	7	2	6	4	9	1
2	6	1	4	9	3	5	7	8
9	4	7	5	8	1	2	3	6

882

2	1	4	9	5	6	8	3	7
8	5	3	1	7	4	9	6	2
6	9	7	8	3	2	4	1	5
3	7	5	2	1	8	6	9	4
9	4	8	7	6	3	5	2	1
1	2	6	5	4	9	3	7	8
5	8	2	6	9	1	7	4	3
7	3	9	4	2	5	1	8	6
4	6	1	3	8	7	2	5	9

883

8	2	5	7	3	9	6	1	4
1	7	6	8	2	4	5	9	3
9	3	4	5	6	1	7	2	8
6	4	9	1	5	8	3	7	2
5	8	2	3	9	7	1	4	6
3	1	7	2	4	6	9	8	5
2	9	1	6	8	3	4	5	7
7	6	8	4	1	5	2	3	9
4	5	3	9	7	2	8	6	1

884

5	9	1	3	6	2	7	4	8
8	7	2	4	1	5	6	3	9
6	4	3	7	8	9	1	5	2
9	2	8	1	5	3	4	6	7
1	5	6	2	4	7	9	8	3
4	3	7	8	9	6	2	1	5
2	8	5	6	7	1	3	9	4
7	1	9	5	3	4	8	2	6
3	6	4	9	2	8	5	7	1

885

2	7	5	3	9	4	6	1	8
4	9	1	8	6	5	7	2	3
6	8	3	1	2	7	4	5	9
7	2	8	9	1	6	3	4	5
3	6	4	7	5	2	9	8	1
5	1	9	4	3	8	2	7	6
8	5	2	6	4	3	1	9	7
1	4	6	5	7	9	8	3	2
9	3	7	2	8	1	5	6	4

886

1	5	3	6	2	9	7	8	4
2	9	8	1	7	4	6	5	3
7	4	6	3	8	5	1	9	2
5	7	4	8	9	3	2	1	6
9	3	2	5	6	1	4	7	8
6	8	1	7	4	2	9	3	5
8	2	5	4	1	7	3	6	9
4	6	7	9	3	8	5	2	1
3	1	9	2	5	6	8	4	7

887

2	7	1	4	9	6	8	5	3
8	9	4	3	5	2	6	1	7
5	6	3	8	1	7	9	4	2
4	1	9	7	6	3	2	8	5
3	2	5	1	8	4	7	6	9
6	8	7	5	2	9	4	3	1
7	5	6	9	3	8	1	2	4
9	3	2	6	4	1	5	7	8
1	4	8	2	7	5	3	9	6

888

8	6	7	9	2	4	5	3	1
3	4	5	1	7	8	2	9	6
1	9	2	6	5	3	7	8	4
9	7	1	8	3	6	4	2	5
2	5	8	7	4	1	9	6	3
6	3	4	5	9	2	8	1	7
7	1	9	2	6	5	3	4	8
4	2	6	3	8	7	1	5	9
5	8	3	4	1	9	6	7	2

889

8	6	4	2	9	5	3	7	1
9	3	7	1	4	8	6	2	5
1	5	2	6	3	7	4	9	8
2	4	5	3	7	6	8	1	9
3	7	8	9	1	4	5	6	2
6	1	9	8	5	2	7	4	3
7	8	6	5	2	9	1	3	4
4	9	3	7	8	1	2	5	6
5	2	1	4	6	3	9	8	7

890

7	1	4	8	9	2	5	3	6
3	8	5	7	6	4	9	2	1
2	9	6	5	1	3	8	4	7
5	3	7	9	2	1	6	8	4
8	4	9	6	5	7	2	1	3
6	2	1	4	3	8	7	5	9
9	6	8	1	4	5	3	7	2
1	7	2	3	8	6	4	9	5
4	5	3	2	7	9	1	6	8

891

5	8	6	2	3	9	4	1	7
2	9	4	1	6	7	5	3	8
7	1	3	5	8	4	9	2	6
8	6	5	3	7	2	1	4	9
3	4	1	6	9	8	2	7	5
9	2	7	4	1	5	8	6	3
6	7	8	9	2	1	3	5	4
1	5	9	7	4	3	6	8	2
4	3	2	8	5	6	7	9	1

892

6	7	4	2	9	5	8	3	1
5	1	8	4	7	3	2	9	6
2	9	3	6	8	1	7	5	4
4	6	2	9	5	7	3	1	8
1	8	7	3	6	2	5	4	9
3	5	9	8	1	4	6	2	7
8	2	5	1	4	6	9	7	3
7	4	6	5	3	9	1	8	2
9	3	1	7	2	8	4	6	5

893

8	6	2	7	5	9	4	3	1
5	3	7	8	1	4	2	9	6
9	4	1	3	6	2	7	8	5
3	7	8	4	9	6	1	5	2
2	1	4	5	3	8	6	7	9
6	9	5	1	2	7	8	4	3
1	8	6	9	4	3	5	2	7
7	5	9	2	8	1	3	6	4
4	2	3	6	7	5	9	1	8

894

8	6	5	4	3	7	9	1	2
3	7	9	2	1	8	5	4	6
1	2	4	6	5	9	8	7	3
6	1	8	5	4	3	2	9	7
7	9	3	8	2	1	6	5	4
4	5	2	7	9	6	1	3	8
2	3	6	1	7	5	4	8	9
9	4	1	3	8	2	7	6	5
5	8	7	9	6	4	3	2	1

895

9	4	7	2	8	1	5	6	3
6	8	5	3	7	9	1	2	4
1	2	3	5	4	6	8	9	7
5	7	2	1	6	3	4	8	9
4	6	9	8	5	2	7	3	1
3	1	8	7	9	4	2	5	6
2	9	6	4	1	5	3	7	8
8	3	4	9	2	7	6	1	5
7	5	1	6	3	8	9	4	2

896

2	5	1	3	8	7	4	6	9
3	4	7	2	6	9	1	5	8
6	9	8	1	4	5	3	7	2
8	3	9	6	7	4	2	1	5
1	7	2	5	3	8	9	4	6
4	6	5	9	2	1	8	3	7
9	2	4	7	1	6	5	8	3
7	1	3	8	5	2	6	9	4
5	8	6	4	9	3	7	2	1

897

9	2	4	7	8	1	6	5	3
1	6	8	5	3	2	7	4	9
3	7	5	9	4	6	2	1	8
7	3	9	2	1	5	8	6	4
4	5	2	6	7	8	3	9	1
8	1	6	4	9	3	5	2	7
2	9	7	8	6	4	1	3	5
5	8	1	3	2	9	4	7	6
6	4	3	1	5	7	9	8	2

898

7	6	8	5	3	1	2	9	4
1	3	2	9	6	4	8	7	5
4	9	5	7	2	8	3	1	6
3	8	6	4	9	7	1	5	2
5	1	7	6	8	2	9	4	3
9	2	4	3	1	5	6	8	7
2	7	9	8	5	3	4	6	1
8	5	3	1	4	6	7	2	9
6	4	1	2	7	9	5	3	8

899

3	7	5	4	8	6	2	1	9
2	8	1	5	9	3	4	6	7
4	6	9	7	1	2	5	8	3
5	3	8	1	2	7	6	9	4
7	4	2	9	6	8	3	5	1
1	9	6	3	5	4	7	2	8
9	2	3	8	4	5	1	7	6
6	1	7	2	3	9	8	4	5
8	5	4	6	7	1	9	3	2

900

1	2	7	4	9	5	8	3	6
6	3	5	2	8	7	4	1	9
8	9	4	3	6	1	2	5	7
2	8	3	7	1	4	6	9	5
5	7	6	9	3	8	1	4	2
9	4	1	6	5	2	3	7	8
7	6	9	8	4	3	5	2	1
3	5	8	1	2	9	7	6	4
4	1	2	5	7	6	9	8	3

901

8	4	6	2	1	7	9	3	5
2	9	7	8	3	5	6	1	4
3	5	1	6	4	9	8	7	2
4	1	3	7	9	2	5	8	6
5	7	2	3	8	6	1	4	9
9	6	8	1	5	4	7	2	3
6	3	5	4	7	1	2	9	8
7	2	4	9	6	8	3	5	1
1	8	9	5	2	3	4	6	7

902

6	2	7	9	8	1	4	5	3
3	1	5	6	4	7	8	9	2
4	9	8	3	5	2	1	6	7
9	7	4	8	2	6	5	3	1
1	3	6	5	9	4	2	7	8
8	5	2	7	1	3	6	4	9
5	4	9	2	7	8	3	1	6
7	8	3	1	6	5	9	2	4
2	6	1	4	3	9	7	8	5

903

2	8	6	7	1	9	3	5	4
1	9	4	3	8	5	7	2	6
3	5	7	4	6	2	8	9	1
5	3	9	6	2	1	4	8	7
8	6	2	5	7	4	1	3	9
7	4	1	8	9	3	2	6	5
4	1	5	9	3	8	6	7	2
9	7	3	2	4	6	5	1	8
6	2	8	1	5	7	9	4	3

904

8	6	3	2	5	4	1	7	9
4	9	1	3	7	6	5	8	2
5	2	7	9	8	1	4	6	3
9	1	6	8	2	5	7	3	4
3	4	5	6	1	7	2	9	8
2	7	8	4	9	3	6	5	1
7	5	4	1	3	8	9	2	6
6	8	2	7	4	9	3	1	5
1	3	9	5	6	2	8	4	7

905

1	5	3	7	9	4	8	6	2
8	6	2	5	3	1	9	7	4
7	4	9	2	6	8	3	5	1
6	2	8	9	5	7	1	4	3
3	9	4	8	1	6	5	2	7
5	7	1	3	4	2	6	8	9
9	1	7	4	8	5	2	3	6
2	3	5	6	7	9	4	1	8
4	8	6	1	2	3	7	9	5

906

3	7	4	2	5	9	6	1	8
8	2	6	1	4	3	7	9	5
9	1	5	8	6	7	2	4	3
5	6	3	9	7	4	1	8	2
4	8	7	6	1	2	3	5	9
2	9	1	5	3	8	4	7	6
7	5	2	4	8	6	9	3	1
6	3	8	7	9	1	5	2	4
1	4	9	3	2	5	8	6	7

907

1	3	6	7	4	5	2	8	9
4	5	2	3	9	8	1	7	6
9	8	7	2	1	6	5	3	4
8	1	9	6	2	4	3	5	7
3	7	4	5	8	1	6	9	2
2	6	5	9	3	7	4	1	8
7	2	3	1	6	9	8	4	5
5	4	1	8	7	2	9	6	3
6	9	8	4	5	3	7	2	1

908

9	1	4	6	7	3	8	2	5
6	3	5	8	9	2	7	1	4
8	7	2	5	1	4	6	3	9
2	4	8	1	3	9	5	6	7
5	9	7	2	6	8	3	4	1
1	6	3	4	5	7	9	8	2
4	8	9	3	2	5	1	7	6
3	5	1	7	4	6	2	9	8
7	2	6	9	8	1	4	5	3

909

1	6	9	5	2	7	4	8	3
8	7	3	9	1	4	5	2	6
5	2	4	6	3	8	9	1	7
6	4	2	1	8	9	3	7	5
9	8	5	7	4	3	1	6	2
7	3	1	2	6	5	8	4	9
2	5	8	3	7	1	6	9	4
4	9	6	8	5	2	7	3	1
3	1	7	4	9	6	2	5	8

910

7	3	6	4	9	5	1	2	8
9	2	5	7	1	8	3	4	6
8	1	4	2	6	3	9	5	7
6	7	1	5	3	2	8	9	4
5	9	2	8	4	1	6	7	3
4	8	3	6	7	9	5	1	2
3	4	7	1	5	6	2	8	9
1	6	8	9	2	7	4	3	5
2	5	9	3	8	4	7	6	1

911

6	5	4	1	9	2	8	3	7
3	1	9	7	4	8	5	6	2
7	8	2	5	3	6	1	4	9
1	3	7	8	5	9	6	2	4
5	4	6	2	7	1	3	9	8
9	2	8	4	6	3	7	5	1
8	7	5	3	2	4	9	1	6
4	9	3	6	1	7	2	8	5
2	6	1	9	8	5	4	7	3

912

1	8	6	9	3	4	7	5	2
2	3	9	5	8	7	4	1	6
5	4	7	6	2	1	9	3	8
9	6	5	8	7	3	2	4	1
7	1	3	4	6	2	5	8	9
4	2	8	1	5	9	3	6	7
3	7	1	2	4	6	8	9	5
8	9	2	3	1	5	6	7	4
6	5	4	7	9	8	1	2	3

913

5	1	8	6	3	9	2	7	4
7	6	2	8	1	4	3	9	5
9	4	3	2	7	5	6	8	1
4	2	9	7	5	1	8	6	3
6	7	1	3	8	2	4	5	9
3	8	5	4	9	6	7	1	2
8	5	7	1	2	3	9	4	6
2	9	6	5	4	8	1	3	7
1	3	4	9	6	7	5	2	8

914

3	6	5	9	2	1	4	8	7
9	7	2	8	4	6	3	5	1
8	4	1	7	3	5	9	2	6
1	9	7	3	6	2	8	4	5
2	5	6	4	7	8	1	3	9
4	8	3	5	1	9	7	6	2
5	1	4	2	8	7	6	9	3
6	2	8	1	9	3	5	7	4
7	3	9	6	5	4	2	1	8

915

1	8	9	6	4	7	3	5	2
5	6	3	1	8	2	9	7	4
4	2	7	9	5	3	8	1	6
6	7	8	3	1	5	4	2	9
2	4	5	8	9	6	7	3	1
9	3	1	7	2	4	5	6	8
8	5	6	4	7	1	2	9	3
3	9	2	5	6	8	1	4	7
7	1	4	2	3	9	6	8	5

916

9	2	4	6	5	8	1	3	7
1	5	8	9	3	7	6	4	2
6	7	3	4	2	1	5	9	8
3	1	6	7	9	4	8	2	5
7	9	2	8	1	5	4	6	3
4	8	5	3	6	2	7	1	9
2	6	7	1	8	3	9	5	4
8	3	9	5	4	6	2	7	1
5	4	1	2	7	9	3	8	6

917

5	9	3	6	8	7	4	2	1
7	2	4	5	9	1	6	8	3
6	8	1	3	2	4	5	9	7
1	3	5	2	4	9	7	6	8
2	6	9	7	3	8	1	4	5
4	7	8	1	5	6	2	3	9
9	5	6	4	7	3	8	1	2
8	4	7	9	1	2	3	5	6
3	1	2	8	6	5	9	7	4

918

8	2	3	4	7	6	9	5	1
1	5	9	2	3	8	6	4	7
7	6	4	9	1	5	3	8	2
5	1	6	7	9	4	2	3	8
9	4	2	8	5	3	7	1	6
3	7	8	1	6	2	4	9	5
6	8	5	3	4	7	1	2	9
2	3	1	6	8	9	5	7	4
4	9	7	5	2	1	8	6	3

919

5	9	7	4	3	2	6	1	8
2	6	8	9	7	1	4	5	3
1	3	4	5	6	8	7	2	9
7	4	5	1	8	9	3	6	2
9	1	3	2	5	6	8	7	4
8	2	6	3	4	7	5	9	1
3	7	2	8	9	5	1	4	6
6	8	9	7	1	4	2	3	5
4	5	1	6	2	3	9	8	7

920

2	4	7	8	5	1	6	3	9
9	8	5	7	3	6	1	4	2
3	6	1	9	4	2	7	5	8
5	3	2	1	6	7	9	8	4
8	9	6	4	2	3	5	7	1
1	7	4	5	8	9	2	6	3
7	5	8	2	1	4	3	9	6
4	1	3	6	9	5	8	2	7
6	2	9	3	7	8	4	1	5

921

6	2	5	9	7	3	4	1	8
3	8	1	6	5	4	2	7	9
9	4	7	2	8	1	5	6	3
1	9	3	5	2	6	8	4	7
7	5	2	4	3	8	1	9	6
8	6	4	7	1	9	3	2	5
2	3	9	8	4	7	6	5	1
5	1	6	3	9	2	7	8	4
4	7	8	1	6	5	9	3	2

922

5	4	1	2	7	9	8	3	6
7	3	2	8	4	6	1	9	5
9	6	8	1	5	3	4	7	2
3	9	4	5	2	7	6	1	8
1	5	6	9	3	8	7	2	4
8	2	7	6	1	4	9	5	3
6	1	9	3	8	5	2	4	7
4	8	5	7	9	2	3	6	1
2	7	3	4	6	1	5	8	9

923

6	1	3	8	5	4	9	7	2
8	2	7	9	1	3	6	4	5
9	4	5	2	7	6	8	1	3
1	6	4	3	2	9	7	5	8
3	5	9	7	6	8	1	2	4
2	7	8	1	4	5	3	6	9
5	8	1	6	3	2	4	9	7
7	3	2	4	9	1	5	8	6
4	9	6	5	8	7	2	3	1

924

2	5	4	6	8	1	9	7	3
6	3	7	9	5	4	2	8	1
8	1	9	7	3	2	5	6	4
1	4	3	8	9	5	6	2	7
7	6	8	1	2	3	4	9	5
9	2	5	4	6	7	1	3	8
3	9	1	2	4	8	7	5	6
5	7	2	3	1	6	8	4	9
4	8	6	5	7	9	3	1	2

925

7	2	1	3	4	6	8	5	9
5	6	4	7	8	9	3	2	1
8	9	3	1	2	5	7	6	4
6	1	7	8	3	4	2	9	5
4	8	5	6	9	2	1	7	3
9	3	2	5	1	7	6	4	8
2	7	8	4	5	1	9	3	6
1	5	6	9	7	3	4	8	2
3	4	9	2	6	8	5	1	7

926

1	4	3	9	7	8	2	5	6
6	7	2	3	5	4	8	9	1
9	8	5	1	6	2	4	3	7
3	5	6	2	4	1	9	7	8
8	2	1	7	9	3	5	6	4
7	9	4	5	8	6	3	1	2
5	6	9	8	2	7	1	4	3
4	3	8	6	1	5	7	2	9
2	1	7	4	3	9	6	8	5

927

9	1	7	2	6	3	5	8	4
8	5	6	1	9	4	2	3	7
4	2	3	7	8	5	9	6	1
6	3	1	8	5	7	4	9	2
7	8	2	6	4	9	1	5	3
5	9	4	3	1	2	8	7	6
2	4	8	9	7	6	3	1	5
1	6	5	4	3	8	7	2	9
3	7	9	5	2	1	6	4	8

928

8	1	9	6	5	7	3	4	2
3	6	4	2	9	8	5	7	1
2	5	7	3	1	4	9	6	8
1	8	5	4	3	9	6	2	7
6	9	2	8	7	5	4	1	3
7	4	3	1	2	6	8	5	9
9	3	1	5	6	2	7	8	4
5	7	8	9	4	1	2	3	6
4	2	6	7	8	3	1	9	5

929

5	2	8	1	6	3	7	9	4
3	7	1	8	4	9	6	2	5
6	4	9	2	7	5	8	3	1
7	6	4	9	5	8	2	1	3
2	9	3	4	1	7	5	6	8
8	1	5	3	2	6	9	4	7
4	3	7	6	8	2	1	5	9
9	8	6	5	3	1	4	7	2
1	5	2	7	9	4	3	8	6

930

4	2	5	7	6	3	8	1	9
6	8	7	1	9	2	3	4	5
3	9	1	8	5	4	6	2	7
5	7	6	4	3	1	2	9	8
2	1	9	5	8	7	4	6	3
8	3	4	9	2	6	7	5	1
9	4	3	6	1	8	5	7	2
1	6	2	3	7	5	9	8	4
7	5	8	2	4	9	1	3	6

931

2	6	8	5	1	9	7	4	3
5	1	4	8	3	7	6	9	2
7	3	9	6	2	4	1	8	5
3	9	7	1	5	2	4	6	8
1	4	6	9	8	3	5	2	7
8	5	2	4	7	6	9	3	1
6	7	3	2	4	5	8	1	9
9	2	1	7	6	8	3	5	4
4	8	5	3	9	1	2	7	6

932

6	1	4	3	9	2	5	8	7
2	8	3	7	5	1	9	6	4
7	5	9	8	6	4	3	2	1
5	3	2	6	1	7	8	4	9
9	4	6	2	3	8	1	7	5
8	7	1	9	4	5	6	3	2
4	9	8	5	2	6	7	1	3
3	2	7	1	8	9	4	5	6
1	6	5	4	7	3	2	9	8

933

8	2	9	3	6	5	4	7	1
6	5	7	1	4	2	8	9	3
1	4	3	8	9	7	5	2	6
5	7	1	4	2	9	3	6	8
9	3	4	6	8	1	2	5	7
2	6	8	7	5	3	9	1	4
3	1	5	2	7	8	6	4	9
4	8	2	9	1	6	7	3	5
7	9	6	5	3	4	1	8	2

934

3	8	7	1	2	6	9	4	5
2	9	5	4	8	7	1	3	6
1	4	6	5	9	3	2	7	8
7	2	1	3	5	9	8	6	4
6	3	9	8	4	2	5	1	7
4	5	8	6	7	1	3	2	9
9	6	4	2	3	8	7	5	1
5	7	2	9	1	4	6	8	3
8	1	3	7	6	5	4	9	2

935

9	4	8	3	6	2	5	7	1
2	1	5	8	9	7	4	6	3
6	7	3	5	4	1	8	2	9
7	2	4	9	3	6	1	8	5
8	9	1	2	7	5	6	3	4
5	3	6	1	8	4	2	9	7
4	5	9	6	2	3	7	1	8
1	8	2	7	5	9	3	4	6
3	6	7	4	1	8	9	5	2

936

8	6	2	9	7	4	3	5	1
5	1	9	2	6	3	7	8	4
3	7	4	8	5	1	9	2	6
1	4	6	5	9	7	8	3	2
2	8	5	1	3	6	4	9	7
9	3	7	4	8	2	1	6	5
4	5	8	7	2	9	6	1	3
6	9	1	3	4	5	2	7	8
7	2	3	6	1	8	5	4	9

937

5	8	1	3	7	2	6	4	9
6	3	4	1	9	5	8	7	2
7	2	9	4	8	6	1	3	5
4	6	8	2	3	1	5	9	7
9	7	2	5	4	8	3	1	6
1	5	3	7	6	9	2	8	4
3	1	6	9	2	4	7	5	8
8	4	5	6	1	7	9	2	3
2	9	7	8	5	3	4	6	1

938

6	1	9	7	5	3	4	2	8
2	7	5	8	4	6	1	3	9
4	8	3	2	1	9	7	5	6
7	5	1	9	3	8	2	6	4
8	4	6	1	2	7	3	9	5
3	9	2	4	6	5	8	7	1
9	3	4	5	8	2	6	1	7
5	6	8	3	7	1	9	4	2
1	2	7	6	9	4	5	8	3

939

4	2	5	1	6	8	9	7	3
6	9	7	5	4	3	8	1	2
3	1	8	9	7	2	5	4	6
7	5	6	8	2	9	4	3	1
2	4	1	6	3	5	7	9	8
8	3	9	4	1	7	6	2	5
5	6	3	7	9	1	2	8	4
9	8	2	3	5	4	1	6	7
1	7	4	2	8	6	3	5	9

940

3	7	4	5	8	9	1	2	6
9	6	2	4	7	1	3	8	5
5	8	1	2	3	6	7	4	9
8	5	7	1	9	3	2	6	4
6	2	3	7	4	5	8	9	1
4	1	9	8	6	2	5	7	3
2	4	5	9	1	7	6	3	8
7	3	8	6	5	4	9	1	2
1	9	6	3	2	8	4	5	7

941

7	3	9	1	4	5	8	2	6
8	6	4	2	9	7	5	3	1
2	1	5	8	6	3	4	9	7
4	8	3	7	2	6	1	5	9
9	7	2	3	5	1	6	8	4
1	5	6	9	8	4	2	7	3
5	2	7	6	1	9	3	4	8
6	9	8	4	3	2	7	1	5
3	4	1	5	7	8	9	6	2

942

1	2	5	6	8	4	9	3	7
8	7	9	5	3	1	6	4	2
4	6	3	7	9	2	5	1	8
6	4	7	8	5	9	1	2	3
2	3	8	4	1	6	7	5	9
9	5	1	3	2	7	4	8	6
7	8	4	2	6	5	3	9	1
3	1	6	9	4	8	2	7	5
5	9	2	1	7	3	8	6	4

943

8	6	5	2	4	9	1	7	3
4	2	1	3	8	7	6	9	5
9	7	3	6	1	5	8	2	4
1	8	9	5	3	2	7	4	6
5	4	7	9	6	1	2	3	8
6	3	2	8	7	4	5	1	9
7	5	4	1	9	6	3	8	2
2	1	8	4	5	3	9	6	7
3	9	6	7	2	8	4	5	1

944

3	8	4	7	1	5	6	9	2
2	7	1	8	6	9	5	3	4
5	6	9	2	3	4	8	1	7
9	1	6	4	8	7	2	5	3
4	2	3	9	5	1	7	8	6
8	5	7	6	2	3	9	4	1
6	4	2	1	9	8	3	7	5
1	9	5	3	7	2	4	6	8
7	3	8	5	4	6	1	2	9

945

4	2	1	8	3	7	9	5	6
8	3	6	9	4	5	2	1	7
5	7	9	6	1	2	3	4	8
1	4	3	5	7	9	8	6	2
9	5	2	1	6	8	7	3	4
6	8	7	4	2	3	1	9	5
3	9	5	7	8	6	4	2	1
7	6	4	2	9	1	5	8	3
2	1	8	3	5	4	6	7	9

946

4	8	5	2	1	6	9	3	7
1	9	2	3	8	7	6	5	4
6	7	3	4	9	5	1	2	8
9	6	7	5	3	1	4	8	2
5	1	8	6	4	2	7	9	3
2	3	4	9	7	8	5	6	1
3	5	6	7	2	4	8	1	9
7	2	1	8	6	9	3	4	5
8	4	9	1	5	3	2	7	6

947

9	6	2	5	1	8	3	4	7
5	7	3	4	9	2	8	6	1
4	8	1	7	3	6	5	2	9
2	1	6	8	7	3	9	5	4
8	9	4	2	6	5	1	7	3
7	3	5	1	4	9	2	8	6
1	5	9	6	8	7	4	3	2
6	4	8	3	2	1	7	9	5
3	2	7	9	5	4	6	1	8

948

6	2	4	7	8	5	3	1	9
3	9	5	1	2	4	7	6	8
1	7	8	9	3	6	2	5	4
7	5	1	2	6	8	9	4	3
4	8	6	3	1	9	5	7	2
9	3	2	4	5	7	1	8	6
8	6	9	5	7	2	4	3	1
5	4	3	8	9	1	6	2	7
2	1	7	6	4	3	8	9	5

949

2	7	5	8	6	1	3	9	4
4	3	9	7	5	2	1	8	6
6	8	1	9	4	3	5	2	7
7	5	2	3	1	4	9	6	8
9	6	4	5	8	7	2	3	1
8	1	3	2	9	6	7	4	5
5	9	7	6	2	8	4	1	3
3	4	8	1	7	9	6	5	2
1	2	6	4	3	5	8	7	9

950

4	7	9	2	8	1	5	3	6
2	5	8	6	7	3	4	9	1
1	6	3	4	5	9	2	8	7
5	4	6	9	1	8	7	2	3
7	8	2	5	3	6	1	4	9
3	9	1	7	4	2	8	6	5
9	3	5	8	2	7	6	1	4
6	2	4	1	9	5	3	7	8
8	1	7	3	6	4	9	5	2